끌리는
채널의
비밀

끌리는채널의비밀

©이주현, 디바제시카

초판 1쇄 인쇄 2023년 7월 27일
초판 1쇄 발행 2023년 8월 10일

지은이 이주현, 디바제시카
펴낸이 박지혜

기획·편집 박지혜 **마케팅** 윤해승, 장동철, 윤두열, 양준철 **경영지원** 황지욱
인터뷰 정리 조은호
제작 더블비

펴낸곳 ㈜멀리깊이
출판등록 2020년 6월 1일 제406-2020-000057호
주소 03997 서울특별시 마포구 월드컵로20길 41-7, 1층
전자우편 murly@humancube.kr
편집 070-4234-3241 **마케팅** 02-2039-9463 **팩스** 02-2039-9460
인스타그램 @murly_books
페이스북 @murlybooks

ISBN 979-11-91439-32-8 03320

끌리는 채널의 비밀

셀러브리티
인플루언서를 만드는
유튜브 팬덤 전략서

이주현 · 디바제시카 지음

멀리깊이

유튜브를 통해 영향력을 키우기를 바라는
모든 사람들을 위한 책

유튜브 콘텐츠 시장이 포화 상태에 이르렀고 유튜브 크리에이터의 인기도 식을 것이라 생각하는 사람들이 많다. 그러나 이는 큰 흐름을 보지 못한 단견일 뿐 크리에이터 경제는 이제 걸음마 단계를 지나고 있을 뿐이다. 유튜브의 광고 매출이 역성장을 했다거나, 유튜버들의 평균 수익이 줄어들고 있다는 통계들이 소개되기도 하지만 거시적 관점에서의 크리에이터 시장은 여전히 성장 중이다. 유튜브를 위시한 전 세계 크리에이터 시장은 팬데믹 이전에 비해 두 배 이상 성장했고, 국내에서도 팬데믹을 거치며 크리에이터가 크게 늘어났으며, 정체될 것이라 여겨지던 채널들도 실제로는 모두 수십 퍼센트씩 성장했다는 분석들도 있다. 이 책을 편집하는 겨우 두 달 사이에도, 책에 소개한 많은 채널들의 구독자는 적게는 몇 만에서 많게는 100만 단위까지 구독자가 증가했다. 하지만 이 시장의 필연적 성장을 잘 설명하는 것은 훨씬 거대한 역사적 흐름이다.

모든 역사의 발전과 마찬가지로 미디어와 콘텐츠 산업도 대중의 권한이 강화되는 방향으로 발전해왔다. 문자와 책, 신문과 방송은 모두 정보를 대중화하며 대중의 권한을 강화하는 도구가 되었으며 이는 인터넷의 등장으로 정점을 찍었다. 소비자 권한 강화(consumer empowerment)라고 부를 수 있는 이 거대한 흐름은 정보의 공유를 넘어 정보 생산의 대중화로 진화하여 완전히 새로운 세상을 열고 있다. 전문가와 기업이 독점해 온 콘텐츠 생산은 기술과 네트워크의 발전에 힘입어 일반 대중에게도 문을 활짝 열었고, 과거에 전문 교육, 훈련, 장비 등 자원을 갖춘 소수에 의해 생산되던 책, 만화, 음악, 영상은 이제 누구나 만들어낼 수 있게 되었을 뿐 아니라, 플랫폼에 올려 수익을 올릴 수도 있게 되었다. 이 같은 변화를 극명하게 보여주는 플랫폼이 유튜브, 아프리카TV와 같은 영상 플랫폼이고, 이 같은 권한 강화의 흐름은 거스를 수 없음은 물론 앞으로도 계속 강화될 것이다.

이러한 거시적 성장세와 별개로 혹자는 유튜브가 누구나 시작할 수 있어 진입장벽이 낮은 데 반해 소비자의 수는 제한된 레드오션 시장이라는 평가를 하기도 한다. 그러나 이는 폭증하고 있는 크리에이터의 숫자만 바라볼 때 생기는 착시이다. 이 산업에서 주시해야 할 것은 지속적으로 영상을 올리는 진성(盡誠) 크리에이터 수의 증가와 이들이 만들어내는 양질 콘텐츠의 증가, 이를 통해 (TV 등 타 미디어로부터 이동하는) 시청자의 증가이다. 현재 유튜브는 크리에이터와 채널 수의 양적 증가가 질적 변화를 이끌어내고 있는 단계이며, 이를 통해 채널의 다양성과 콘텐츠의 품질이 수 년 전에 비해 크게 높아졌음은 우리 모두 경험하고 있다. 즉, 크리에이터는 앞으로도 늘어날 것이고 양질의 콘텐츠 역시 증가할 것이다. 이에 따라 시청자의 니즈도 늘어나고 세분화될 것이며 이는 콘텐츠의 확대는 물론 (유튜브 외) 교육, 오디오, 메타버스 등 다양한 플랫폼의 성장을 불러와 크리에이터 경제를 계속 성장시킬 것이다. 무엇보다 유튜브가 최근 개설한 '유튜브 쇼핑' 역시 참여 크리에이터의 규모를 확대하고 활동량을 늘릴 것으로 전망되어 전반적인 유튜브 크리에이터 경제를 한층 더 성장시킬 것으로 보인다.

즉, 크리에이터를 꿈꾸는 사람들에게 이 시장은 절대로 늦지 않은 시장일 뿐 아니라 황금기가 아직 오지 않은 시장이다. 다만 유명한 크리에이터들이 많아졌고 이들처럼 주목받고 싶어하는 크리에이터들도 늘어난 데 반해 (크리에이터의 수가 늘어난 만큼) 대중의 인기를 끌기는 어려워진 이른바 '인기의 레드오션' 시장이 된 것은 사실이다. 따라서 중요한 것은 좋은 콘텐츠를 만들어내는 것을 넘어 대중의 인지도와 인기, 궁극적으로 영향력을 획득하는 것이다. 이 책은 바로 이런 '유명세', '인기', '영향력'을 만들어가는 방법을 다룬다.

유튜버, 크리에이터는 이제 흔히 접할 수 있는 직업이 되었다. 정치, 경제, 역사, 과학, 건축 등 전문적인 지식을 설명하는 유튜버들도 있지만 어떤 유튜버는 음식을 먹는 모습만으로, (나와 별다를 것 없는) 일상을 보여주는 것만으로, 혹은 전 세계 여행을 즐기는 것만으로 콘텐츠를 만들어 돈을 번다. 모든 유튜버들이 똑같은 상황에 있는 것은 아니며 모든 유튜버는 구독자 수 100만 명의 '골드버튼'을 꿈꾼다. 일반인 유튜버에게 골드버튼은 꿈처럼 느껴지지만 연예인들은 채널을 개설만 해도 쉽게 도달하는 것처럼 보일 때도 있다. 원래 인지도가 있는 사람들이니 당연하다고, 혹은 불공평하다고 느낄 수도 있다. 하지만 유명하다고 해서 누구나 쉽게 구독자를 모을 수 있는 것은 아니고, 오프라인에서의 인기가 언제나 온라인의 영향력으로 연결되는 것도 아니다.

　이 책은 소셜 미디어에서 성공하고자 하는 사람들과 기업을 위해 '유명함(인지도)', '인기', '영향력'의 차이를 먼저 살펴보고 각각을 어떻게 다음 단계로 발전시킬 수 있는지를 소개한다. '유명함이 돈이 되는' 세상에서 유명해지려면 주목을 받고 호감을 쌓아야 한다. 독보적 관심을 끌되 대중과 소통하며 '함께' 성장해야 한다. 남들보다 압도적으로 노래를 잘한다는 '능력'만으로 유명인이 될 수는 없다. 사람들이 좋아하는 노래를 만들어 불러야 하고, 나를 응원하는 사람들과 함께 성장하며 팬층을 늘려가야 한다. 유명세란 나의 능력과 사람들과의 소통이 합쳐져야 만들어질 수 있으며, 이 책은 그 과정과 전략을 다루는 책이다.

　나아가 이 책은 소셜 미디어가 가져다주는 유명세를 통한 '영향력'을 다룬다. 소셜 미디어는 이미 언론이 되었다. 포털이 막강한 영향력을 행사하는 우리나라는 언론으로서의 소셜 미디어의 영향력이 상대적으로 덜 중시되는 경향이 있지만 일반 사용자들이 만들어내는 소셜 미디어 콘텐츠는 언론의 자리를 조금씩 빼앗고 있다. 전통적인 언론과 미디어의 위상과 영향력이 줄어들고 있음에도 불구하고 각 대학교의 미디어학과(또는 신문방송학과)의 인기는 여전한데 이는 학생들이 언론사에 관심을 두기 때문이라기보다 이들 학과가 미디어·콘텐츠와 같은 '영향력 비즈니스'를 다루기 때문이다. 유튜브 콘텐츠든 TV의 콘텐츠든 미디어를 배우고 콘텐츠를 만들어 세상에 내보내 영향을 미치고 싶기 때문이다. 이 책은 인기와 영향력의 차이를 소개하고, 크리에이터를 '잘 알려진 사람', '인기 있는 사람'에서 '영향력 있는 사람'으로 발전시킬 방법을 논한다.

하지만 이 책은 딱딱한 이론서가 아니다. 소셜 미디어에서 성공하기 위해 반드시 필요한 '유명함'과 '인기', '영향력'이 무엇이며 그 원천이 무엇인지 깊이 알아보고 이를 갖추기 위한 실질적인 전략을 다루는 책이다. 즉, '어떤 콘텐츠를 만들면 조회수를 올릴 수 있다'는 내용에 더해 '어떤 크리에이터가 되어야 오래 성공하는 인플루언서가 될 수 있는지'를 알려주는 책이다.

이 책을 읽으려는 여러분은 유튜브를 통한 수익만을 기대하는 사람일 수도 있고, 본인의 지식으로 그 분야의 전문 유튜버가 되기를 꿈꾸는 사람일 수도 있다. 유명 인플루언서 단계를 거쳐 TV에 등장하는 셀러브리티를 꿈꾸는 사람일 수도 있고, 나아가 사람들의 삶에까지 영향을 주는 인사가 되기를 원하는 사람일 수도 있다. 어떤 꿈의 단계든 이 책은 소셜 미디어에서 '스타'가 되고 싶은 사람들, 혹은 '스타를 만들어내고' 싶은 사람들, '소셜 미디어를 통해 자신의 의견과 영향력을 대중에 어필하고 싶은 사람들'을 위해 쓰여졌다. 유튜브 채널을 개설하려는 예비 유튜버들과 이제 막 채널을 개설한 초보 유튜버들, 혹은 구독자 10만 명 미만의 '박스권'에 갇혀 반등이 필요한 유튜버들이 인지도를 높이는 방법과, '인지도'를 '인기'로 체계화 하는 방법, 나아가 사람들에 대한 '영향력'으로 발전시키는 방법에 대해 상세하게 다룰 예정이다. 따라서 개인 유튜버는 물론 기업의 유튜브 계정 운영 담당자에게도 흥미로운 시사점을 줄 수 있을 것이다.

이 책은 '고품질·고비용 엔터테인먼트 콘텐츠'만 다루지 않는다. 자신이 가진 생각, 하고 싶은 이야기로 다른 사람들에게 영향력을 끼치고 싶은 '모든 사람들의 모든 이야기'를 다룬다. 이는 정보일 수도 있고 뉴스일 수도 있다. 크리에이터 본인은 혼자만의 넋두리라고 생각할지 몰라도 이는 남들을 '즐겁게' 하는 내용일 수도, '도움이 되는' 내용일 수도 있다.

이 책의 필자들은 평생 소셜 미디어를 공부하고 실행해온 사람들로 '모든 사람들의 모든 이야기'가 의미 있는 콘텐츠가 되는 방법을 누구보다 잘 알려줄 수 있다고 자부한다.

그리고 이 책의 대표저자인 나는 앞서 언급한 '소비자 권한 강화'가 어떤 방향으로 전개될지 흥미롭게 지켜보고 있다. 버추얼 캐릭터를 앞세운 '버튜버'는 크리에이터의 아이덴티티를 다른 사람으로 만들어 내세울 수 있게 했고, 챗 GPT와 같은 생성형 인공지능의 일반화, 스크립트북(ScriptBook)과 아토매틱스(Artomatix)와 같은 도구의 대중화는 영상 콘텐츠의 생성 자체를 자동화할 수도 있다. 그야말로 '누구나, 더 많은 사람들이, 지금보다 더 간단히' 콘텐츠를 만들어낼 수 있게 된다면 소셜 미디어는 어떤 곳이 될 것이며 콘텐츠 산업의 환경은 어떻게 바뀔 것인가? 그런 환경이 되었을 때 '인간 크리에이터의 역할'은 무엇이 될 것이며, 성공하는 크리에이터들과 영향력 있는 채널들은 어떤 특성을 가질 것인가? 이 책을 읽은 독자들은 이런 질문들에 대해서도 자신만의 답, 이론적이며 실용적인 인사이트를 남들보다 미리 가질 수 있게 될 것이다.

2023년 명륜동에서 대표저자 이주현

차례

1부. 인플루언서: 자꾸만 끌리는 사람들

1장. 팬과 팬덤: 최애를 키우는 맛

2부. 끌리는 채널 기획하기

4장. 평범한 당신이 브랜드가 되는 법

3부. 끌리는 콘텐츠를 위한 전략 수립하기

5장. 콘텐츠 유형에 따른 '떡상'의 특징

6장. 인플루언서들은 이런 콘텐츠를 만든다

7장. 채널 관리는 곧 브랜드 관리

4부. '인기'는 어떻게 '수익'이 되는가

8장. 인플루언서들이 돈 버는 방법

1부.

인플루언서

자꾸만 끌리는 사람들

1장

팬과
팬덤

최애를
키우는 맛

팬이란 누구인가
좋아하는 아이돌이 잘되는 것이
내가 잘되는 일인 존재

팬이 된다는 것은 무슨 의미이며, 사람들은 어떤 심리적인 이유로 팬이 되는가? 팬, 팬덤, 유명인, 인기 등의 개념에 대한 연구는 그리 오래되지 않았다. 팬에 대한 사전적 정의는 "(스포츠나 공연 예술 분야에 있어) 참여자나 선수가 아닌 관람자로서의 열성적(enthusiastic) 애호가", "(특정 인물이나 대상에 있어) 열렬한(ardent) 숭배자(admirer) 혹은 'OO광(enthusiast)'"이다.

팬이라는 단어는 라틴어 파나티쿠스(fanaticus)에서 비롯되었다고 하는데, 이는 '미칠 정도로, 그러나 경건하게 영감을 받는다(insanely, but divinely inspired)'는 의미를 갖고 있다. 쉽게 말하면 혼이 빠질 정도로 열렬하게 뭔가를 좇는다고 해석할 수 있을 것이다.

팬의 어원을 팬시(fancy)에서 찾기도 한다. 팬시(fancy)와 '판타지(fantasy)'는 그리스어 '판타지아(phantasia)'를 같은 어원으로 갖는데, '대상이 가진 외양이나 의견에 대한 열정이 생김으로써 서서히 변해가는 것'을 의미한다. 즉 팬은 단순히 누군가를 좋아해서 팬클럽에 가입했다는 것만을 의미하지 않는다. 팬은 좋아하는 대상이 꾸는 꿈이나 소망 등과 연결되며 열망의 대상이 더 잘되도록 심적·물적 자원을 투자하거나 후원(support)하는 행동을 보인다. 즉, 마음으로만 좋아하는 것을 넘어 실제로 그 대상이 더 잘될 수 있도록 물질적·심리적 후원을 한다는 면에서 일반적인 '애호가'와 '팬'은 서로 다르다.

이러한 팬의 심리적 기반은 감정이입 혹은 공감(empathy)과 동지애(camaraderie)이다. 공감은 자신이 좋아하는 대상과 자신이 비슷한 가치관이나 열망을 갖고 있다고 생각하는 것으로, 팬심의 대상이 내가 열망하는 뭔가를 이미 갖고 있다고 느낄 때 강화된다. 동지애는 비슷한 목표를 향해 함께 성장하는 모습을 지켜보는 데에서 발현된다. 즉, 팬은 공감과 동지애를 바탕으로 한 열성적 애호가이자 후원자이며, 열성 팬은 때로는 대상이 가진 사소한 디테일에까지 스스로의 시간과 에너지를 쓰기도 하는데 이를 순수한 즐거움이라고 보기도 하고 대리만족이나 현실도피로 해석하는 의견도 있다. 대리만족은 팬에게 주어야 하는 중요한 가치이다. 좋아하는 대상의 모습에서 팬 자신의 모습을 찾아보게 하며, '내가 좋아하는 아이돌이 잘되는 것이 곧 내가 잘되는 것'이라는 기쁨을 선사하고, 각박한 현실을 잠시나마 잊게 하는 탈출구가 되기도 한다.

팬이 된다는 것은 대상을 단순히 좋아하는 것에서 그치지 않고 팬덤의 대상(아이돌/텍스트)을 ① 자신들만의 선호방식에 기반하여, ② 남들보다 두텁게(heavy), 반복적으로, 세심하게 소비하며, ③ 대상이 제공하는 원래의 텍스트(콘텐츠, 메시지)를 변용하고 새롭게 해석함으로써 자신들의 취향을 반영한 새로운 창작물을 생산하기도 한다. 이러한 활동을 통해 팬들은 자신들의 정체성을 규정하고, 취향이 맞는 다른 팬들과 '공동체'를 구성하기도 하는데 이를 공동체라 하는 이유는 이 집단이 팬심의 대상을 공유하는 것을 넘어 그 대상이 만들어내는 세계관의 일원이 되기 때문이다. 공동체 구성원들은 그 안의 다른 구성원들은 물론 공동체 밖 일반 소비자들과도 좋아하는 대상에 대해 적극적으로 이야기하기를 원한다.

팬들은 팬이기에 애정 어린 시선으로 대상을 바라보기 마련이지만 모든 일을 무비판적으로 좋아하지는 않는다. 비판을 허용하지 않는 팬들도 팬의 일부지만 바람직한 팬이라고 볼 수는 없다. 팬은 대상에 대해 누구보다 높은 관심을 갖고 대상이 더 잘해내기를 바라는 사람들이다. 진정한 팬은 대상을 사랑하는 마음으로 잘못을 비판하며, '잘못을 바로잡은 이후의 성장'을 기대한다. 팬이 바라보는 팬심의 대상은 팬 스스로의 모습이기도 하기 때문이다.

팬은 개인이 아니라
집단이며 공동체

우리나라의 팬덤이 스타, 아이돌 등 유명한 '인물' 위주로 형성되어온 것에 비해 서구의 팬덤은 스타트렉, 스타워즈, MCU 등 콘텐츠를 중심으로 발달한 경우도 많다. 즉 팬심의 대상은 사람이나 스포츠 팀뿐 아니라 콘텐츠와 매체, 예를 들면 특정 이야기(책), 곡, 클래식 공연 같은 장르일 수도 있다. 혹은 야구, 축구 등 스포츠 종목과 같이 특정 분야나 활동에 대한 팬도 있다. 팬은 콘텐츠와 매체 그 자체를 대상으로 존재할 수도 있다. 특정 책이나 곡, 공연에 대해서도 그 이야기와 음악을 좋아하는 팬들은 배우와 오케스트라가 바뀔 때마다 공연장을 찾는다. 이야기와 콘텐츠에 대한 팬처럼 어떤 사람들은 이야기 속 캐릭터의 팬이 될 수도 있다. 팬 연구에 항상 등장하는 셜록 홈즈의 팬들, 혹은 스파이더맨이나 아이언맨의 팬들은 마치 이들이 현실에 존재하는 것처럼 아끼고 좋아한다(이는 캐릭터가 콘텐츠에서 창출되어 그 안에만 존재하므로 이야기에 대한 팬이라고 보아도 무방할 것이다).

성인과 마찬가지로 어린이들도 뽀로로, 미키마우스 등의 캐릭터를 좋아하고 그 이야기 속 세계를 동경하지만 어린이들을 본격적인 팬이라고 보지 않는 것은 이들의 팬덤이 자발적인 '활동'이나 '조직화'에 이르지 않기 때문이다. 팬이라는 개념이 성립하려면, 나와 함께 대상을 따르는 다른 팬들, 그리고 이들의 조직화된 활동이 필요하다. 팬이 되는 중요한 목적 중 하나는 팬덤의 대상과 나, 그리고 다른 팬들이 함께 만들어내는 세상과 세계관의 일원이 되는 '소속감'이다. 혼자만의 '팬심'이 팬 한 사람의 감정과 행동에 대한 것이라면 '팬덤'은 여러 명의 팬들이 모여 만들어내는 사회문화적 현상이다. 팬들은 '팬덤 안에서 뭉쳐 있는 우리는 서로 남이 아니'라고 느낀다. 팬을 묘사하는 표현으로 '현실과 다른 커뮤니티의 사람들(alternative social community)'[1]이 있다. 팬들은 현실 세계와 다른 자신만의 세계에 집중한다(그렇다고 현실을 도외시한다는 의미는 아니다).

팬들은 어떤 사람과도 자신이 좋아하는 대상에 대해 이야기하기를 좋아하지만, 가장 좋은 말상대는 대상을 따르는 또 다른 팬들이다. 팬은 팬과 이야기를 나누며 생각과 정보를 서로의 팬심이 '증폭'되는 경험을 할수 있다. 이런 활동이 축적되면 아이돌의 굿즈를 구매하거나, 기획하여 판매하거나, 돈을 모아 지하철역에 생일 광고를 게시하는 형태로 나타날수도 있다.

팬으로서 느끼는 가장 큰 기쁨은 대상을 향한 '공동체'의 일원이라는 인식이다. 팬은 단순히 믿어주는 소비자 그 이상이다. 좋아하는 대상에 대해 다른 팬들과 이야기를 나누며 팬덤과 팬덤의 대상을 모두 함께 발전시켜 나가는 경험이 중요하다. 따라서 어떤 사람이 누군가를 '좋아한다'

는 것을 떠나 '팬'이라고 한다는 것은 엄밀히 말하면 '나는 당신의 여러 팬 중에 한 명', 나아가 '다른 팬들과 함께 당신을 위해 뭔가를 함께하는' 사람이라고 인식하고 있다는 것이 더 맞는 표현일 것이다. 팬의 중요한 특징은 집단적인 참여 행동인 셈이다.

가장 일반적인 팬덤은 아무래도 연예인, 스포츠 스타, 정치인, 종교인, 유명 전문가 등 '사람'을 대상으로 하는 팬덤이다. 과거에는 어떤 사람의 팬이 되려면 가까이 있었어야 했다. 연극 극장 안 멀리 떨어져 연기하는 배우를 보더라도 내가 보이는 위치, 닿을 수 있을 듯한 위치에 있어야 했다. 매스미디어의 발달은 이런 거리감을 더 좁혔다. 실제로 만나본 적이 없더라도 배우의 연기는 스크린 너머 생생하게 느껴지고 마치 내 앞에 있는 듯한 느낌을 가져다줌으로써 팬이 되게 만들었다. 소셜 미디어는 거리를 훨씬 더 좁히고 있다. TV나 영화 스크린은 배우와 나 사이의 물리적 공간을 좁혔지만 거기에서 보는 배우의 모습은 어디까지나 꾸며진 연기일 뿐 작품 뒤 배우의 모습을 볼 수는 없었다. 그러나 소셜 미디어는 내가 좋아하는 대상이 직접 자신의 일상을 공개하는 등 꾸며지지 않은 모습을 보여줌으로써 심리적 거리까지 좁혀주었다. 게다가 그 대상에 대해 수많은 다른 팬들과 이야기를 나눌 수 있는 장을 제공한다. 나 혼자라면 몰랐을 대상에 대한 정보와 근황을 들으며 심리적 거리가 좁아졌을 뿐 아니라 '혼자가 아니'라는 소속감까지 갖게 한다. 더 가깝고 더 따뜻한 느낌이 드는 것이다.

'우리가 뒤에 있다'는 것을 보여주는
하위문화로서의 팬덤

팬덤이라는 개념에서 기억해야 할 중요한 또다른 특성은 하위문화 (subculture), 특히 잘 조직된 하위문화(organized subculture)라는 점이다. 팬들은 원작을 좋아하는 사람들일 뿐 아니라 원작을 거의 동일하게 이해하는 사람들이며, 이를 바탕으로 자신들만의 이야기를 발전시켜 나갈 수 있는 사람들이라는 것이다. 오리지널 세계관은 작가가 만들어내지만 팬들은 함께 만들어갈 수도 있으며 원작의 세계관을 바탕으로 자신들만의 세계관을 전개할 수도 있는 사람들이라는 것이다. 팬들의 세계관이 작가의 원 세계관에 영향을 미치려면 팬들의 세계관이 원작과 잘 연결이 됨은 물론 원 세계관을 더 풍부하게 만들어주어야 하고 재미있어야 하는데 현대의 기술은 더 많은 팬들을 집단지성으로 묶어 이런 세계관을 만들어 낼 수 있게 하는 것이다.

즉, 팬은 그들이 좋아하는 대상에 대한 감정적 지지를 넘어 대상을 위한 지원을 하거나 그 대상을 소재로 다른 이야기를 만들어내는 등의 행동을 하는 사람들인 것이다. 이를 통해 대상이 더욱 잘되도록 후원하는 사람들의 모임과 현상을 '팬클럽', '팬덤'이라고 할 수 있다. 유명인이 흔히 하는 행사 중 하나가 '사인회'인데 팬들이 사인회에 가는 이유는 대상을 직접 만나는 것뿐 아니라 사인회 행사에 많은 사람이 몰린 것을 보여줌으로써 '이 사람은 이렇게 인기가 많다'는 것을 과시하고 '우리가 뒤에 있다'는 것을 보여주며 힘을 실어주는 이유도 있다. 좋아하는 캐릭터의 복장을 입고 코믹콘에 참석하는 코스튬플레이, 배우나 작가에게 팬레터를 쓰는 것, 원작을 바탕으로 한 팬픽션을 쓰거나 팬아트를 만들어 공유하는 일, 좋아하는 가수의 생일을 축하하기 위해 지하철역이나 (나아가 뉴욕 타임스퀘어 전광판에까지) 광고를 만들어 게재하는 것은 모두 자신이 좋아하는 대상을 응원하고 대상이 가진 가치를 다양하게 퍼뜨리려는 팬덤 활동이다. 따라서 팬덤은 단순한 '모임'이 아니라 '활동'인 것이다.

팬덤을 구성하는
네 가지 요소

요약하면, 팬덤을 구성하는 요소는 크게 네 가지를 생각할 수 있다.

첫째, 팬의 대상이다. 아티스트 같은 '사람'이나 '팀'이 될 수도 있고, '콘텐츠 그 자체' 혹은 '콘텐츠 장르'일 수도 있다.

둘째, 이 대상을 좋아하고 따르는 충분한 수의 사람들(critical mass)이다. '충분함'의 기준으로 특정한 숫자가 존재하지는 않는다. 10만 명의 팬이 있다 해도 조직화된 하위문화로서의 특성을 보이지 않는다면 조직적인 1,000명보다 좋은 팬덤이 아닐 수 있다.

셋째, 이들 집단 내 감정의 공유(shared emotion)이다. 좋아하는 대상에 대해 팬들이 유사한 감정을 느껴야 이들이 대상을 향해 공통의 활동을 하고, 이들이 만들어내는 새로운 콘텐츠가 팬덤 내에서 공감을 얻을 수 있다.

마지막으로는 플랫폼이다. 이는 디지털이든 오프라인이든 팬들이 모여 함께 이야기하며 나눌 수 있는 공통의 '장(場)'을 의미한다. 라인, 밴드, 카페 등의 커뮤니티일 수도, 온라인 게시판일 수도 있고 물리적 장소일 수도 있다.

이 같은 팬덤의 특징은 향후 상업적인 브랜딩의 발판이 되기도 한다. 예를 들어 팬덤의 대상이 아이돌인 경우 소속사는 아이돌을 데뷔시킬 때 아이돌을 둘러싼 세계관을 기획하여 팬들에게 제시한다.* 최초의 세계관은 아이돌이 인기를 얻고 팬덤이 자라남에 따라 팬들에 의해 진화한다. 멤버의 캐릭터와 성격에 살을 붙이고 멤버들 사이의 이야기를 더하는 등 스토리라인이 팬들의 플랫폼에서 구체화되기도 한다. 소속사는 이를 상품화하고 아이돌을 지속적으로 브랜드로 발전시킨다.

팬덤은 대상과 팬 간의 적극적인 인터랙션을 통해 계속 성장한다. 모든 팬은 '좋아하며 지켜보는 팬'으로부터 시작하지만, 차차 대상과 소통하고, 대상에 영향을 미칠 수 있게 되며, 최종적으로는 대상에 대한 무언가를 직접 생산하는 팬으로 성장하게 된다. 대상에 대한 팬의 인터랙션은 계속 강화되고, 이에 따라 팬과 대상의 사이는 가까워지며, 팬덤과 대상은 함께 성장한다. 따라서 팬미팅이나 사인회 등의 행사는 유명한 스타가 귀한 시간을 팬들에게 내어주는 '서비스'가 아니라 (올바른 인터랙션이 일어난다면) 팬덤을 키우며 스타를 함께 성장시킬 자양분이기도 하다.

---

* 혹은 '세계관'까지는 아니더라도 아이돌의 각 멤버에 대한 배경을 설명하는 등 아이돌을 소비하는 데 몰입을 더할 스토리텔링을 제시하기도 한다.

좋아하는 것과 팬이 된다는 것은 다르다

충성도를 가진 브랜드의 특징

무언가의, 누군가의 '팬'이 된다는 것은 높은 충성도를 의미한다. 그래서 모든 브랜드들은 팬덤을 만들어내기 원한다. 대부분의 유명인들은 그 자체로 이미 '브랜드'이기도 하다. 그러나 모든 브랜드가 팬덤을 갖고 있는 것은 아니다. '세계 최고의 브랜드' 순위를 몇 가지 살펴보자.

브랜드의 가치를 중심으로 본 순위표에서는 우리가 잘 아는 애플, 구글, 삼성전자, 아마존, 마이크로소프트, 코카콜라 등 거대 '기업'들이 자리를 차지하고 있으며, 이들은 아마도 대부분의 독자들이 들어본, 익숙한 브랜드들일 것이다. 그런데 이 중 '좋아하는 브랜드'들은 무엇인가? 스스로 이 브랜드의 팬이라고 할 만한, 혹은 강력한 팬덤을 가진 브랜드라고 꼽을 만한 브랜드는 몇 개나 되는가?

브랜드 가치 순위와 달리 브랜드 충성도를 중심으로 본 순위표에서는

순위	브랜드	브랜드 가치
1	애플	482,215,000
2	마이크로소프트	278,288,000
3	아마존	274,819,000
4	구글	251,751,000
5	삼성	87,689,000
6	토요타	59,757,000
7	코카콜라	57,535,000
8	메르세데스-벤츠	56,103,000
9	디즈니	50,325,000
10	나이키	50,289,000
11	맥도날드	48,647,000
12	테슬라	48,002,000
13	BMW	46,331,000
14	루이뷔통	44,508,000
15	시스코	41,298,000
16	인스타그램	36,516,000
17	페이스북	34,538,000
18	IBM	34,242,000
19	인텔	32,916,000
20	SAP	31,497,000

표 1.
2022년 베스트 글로벌 브랜드 순위[2]

단위: 달러

도미노피자, 틱톡, 왓츠앱, 넷플릭스 등이 등장한다.* 이들은 기업 규모에서는 앞서 언급된 거대 브랜드들에 비해 미미하지만 소비자들은 이 브랜드들을 반복해서 사용하며 친숙하게 느끼는 것이다.

경제적 가치와 소비자 충성도가 동시에 높은 브랜드, 가치는 높지만 충성도는 낮은 브랜드, 가치는 높지 않아도 충성도가 높은 브랜드, 팬이 없는 브랜드와 팬을 가진 브랜드의 차이는 무엇인가? 무언가의 팬이 된다

---

* 브랜드의 가치를 대상으로 한 조사와 충성도를 중심으로 한 조사는 서로 조사한 기관과 지역도 다르고 조사 방법도 상이하여 순위를 직접 비교하는 것이 큰 의미는 없으나 서로 다른 브랜드들이 등장한다는 점을 부각시키기 위해 나란히 보여주었다.

순위	브랜드
1	애플(스마트폰 부문)
2	아마존(소매업 부문)
3	도미노피자
4	디즈니플러스
5	틱톡
6	화이자
7	왓츠앱
8	넷플릭스
9	구글
10	아마존 프라임(동영상 스트리밍)
11	나이키
12	MSNBC
13	디스커버(신용카드 부문)
14	애플TV(스트리밍 비디오 부문)
15	인스타그램
16	홈디포
17	삼성(스마트폰 부문)
18	던킨
19	현대자동차
20	애플(태블릿 부문)

표 2.
2022년 브랜드 충성도 순위[3]

는 것은 대상을 단순히 좋아하는 것에서 그치는 것이 아니라 그 대상이 만들어내는 세상, 세계관의 일원이 되는 것을 의미한다고 서술한 바 있다. 브랜드의 팬은 제품(의 품질)만을 좋아하는 것이 아니라 브랜드가 지향하는 세계에 공감하며 같은 믿음을 가진 다른 팬들이 많다는 것을 알고 있다.

가치에 기반한
브랜드가 되어야 한다

　사람이든 콘텐츠든 캐릭터든, 팬심의 대상이 되기 위해서는 시각화된 분명한 상징이 필요하다. 팬이 된다는 것은 그 대상을 좋아하는 것을 넘어 대상을 따르고, 대상(이 표방하는 가치)에 어울리는 사람이 되고 싶다는 열망이 포함되므로 이를 쉽게 떠올릴 수 있게 하는 상징은 중요하다. BTS 멤버에 대한 팬심의 원천은 이들의 생김새 자체가 아니라 그들이 상징하는 가치이다. 어떤 배우가 연기하든 007 영화의 '제임스 본드'가 가진 상징이 팬을 끌어모으듯 팬들이 이미지로 새길 수 있는 상징은 꼭 필요하다. 스티브 잡스(Steve Jobs)는 작고한 지 10년이 넘은 지금도 애플의 강력한 상징으로 군림한다. KFC 창업자 커넬 샌더스(Colonel Sanders)의 얼굴과 달리 스티브 잡스는 애플의 창업자에 그치지 않고 그의 얼굴, 어록, 심지어 옷차림까지 애플이 표방하는 '단순함과 남다름'을 보여주는 상징이 되고 있다. 좋은 상징은 얼굴이나 로고 이상이며, 브랜드가 지향하는 가치를 실제로 시각화(visualize)하고 보여주는(現化, incarnate), 팬이 '느끼고 교감할 수 있는 상징'이다. 스포츠팀이나 스포츠 브랜드가 실력을 넘어 팀의 가치를 상징하는 선수를 찾아 모델로 내세우는 것도 같은 이유이다. 물론 해당 브랜드가 지향하는 가치가 뚜렷하고 의미가 있어야 한다(브랜드의 지향점이 모호하고 일관성이 없다면 어떤 모델도 이를 상징할 수 없다). 인물을 통해 브랜드의 가치를 상징하도록 하는 것은 1~2년의 단기간에 가능한 일이 아니다. 그것이 유명인이든 일반인이든, 스스로의 가치를 내세워 유명세 이상의 '브랜드'를 구축하는 일 역시 마찬가지이다.

팬은 참여하며 확장시킨다

헨리 젠킨스의 연구

1992년 헨리 젠킨스가 출간한 《Textual Poachers(텍스트 밀렵꾼들)》(이후 《텍스트 밀렵꾼들》)은 팬덤 연구의 대표 저술로 간주된다.[*] 팬이 가진 집단적 특성과 행동 중심 특성에 초점을 맞추어 이 책은 팬을 자신의 이해에 맞게 텍스트를 해석하며 소유하는 독자이자, 미디어의 수동적 시청 경험을 풍부하고 복잡한 참여 문화로 변형시키는 관객으로 개념화한다.[4]

그는 TV와 같은 대중매체에서의 참여 문화(participatory culture)에 대해서 깊이 다루는데, 그에 따르면 대중매체가 등장한 이후 팬들의 특징은 팬심의 대상이 생성해내는 콘텐츠 및 유통 과정 등에 직접 참여하고 이를 통해 좋아하는 대상의 세계관을 함께 만들어간다는 데 있다. 〈닥터 후(Doctor Who)〉라는 BBC의 유명한 드라마는 1963년부터 거의 60년째 방

---

[*] 젠킨스는 책 제목의 '밀렵(Poaching)'이라는 단어를 통해 '능동적 참여자로서의 팬'과 팬들의 생산성을 강조한다.

영되고 있는 인기 시리즈이다. 이 시리즈의 열성 팬이었던 피터 카팔디(Peter Capaldi)라는 소년은 14세 때부터 제작진에게 자신이 좋아했던 에피소드에 대한 찬사를 보내거나 시리즈에 대한 의견을 보내고, 촬영장 사진을 요청하거나 공식 팬클럽의 회장으로 임명해달라는 등의 수많은 편지를 줄기차게 보낸 것으로 악명이 높았다. 그리고 그 소년은 55세가 되던 해 시리즈의 주인공인 '12대 닥터' 역을 맡게 된다.

이 이야기는 팬이 대상에 직접적인 영향을 끼친 가장 극적인 사례 중 하나지만, 일반적인 팬들은 다른 다양한 방법으로 대상에 영향을 미친다. 예를 들어 기존에 있는 이야기에 대해 자신만의 해석을 만들고 이를 다른 팬들과 나누거나 혹은 이를 다른 팬들과 함께 책으로 만들어 펴내는 '팬픽(팬 픽션, 소설)'이 있다.

'팬픽', '직찍(직접 찍은 사진)', '직캠(직접 찍은 영상)', '대포(초점거리가 200mm 이상 되는 고배율 렌즈)', '홈마(카메라를 들고 아이돌의 일정에 따라다니며 사진과 영상을 찍는 팬들)'[**]와 같은 은어들을 들어본 적이 있을 것이다. 이는 모두 팬들이 자신이 좋아하는 대상을 향해 하는 행동이다. 팬들은 좋아하는 대상이 드라마나 앨범, 공식 홈페이지에서 보여주는 것보다 더 다양한 모습을 보기 위해 파고들고, 촬영하고, 다른 팬들과 그 결과물을 나눈다. 나아가 대상과 대상의 세계관을 소재로 한 새로운 뭔가를 만들어내기까지 한다. 팬픽일 수도 있고 그림이나 시, 조각일 수도 있으며, 이들

[**] 재미있는 것은 일본 아이돌 문화에는 이 같은 '직찍' 문화가 거의 없다는 사실이다. 일본 팬들은 직접 사진을 찍는 것보다 전문 포토그래퍼가 촬영한 공식 사진을 굿즈로 구입하거나, 혹은 팬클럽 운영진이 직접 찍어 공식 블로그에 올리는 사진을 구입, 다운받는 경우가 대부분이다. 이는 아마도 아이돌을 귀찮게 해서는 안 된다는 일본 특유의 민폐(迷惑, 메이와쿠) 문화, 그리고 공식 굿즈를 구입함으로써 응원하는 아이돌을 후원한다는 심리가 강하기 때문인 것으로 생각된다.

을 소재로 한 새로운 공연이나 영상, 팟캐스트일 때도 있다.

아이돌의 소속사는 이런 새로운 콘텐츠를 통해 팬들이 본격적으로 사익을 취하거나, 팬들이 만드는 이미지가 소속사가 추구하는 것과 다른 경우가 아니라면 내버려 둔다. 소속사도 팬덤을 키워 더 많은 새로운 콘텐츠와 아이디어를 만들어주기를 바라기 때문이다. 젠킨스가 강조하고자 했던 개념이 바로 이 같은 팬들의 참여 문화, 공동 창작 문화이다. 콘텐츠의 원작 내러티브나 흐름, 아이돌 자체나 그들의 노래가 팬심의 대상이 되는 원형, 즉 '텍스트'라면 소비자는 이 원형을 수동적으로 바라보며 소비하는 사람이다.

《텍스트 밀렵꾼들》은 팬들의 특징으로 이들이 텍스트에 '끼어든다'는 점을 든다. 과거의 팬은 주어진 텍스트를 그대로 읽고 혼자 해석하는 것 외에는 달리 소비할 방법이 없었다. 팬들이 모일 수는 있어도 이들이 원작에 영향을 주는 것은 거의 불가능했다. 그러나 대중매체가 등장한 후 현대의 팬들은 미디어가 공개한 원작 텍스트를 재창조, 보완함으로써 원작이 의도하지 않았던 다른 의미를 갖게 하거나, 원작이 상정하지 않았던 바깥의 세계를 다룸으로써 원작을 더욱 풍부하게 한다.

원작의 텍스트—드라마, 영화, 혹은 소설—를 기반으로 팬들이 의견을 나누며 새로운 텍스트를 만들어내는 현상에 대해 원작자가 불쾌해할 것이라고 생각할 수도 있지만, 현대의 팬덤에서 나타나는 재생산은 원작에 긍정적인 영향을 주는 경우도 많다. 팬들이 원작을 검증함으로써 오류를 찾아내고 불필요한 논쟁을 일으킬 수 있는 부분을 발견할 수도 있고, 원작 시대의 앞뒤로 프리퀄(prequel)이나 시퀄(sequel)을 상상하여 이를 이야기로 만들어낼 수도 있다. 이런 재생산은 원작에 대한 방해보다 기여가 더욱 크며, 나아가 더 많은 소비자들이 원작을 접할 수 있게 하는 마케팅적 기여도 크다.

　콘텐츠의 재생산은 원작의 배경과 캐릭터가 탄탄할수록 일어나기 유리하며 이것이 바로 '세계관'이다. 원작이 A라는 결말로 끝나더라도 이 결말을 구성하는 캐릭터들과 시공간적 배경이 탄탄하다면 팬들은 이를 바탕으로 다양한 상상을 할 수 있다. 예를 들어 결말에서 살아남은 캐릭터들이 만들어내는 결말 이후의 세상을 상상할 수도 있고, 조연급이지만 매력적이던 캐릭터들의 삶을 조명하는 또 다른 시리즈를 펼쳐볼 수도 있다. 이 같은 재생산은 팬이 아니라 해당 콘텐츠의 작가들이 만들어낼 수도 있지만 이야기의 시작과 끝, 캐릭터들의 서사 등 이야기의 거의 모든 것을 꿰뚫고 있는 팬들이 스스로 만든 이야기를 다른 팬들과 공유하며 더 좋은 이야기로 '함께' 발전시켜 나갈 수 있다는 점에서 의미가 있다.

　젠킨스 연구의 중요한 의의는 이전에 '팬'이 지니고 있던 '수동적·집착적 소비자'라는 부정적 이미지를 '적극적·생산적인 팬'으로 전환시켰다는 점이다. 대중매체에 등장하는 스타들의 팬은 흔히 (건전한 일반 시청자들에 비해) 소중한 시간과 돈을 바치는 비이성적인 이미지로 그려지지만 젠킨스의 연구는 이러한 팬의 특징을 무조건 부정하는 대신, 팬들의 적극적 참여와 공동체 문화, 자발적이고 능동적 생산성과 이 모든 것의 긍정적인 영향을 재조명한다.

인터넷 없는 아미는 없다
디지털 기술이 구현하는 집단지성 팬덤 문화

소셜 미디어는 팬덤의 활동 양태를 바꾸고 규모와 파급력을 키우는 데 큰 역할을 하고 있다. 인터넷이 없는 '아미'를 상상할 수 있는가? 유튜브가 없는 1인 미디어 산업을 상상할 수 있는가? 인스타그램이 없는 인플루언서가 등장할 수 있었겠는가?

팬들이 모인 집단은 단순한 동호인의 집단을 넘어 동일한 가치를 추구하는 집단이기도 하다. 이들이 보여주는 집단지성은 같은 팬들의 전문성을 결합하고 이들의 상호작용을 통해 더 많은 양질의 정보가 생산, 공유되는 현상을 낳는다. 온라인 팬 커뮤니티와 소셜 미디어는 집단지성이 가장 완벽하게 실천되는 공간이며, 플랫폼에 대한 접근성, 정보의 평등성, 상호작용성, 소속감에 의해 팬덤을 발전시킨다.

디지털 기술은 팬의 활동을 더욱 다양하고 적극적이며 파급력 있게 만든다. 팬심의 대상과 직접 이야기를 나누거나 그들을 물질적으로 지원하는 일, 기획사와 소통하며 협업하는 일 등이 이제 훨씬 쉬워졌다. 디지털 플랫폼 기술이 팬덤에게 더 많은 가능성을 열어줄 것이라는 증거는 현재의 엔터테인먼트 산업에서도 찾을 수 있다. 브이라이브와 위버스의 통합, NC 유니버스 출범, 그리고 최근 모두가 주목하는 메타버스와 NFT 등은 창작자, 기업, 팬, 소비자를 한곳에 모아 이들의 활동을 수익화하는 데 초점을 둔다. 팬덤은 팬심의 대상과 한 몸으로 문화와 산업을 함께 만들어 가고 있으며, 이는 연예인, 유명인, 인플루언서에만 해당하는 이야기가 아니다.

아이돌을 '키우며' 긍정적인
자신을 발견하는 팬들

　팬은 일반적으로 인기가 이미 많은 유명인이나 콘텐츠를 대상으로 형성되지만 간혹 팬들이 덜 인기 있는 대상을 '키워내는' 경우도 있다. 무명 아티스트 주변에 소규모의 팬들이 생기고, 이들이 조직적으로 아티스트에 대한 입소문과 부가 콘텐츠를 만들어냄으로써 결국 대중적 스타로 만들어내는 것이다. 좋아하는 대상이 지금보다 더 성장하기를 열망한다는 점에서 이는 거의 모든 팬덤에 해당하기도 하지만, 여기에서 강조하려는 특징은 '육성 자체에 초점을 두는 팬덤'도 존재한다는 점이다. 아이돌 산업이 진화하고 팬덤 간 경쟁이 심화됨에 따라 아이돌 중심 팬덤은 '스타덤을 만들고 체계적으로 돌보는' 수준에까지 이르렀다.* 팬들은 아이돌

---

* 이는 우리나라보다 일본에서 더 흔히 보여지는 팬 문화이기도 하다. 훈련을 통해 일정 수준에 도달한 '준비된 팀'을 데뷔시키는 한국 아이돌 시스템과 달리 일본의 기획사는 팬들에 의한 육성을 주된 목표로 아이돌을 데뷔시키기도 한다. 예를 들어 48명으로 이루어진 AKB48은 많은 멤버들이 아직 충분한 실력을 갖추고 있지 않지만 팬들의 성원에 힘입어 차츰 성장하는

에 대한 자신들의 (조직된) 의견을 대외적으로 적극 표명하고 커뮤니케이션에 개입하며 피드백을 실행한다. 예를 들어

① 음원차트나 투표에서 높은 순위를 차지하기 위해 음원을 다운받는 것은 기본이고 음원을 구매하여 다른 사람들에게 선물하기도 하며

② 차트의 순위를 높이기 위해 음원 플랫폼에서 아이돌의 음악을 반복 재생하기도 하며[**]

③ 순위에 영향을 미치기 위해 조직적·전략적으로 온라인 투표를 반복하기도 하고

④ 아이돌이 등장하는 영상과 소셜 콘텐츠를 찾아 '좋아요'를 누르고

⑤ 아이돌의 소식을 널리 알리기 위해 소셜 미디어에서 해시태그를 확산하고

⑥ 포털에서 수시로 검색을 반복하여 검색 순위를 올리기도 한다.

팬들의 이 같은 활동을 '유사 연애', 혹은 '유사 육아' 활동으로 묘사한 논문도 있다.[***] 팬들이 이처럼 '키우는 수준까지의 팬질 활동'을 하는 심리

모습을 보이고 어느 수준에 이르면 '졸업'을 시키는 방식으로 운영된다. 따라서 각각의 멤버가 이미 스타에 가까운 우리나라의 아이돌과 달리 일본의 아이돌 그룹은 각 구성원보다 '구성원이 성장하는 플랫폼 브랜드'에 초점을 두는 경우가 많다.

[**]　음원재생 집계율을 높이기 위한 팬들의 인위적, 조직적인 스밍(스트리밍의 줄임말)은 순위의 공정성을 저해하므로 음원 플랫폼은 이런 활동을 금지한다. 스밍이 지나치면 어뷰징(불법 프로그램, 타인 계정 도용, 다중 계정 접속 등을 통해 부당한 이득을 챙기는 행위)이 되고 음원의 순위를 인위적, 상업적, 의도적으로 조작하는 범죄가 될 수도 있다.

[***]　엄마의 마음으로 하는 팬 활동이라는 뜻인데 이들의 팬덤은 아이돌을 적극적으로 관리하는 '엄마'의 정체성을 자처하지만 동시에 연예기획사라는 '숨겨진 아버지'에 의해 다시 관리되는 존재로 묘사된다.(정민우, 이나영, 2009) 이는 팬을 여성으로 고착시킨다는 점에서 비판을

적 동기는 무엇인가? 강보라, 서지희, 김선희(2018)의 논문[5]은 아직 데뷔하기 전의 '아이돌 후보'를 응원하는 시청자의 심리를 조사했는데, 이때 한 팬은 아이돌 후보를 응원하며 오히려 '자존감이 높아진 기분'이었다는 응답을 했다고 한다. 이는 프로그램에 출연하고 있는 아이돌을 응원하는 모습으로부터 스스로는 '응원을 통해 아이돌을 키워내는 주도적인 나'의 모습을 느끼고 이에 긍정적인 감정을 갖고 있음을 의미한다. 비록 같은 아이돌 후보를 응원하는 시청자는 나 외에도 수천, 수만 명이 더 있겠지만 TV를 보며 아이돌에게 말을 걸며 응원하는 자신의 모습, 문자투표로 지지를 보내고 주변 사람들에게도 문자투표를 호소하는 자신의 모습은 아이돌에 대한 단순한 지지를 넘어 팬으로서의 자신을 인식하는 방편이기도 하다.

팬덤은 능동적, 창조적, 참여적인 활동이다. 그 속에서 팬은 팬심의 대상을 '가지고 놀기'도 한다.(Duffett, 2013/2016) 일반 소비자와 달리 팬들은 팬심의 대상을 단순한 소비재로만 생각하지 않는다. 자신이 좋아하는 대상의 성공과 자신의 성공을 (어느 정도) 동일시하므로 아이돌의 인기를 더 널리, 더 오래 갈 수 있도록 노력한다. 그래서 팬은 아이돌의 콘텐츠를 구매하기 위해 지갑을 열지만, 일반 소비자가 콘텐츠를 즐기기 위해 소비를 한다면, 팬은 '아이돌을 위해' 소비하는 특성을 갖는다. 팬은 아이돌을 널리 알리기 위한 활동을 펼침으로써 아이돌의 가치를 증대시키기 위해 스스로 노력한다. 열성적인 팬들은 자신들의 이런 활동을 상업적이라고 보는 비판에 반대하고 팬 활동 과정이 주는 즐거움과 자율성을 강조하지

받기도 한다.

만, 이들의 활동은 결국 대상이 갖는 시장 가치를 높이고 주변 산업을 공고히 하는 데 기여한다. (홍종윤, 2014)

하츠네 미쿠와 결혼한 남자

팬덤의 진화

팬덤이 어디까지 진화할 수 있을지를 보여주는 재미있는 사례로 애니메이션 캐릭터와 결혼식을 올린 일본 팬의 이야기가 있다.

일본의 곤도 아키히코라는 남성 팬은 인기 보컬로이드* 캐릭터인 '하츠네 미쿠(初音ミク)'와 사랑에 빠져, 개인 기기에 캐릭터의 홀로그램 이미지와 음성을 소장하고 있었다. 아침에 눈을 뜨고 밤에 잠자리에 들 때까지 이야기를 나누다가 결혼식까지 올렸다는 이야기이다. 이는 팬심이 깊어졌을 때 모든 팬이 지향하는 최종 목표점은 대상과 가장 개인적인 수준에서 개인적인 관계를 맺고 싶어한다는 것을 보여준다.** 이는 팬심이 깊

---

* 성우 없이 프로그램이 노래를 부를 수 있게 하기 위해 야마하가 제작한 음성 합성 프로그램

** 2018년 결혼식을 올린 이 팬은 2020년 코로나19로 인해 서비스 업체가 인공지능 대화 서비스를 종료함에 따라 더 이상 대화를 할 수 없게 되었음에도 불구하고 '여전히 사랑하기 때문에' 침묵하는 가상 캐릭터를 매일 마주하며 있다고 한다.

그림 1. 하츠네 미쿠

어졌을 때 모든 팬이 지향하는 최종 목표점은 대상과 가장 개인적인 수준에서 개인적인 관계를 맺고 싶어한다는 것을 보여준다.

이는 아이돌의 입장에서도, 혹은 브랜드나 소셜 미디어 인플루언서 입장에서도 중요한 포인트이다. 인플루언서가 되고자 하는 크리에이터들 혹은 이들을 키워내고자 하는 기획자들은 '구독자의 역할을 어떻게 바라볼 것인가', '구독자를 어떻게 팬으로 발전시킬 것인가'를 생각해야 한다. 소셜 미디어에서 인플루언서가 되기 위해 중요한 것은 물론 자신만의 '콘텐츠'이지만, 구독자를 대하는 방법, 구독자에게 주어야 하는 동기의 중요성도 간과할 수 없다.

인플루언서의 콘텐츠는 인플루언서 본인이 만들어낸다. 그러나 구독자를 넘어 추종자, 팬덤을 만들어내기 위해서는 좋은 콘텐츠 외에도 팬들과 함께 만들 수 있는 '여지'를 주는 것이 바람직하다. 팬들은 팬심이 깊어지면 진심으로 여러 가지 일을 할 준비가 되어 있다. 인플루언서가 인기를 얻기 위해서는 콘텐츠의 품질, 재미, 호감도를 높이는 것에 그쳐서는 안 된다. 스스로 만들어내는 각각의 콘텐츠는 물론 콘텐츠의 장르나 콘셉트와 인플루언서 본인을 팬심의 대상으로 만들어내는 것이 중요하다. 자신만의 아이덴티티와 세계관을 만들고, 구독자와의 인터랙션을 다변화하여 구독자로 하여금 인플루언서의 개인적인 모습을 다양하게 발견할 수 있게 해야 한다. 나아가 팬들과 함께 인플루언서 본인의 콘셉트를 확장하고 본인의 브랜드를 강화하는 방안을 수립해야 한다. 팬들이 가진 능동성이 무엇인지, 왜 그런 행태를 보이는지, 이를 자신 혹은 함께하는 인플루언서를 위해 어떻게 활용할 것인지, 마지막으로 팬들의 그러한 활동이 팬들 자신에게 어떻게 '실질적인 혜택'으로 돌아가도록 할지를 설계해야 하는 것이다. 이것이 '전략'이다.

팬은 활용되어야 한다. 단 우리 아티스트와 팬들 모두 만족감을 느낄 수 있도록 활용되어야 한다. 팬들이 느끼는 팬덤은 그들이 꿈꾸는 이상적인 사회를 닮은 공동체이기 때문이다.

2장

인플루언서

노바디에서
아이콘까지
사람을 끄는
영향력의 계단

감정을 끌어내는 능력이 있는가

인플루언서의 네 가지 조건

기록되지는 않았지만 아마도 인류 최초의 인플루언서는 이야기꾼이거나 연설가였을 것이다. 그리고 초기의 이야기꾼은 연설가, 정치가, 리더에 가까웠을 것이다. 이들의 목표는 이야기를 통해 청중에게 중요한 정보를 전달하여 이해시키고, 이들의 뜻대로 청중을 움직이는, 즉 '영향을 미치는' 것이었을 가능성이 크다.

크리스 로젝(Chris Rojek)(2019)은 《셀러브리티(Celebrity)》라는 책에서 유명인을 '공적인 장(場)에서 매력적이거나 악명높은 개인'으로 규정하고, 이들이 가져야 하는 조건을 네 가지로 정리했다.[7]

첫째, 유명세를 가진 개인이 문화적인 영향력을 갖고 있어야 한다. 이는 대중의 의식에 미치는 영향력이라고 할 수 있다.

둘째, 대중에게 본인의 모습, 메시지를 전달할 수 있는 매개체(agent)가 있어야만 인지도를 얻을 수 있다. 연극, 노래, 책, 극장, 대중매체와 같은

'미디어'가 가장 중요한 매개체이며 기획자, 작가, 마케터, 코디네이터 등의 '스태프'가 중요한 조력자의 역할을 한다.

셋째, 사적인 자아(private self identity)와 공적인 자아(public self identity)를 구분해야 한다. 유명인이 대중매체에서 보여주는 모습은 연출된 공적(public)인 모습이다. 많은 인기 연예인들이 공적인 자아가 사적인 자아를 지배하는 데에서 오는 고통을 호소한다. 매체에 등장하지 않는 평상시에도 공적인 자아에 맞는 모습을 보여야 한다는 압박을 느끼거나, 이름을 알린 인기작의 캐릭터가 지나치게 강렬할 경우 해당 배우에게 그와 다른 캐릭터를 연기할 기회가 잘 주어지지 않는 것이다(〈나 홀로 집에〉의 맥컬리 컬킨(Macaulay Culkin), 그 자체로 '해리 포터'인 다니엘 래드클리프(Daniel Radcliffe)가 다른 역할로 등장하는 것을 찾기 어려운 것이 좋은 예이다). 반대로 유명인이 되고 싶은 일반인 유튜버라면 실제의 자아가 공적인 자아를 닮도록 상시 노력해야 하는 어려움을 겪을 수도 있다.

넷째, 명성(renown)과 유명세(celebrity) 혹은 악명(notoriety)을 구분해야 한다. 명성은 어떤 개인이 뛰어남을 보인다는 의미이다. 이는 그 사람만의 출중한 능력이나 업적, 외모, 용기 등이 다른 사람들로부터 주목과 인정을 받을 때 가능하다. 그러나 유명세는 보다 많은 대중으로부터의 인기를 끌고 있음을 의미하며, 명성만으로 유명세를 얻을 수는 없다. 능력이나 외모가 특출하지 않더라도 유명세를 얻을 수 있다. 유명세에 필요한 것은 대중으로 하여금 유명인의 희로애락에 공감하게 만드는 감정적 연결이며, 이것이 대중에게 영향을 미치고 행동의 변화를 이끌어내는 인플루언서의 중요한 조건이다. 이런 영향력 없이 잘 알려지기만 한 사람이라면 이들은 (명성 있는) 유명인에 머물게 된다.

유명한 것으로 유명한 사람들이 있다
배경에 따른 세 가지 분류

크리스 로젝 (2019)은 유명인을 배경에 따라 세 가지 부류로 나누기도 했다. 첫째, 태생적(ascribed) 유명인은 왕족, 귀족, 유명인의 자녀로 태어나 처음부터 사람들의 주목을 받는 경우이다. 태생적 유명세는 낳은 부모나 태어난 자녀 모두 피할 수 없는 것이며 이를 포기하려 노력하는 유명인들은 많지만 실제로 일반인 같은 삶을 살게 되는 경우는 흔치 않다.

두 번째는 자수성가형 유명인으로 자신의 능력을 발휘, 공개적인 경쟁을 거쳐 유명세를 얻는 사람들이다. 오디션을 거쳐 유명해진 배우나 가수, 연예인, 운동선수, 혹은 자신의 분야에서 업적을 쌓아 유명해진 요리사, 의사, 상담사, 교수 등의 전문가가 이 부류에 속한다. 이들의 유명세는 각자의 전문성은 물론 외모, 언변, 친화력 등의 타고난 재능과 성격도 영향을 미친다.

세 번째 유명인은 어쩌다 유명인이 된(attributed) 사람들로 신분, 능력,

외모 등으로 유명하게 된 것이 아니라 어떤 계기로 매체가 이들을 집중 조명함으로써 유명하게 된 경우이다. 대중이 관심을 가진 이벤트에서 어떤 인물이 새롭게 등장하거나, 리얼리티 프로그램에 등장하여 인기를 얻게 된 일반인, 유명인의 주변에 있다가 미디어의 주목을 받아 얼굴을 알리게 된 사람들, 혹은 큰 사고에서 기적처럼 생존한 사람들이 이에 해당하는데 이들은 이들이 원래 가진 능력이나 배경과 상관없이 매체에 의해 유명인, 혹은 영웅으로 자리매김된다. 이들은 기존 유명인과 다른 신선한 느낌을 주고, 대중들의 주의를 (잠시나마) 돌리며 대중적 기쁨 (혹은 공분)을 불러일으키는 역할로 '활용된다.' 이들의 유명세는 해당 사건에 대한 대중의 관심이 줄면 함께 줄어들며, 이들이 유명세를 유지하려면 자수성가형 유명인으로 만들어줄 만한 요소를 추가로 갖추어야 한다.

어떤 부류든 유명인은 자본주의 시스템이 미디어를 통해 대중을 통제하고 이용하기 위한 방편의 하나라고 보는 시각도 있다. 특히 유명인들의 성공담을 퍼뜨리며 그 뒤에 숨겨진 인내와 노력을 강조하거나, 성공한 사람들이 보여주는 겸손이나 미담을 칭찬하며 이를 바람직한 사회적 규범(norm)으로 치켜세우는 것, 혹은 유명인이 사용하는 상품을 통해 대중의 욕구를 자극하는 메커니즘 등이 미디어와 사회가 유명인을 이용하여 대중의 삶에 영향을 미치는 예라고 할 수도 있다.(크리스 로젝, 2019)

인플루언서와
크리에이터의 차이

　'잘 알려진 사람'을 일컫는 단어는 명사(名士, 혹은 유명인사), 유명인, 공인(公人) 등 여러 가지가 있다. 조금씩 다른 의미와 뉘앙스로부터 우리는 유명함에도 다양한 수준과 종류가 있음을 짐작할 수 있다. 그러나 현대 일상에서 쓰이는 '명사'나 '유명인', '셀러브리티 (혹은 '셀럽')'라는 단어의 의미는 단순히 '잘 알려진 사람'을 넘어 대중의 취향에 영향을 미치는 측면을 강조한다.

　소셜 미디어에서 흔히 쓰이는 '인플루언서(influencer)' 역시 소셜 미디어 콘텐츠를 통해 구독자, 팔로워 등 타인에 영향을 미치는 사람들을 뜻한다. 이들의 영향력은 인플루언서에 대한 대중의 호감도와 신뢰도 제고, 인플루언서 콘텐츠의 전파 등이 있지만 더 중요한 영향력은 인플루언서가 말하는 내용을 팔로워들이 믿게 하고 따라 하도록 하는 것이다. 인플루언서가 소개하는 제품이나 주장에 대한 인지도, 신뢰도, 호감도를 높이는 것을 넘어 구매라는 행동을 유발하는 경우, 사회적/정치적 참여라는 행동을 이끌어내는 경우 영향력이 가장 크다고 할 수 있다.

인플루언서의 정의를 '타인에게 영향을 주는 사람'이라는 측면에서 본다면 소셜 미디어를 운영하는 것이 인플루언서의 필수조건은 아니다. TV의 예능 프로그램에 종종 등장하는 육아, 요리, 애완동물, 노래, 춤 등의 전문가는 물론 의사, 변호사, 교사, 교수, 자동차 명장 등 특정 분야의 전문가도 인플루언서라고 할 수 있다. 단, 지식이나 경험, 자격증을 가진 것만으로 인플루언서라고 할 수는 없다. 인플루언서는 문자 그대로 대중에게 영향을 미칠 수 있는 사람들이기 때문에 지식과 경험이 주는 신뢰 외에도 대중을 상대로 한 인지도와 호감도를 반드시 갖추어야 한다.

소셜 미디어와 무관하게 본인의 전문성이나 경험으로 대중에 영향을 미치는 사람들은 KOL(Key Opinion Leader)이라고 불린다. 소셜 미디어를 직접 운영하고 있지 않은 전문가들이라 해도 소셜 미디어에서 흔하게 이름이 거론되고 이들이 오프라인에서 만들어낸 콘텐츠가 소셜 미디어를 통해 유통되며 종종 영향력을 발휘하기 때문에 이들 역시 소셜 미디어 유명인이라고도 할 수 있다. 그러나, 이 책에서 논하는 인플루언서는 책의 취지를 살려 소셜 미디어를 운영 중인 사람들로만 인플루언서의 범위를 제한한다.

인플루언서와 다른 표현으로 소셜 미디어에서 콘텐츠를 만들어 공유하는 모든 사람을 칭하는 '크리에이터'가 있다. 모든 인플루언서는 콘텐츠를 스스로 만들어내기 때문에 크리에이터이며, 모든 크리에이터 역시 '어느 정도는' 인플루언서라고 할 수 있다. 그러나, 일반적으로는 운영하는 채널의 구독자가 많을 경우 인플루언서라고 불린다. 그러나 인플루언서라는 단어에서 보듯 구독자의 많고 적음보다 구독자에게 미치는 영향력의 크고 작음이 더 중요하다.

연예인은 캐릭터,
유튜버는 콘텐츠

    팬덤에 관한 대부분의 연구는 이미 유명한 사람들, 혹은 곧 유명해질 예비 유명인을 대상으로 이루어졌기 때문에 이를 유튜버 같은 소셜 미디어 인플루언서에 그대로 적용하기에는 무리가 따른다. 이는 유명인들과 소셜 미디어 인플루언서들이 가진 유명 자원(fame resource)의 차이 때문이다. 〈프로듀스101〉, 〈미스터트롯〉 같은 오디션 프로그램에 등장하는 예비 연예인 후보생을 보는 시청자의 시각은 먹방 유튜버를 보는 시각과 다르고 시청자가 이들에 갖는 기대감과 거리감도 다르다. 연예인이 되고 싶은 후보생과 조회수를 높이고 싶은 유튜버의 목표는 전혀 다르며 이들이 만들어내는 콘텐츠와 활동 역시 다를 수밖에 없다.

    비유명인 유튜버라 해도 자신의 영역에서 유명세를 쌓은 유튜버들은 게스트나 패널로 TV 프로그램에 등장하기도 하는데 이는 이들이 가진 인지도와 호감도가 시청률에 미칠 영향력이 기존의 연예인과 비교할 수준이 된다고 제작진이 판단하기 때문이다. 유튜버의 입장에서, 자신의 유튜브 채널에서보다 제한된 역할로 등장하여 제한된 시간 동안 제한된 말만 할 수 있음에도 불구하고 TV에 등장하는 기회를 마다하지 않는 것은 (비록 대중매체의 위세가 크게 줄어들었지만) 대중매체에 축적된 영향력의 잠재력, 매체가 가진 명성, 신뢰, 권력, 자본이라는 자원이 여전히 굳건하기 때문이다.

　TV와 신문 등의 전통적 대중매체는 희소성으로 권위와 소비자 신뢰를 확보한다. 누구나 만들 수 있는 유튜브 채널과 달리 대중매체는 누군가 하루아침에 만들어낼 수 있는 것이 아니며 유튜브처럼 무한정의 채널이 있지 않다. 한정된 채널의 양, 게다가 공중파처럼 더 유한한, 더 오래된 매체는 '아무나 등장시킬 수 없고', '아무 주제나 다루지 않는다'는 출연자와 소재의 희소성을 부여한다. 전문가에 의해 선택된 인물과 주제를 활용하여 대중들이 호응할 만한 콘텐츠를 만들어낸다는 특징은 전통적 대중매체에 더 큰 신뢰도를 부여한다.

　조금씩 이름을 알리기 시작한 비유명인 소셜 미디어 인플루언서의 대다수는 기회만 주어진다면 온라인 인플루언서 자리에만 머물 생각이 없을 것이다. 특히 웬만큼 인기를 얻은 인플루언서들이라면 당연히 더 대중적인 미디어를 통해 더 많은 사람들에게 자신을 알리고 싶어한다. 그리고 이들에게 TV와 같이 희소성에 기반한 신뢰를 확보하고 있는 대중 매체는 자신의 영향력을 한 단계 높일 수 있는 훌륭한 도구가 된다(이때 기존 매체의 제작진과 시청자는 유튜버라는 '새로운 인플루언서'가 연예인이라는 '기존 인플루언서'를 대체할 수 있을지 평가하는 심판의 역할을 맡는다). TV 프로그램에 등장한 유튜버가 자신의 역할을 프로그램에서 성공적으로 수행함으로써 시청률을 높일 때 전통적 대중매체는 새로운 영향력에 기대 TV 매체의 기존 영향력을 일부 회복하며, 출연한 유튜버는 대중매체의 생태계에 편입되기 시작한다.

팬덤 연구가 비유명인 인플루언서보다 연예인과 같은 유명인을 대상으로 주로 이루어졌음에도 불구하고 팬덤 연구에서 발견된 몇 가지는 소셜 미디어 인플루언서에도 적용할 수 있다. 우선, '내가 아닌 다른 사람을 보며 동경하는 마음'으로서의 팬심, 그리고 좋아하는 대상이 잘되기를 바라는 팬으로서의 '마음'은 그 강도에 차이가 있을 수는 있으나 유명 연예인을 향한 것과 유튜버를 향한 성격은 유사하다. 좋아하는 대상을 즐기고 키우기 위해 팬들은 시간과 비용, 노력을 기꺼이 지불하는데, 이는 자신이 좋아하는 대상이 더 많은 사람들로부터 더욱 오랫동안 인기를 얻기 원하는 심리에 기인한다.

그러나 팬들이 바라보는 '잘되기 바라는 대상', '더욱 오랫동안 인기를 유지하기 바라는 대상'은 유명인과 비유명인 인플루언서에 있어 차이가 있다. 유명인을 향한 팬심은 그들의 저작물, 즉 콘텐츠 자체가 아니라 인물, 캐릭터를 향하는 경우가 많다. 팬들이 '차은우'라는 배우가 출연하는 드라마를 시청할 때 차은우에 대한 호감은 드라마 자체에 대한 호감보다 앞선다. 팬들이 BTS의 신곡이 성공하기를 바라는 것은 곡 자체가 좋아서라기보다 그들이 좋아하는 BTS가 부르는 곡이기 때문이다. 이는 강력한 팬덤을 갖고 있는 대부분의 아티스트와 유명인에게 적용된다. 따라서 아이돌에게 있어 '콘텐츠'란 그들의 드라마와 노래뿐만이 아니라 그들의 말, 사진, 패션, 일상 등 캐릭터를 규정하는 모든 것이다.

반면, 비유명인 크리에이터를 향한 팬심은 크리에이터 개인의 캐릭터라기보다 그들이 만들어내는 콘텐츠에 대한 것인 경우가 많다. 게임, 먹방, 드라마, 브이로그, ASMR 등 대부분의 크리에이터는 자신의 특화된 장르를 갖고 있으며, 이를 중심으로 팬덤을 키워간다. 구독자와 팬들이 이 크리에이터들에게 시간과 비용, 노력을 들여 더 많은 사람들로부터 인기를 얻기 원하는 팬심은 크리에이터 개인의 캐릭터를 성장시키는 것보다 팬들이 좋아하는 콘텐츠와 채널이 계속되기를 바라는 마음에 가깝다. 물론 유명한 크리에이터들 역시 각자의 장르 안에서 자신만의 이미지를 만들어간다. 특히 아동용 장난감 리뷰 채널, 정치 채널과 같이 특정 계층에 완전히 특화된 콘텐츠를 만들어 차별화된 이미지와 충성도 높은 팬덤을 구축한 크리에이터들도 존재한다. 그러나 이들 역시 콘텐츠의 특정 소재와 주제를 중심으로 형성된, 콘텐츠 중심 팬덤에 가깝다.[*]

소셜 미디어 인플루언서는 소셜 미디어의 힘만으로는 쉽게 '아이돌 수준'의 인기를 얻을 수 없다. 이는 그들의 인기가 콘텐츠를 기반으로 하며 콘텐츠는 캐릭터에 비해 확장성이 떨어지기 때문이다. 소비자들은 좋아하는 연예인을 '자신과 비슷하지 않고, 자신과 다른 세상에 사는 사람', 또는 '닮고 싶고 동경하는 사람'으로 느낀다. 거리감을 느끼는 만큼 이를 해소하기 위해 팬들은 연예인이 출연하는 콘텐츠 외에도 그들의 캐릭터를 구성하는 모든 일상 요소에 관심을 갖는다. 이들이 가진 집과 차, 물건들은 내가 갖고 싶은 것, 살고 싶은 방식이기 때문이다. 이들이 가진 값비

---

[*] 인플루언서의 인기가 콘텐츠 중심인지 캐릭터 중심인지를 짐작할 수 있게 하는 한 가지 비공식적 방법은 이미지 검색이다. 특정 유명인의 이름을 검색했을 때 나오는 이미지 검색 결과가 드라마, 영화, 유튜브 영상의 캡처(혹은 썸네일) 이미지라면 콘텐츠 중심 인기라고 볼 수 있고, 해당 유명인의 프로필, 화보, '직찍' 이미지가 많이 보이는 경우 유명인 본인에 대한 인기, 즉 형성된 캐릭터를 중심으로 한 인기가 있다고 짐작할 수 있다.

싼 명품은 이들이 '나(일반인)와 다른 세상에 사는 사람'이기 때문에 쉽게 받아들일 수 있다. 이들이 잘못을 저지르거나, 이들이 출연하거나 제작한 콘텐츠가 성공을 거두지 못해도 팬들은 비판하되, 이해하고 감싸안으며 차기작을 기대한다. 팬 개인, 혹은 팬 집단이 연예인을 효과적으로 벌하는 방법은 얼마 없다. (치명적인 것이 아니라면) 한두 번의 실수로 이들의 팬덤이 쉽게 사그라들지 않는다.

반면, 인플루언서의 인기 기반은 유명 연예인에 비해 취약하다. 소셜 미디어의 비유명인 인플루언서에 대해 소비자는 '자신과 비슷하고, 자신과 같은 세상에 사는 사람'으로 인식한다. 비유명인 인플루언서가 갖는 가장 큰 특징은 이들이 콘텐츠에서 보여주는 행동이 즉각적이며 소통 가능하다는 점이다. 소셜 미디어라는 디지털 미디어 환경이 가져다준 접근성, 가시성, 즉각성이 인플루언서와의 소통을 용이하게 만들었는데, 이로 인해 사람들은 인플루언서에 대해 거리감을 느끼지 않는다. 따라서 팬들은 인플루언서가 만들어내는 콘텐츠 바깥에서의 모습에 별로 관심이 없다. 간혹 인플루언서가 값비싼 명품을 갖고 있는 것을 발견하면 이를 받아들이지 못하는 팬들도 있다. '나(일반인)와 같은 세상에 사는 사람'이 과연 정당한 노력으로 그 명품을 손에 넣었는지를 궁금해하고 의심하기도 한다. 인플루언서가 사회적인 실수를 저지르면 열성 팬을 자처하던 구독자들조차 쉽게 이들을 비난한다. 구독자와 팬이 인플루언서를 벌하는 방법은 매우 많으며 효과적이다. 인플루언서의 콘텐츠가 성공을 거두지 못하는 일이 반복되면 사람들은 떠난다. 치명적이지 않은 실수로 인플루언서의 팬덤은 쉽게 사그라들 수 있다.

이는 인플루언서-소비자 관계가 (연예인 등의) 유명인-소비자 관계와 다르기 때문이다. 핵심은 진정성이다. 소셜 미디어에서의 진정성은 대중매체에서의 진정성과 다르다. 대중매체에서 보여지는 유명인의 모습은 대개 공적(公的)이고 매체에 의해 매개된 모습이며 꾸며진 모습이다. TV의 엔터테인먼트 콘텐츠에 등장하는 유명인은 한정적인 매체의 제한된 시간에 등장하도록 선택된 캐릭터이기 때문에, 대중은 이들이 완벽하게 진정성 있는 모습을 보여줄 것으로 기대하지 않는다. 소비자가 거리를 느끼는 것은 당연하다. 이에 따라 이들의 진짜 모습을 보여주는 타블로이드 매체가 인기를 끌었다.

이와 달리 소셜 미디어는 누구에게나 열려 있는 매체이다. 채널의 수나 시간, 장소에 제약이 없고 누구나 등장할 수 있다. 또한 '소셜'미디어라는 매체의 특성상 사람들은 그곳에서 보여주는 사람이 보는 사람들에게 꾸며진 '연기'가 아니라 진짜 일상을 직접 공유하기를 기대한다. 소셜 미디어는 매개된 모습을 보이는 대중매체가 아니라 사적이고 가까운 매체인 것이다. 그러므로 소셜 미디어 인플루언서는 자신의 채널에서 진정성, 본인 본연의 모습을 보여야만 한다. 의도적으로 시청자를 '속였다'는 것이 발각될 때 구독자가 싸늘하게 돌아서는 것도 이 때문이다.

소셜 미디어 인플루언서로 이름을 알리기 시작했지만 대중매체를 통해 연예인과 비슷한 위치에 오른 사람들도 있다. 이들은 대중적인 캐릭터를 만들어 대중적인 인지도와 호감도를 축적하는 경우로 이처럼 '유명인 캐릭터'로서의 이미지를 구축한 이들은 자신이 운영 중인 채널 밖 다른 미디어와 콘텐츠 채널을 통해 '나(일반인)와 다른 세상에 있는 유명인'의 이미지 자산을 쌓게 되는데, 이들은 유튜버가 아니라 일반 유명인(즉 '아이돌'형)의 팬덤 형성 프로세스를 따르게 된다.

유명 연예인은 캐릭터, 비유명 유튜버는 콘텐츠를 중심으로 팬이 형성된다는 차이 때문에 유튜버가 되려는 사람은 (혹은 유튜버를 유명인으로 만들려는 기획자가) 콘텐츠를 중심으로 초기 팬을 확보하고, 확보된 팬들이 마치 아이돌의 팬처럼 열심히 활동하도록 유도해야 한다. 유명 연예인에 비해 비유명인 유튜버를 벌하기 쉬운 만큼 이들을 키워내는 것도 쉽다. 아이돌의 팬들은 '캐릭터를 향한 팬심에서 비롯된 자발적 참여'로 아이돌을 성공시키기 위해 노력하지만, 유튜버의 팬은 더 쉽고 다양한 방법으로 유튜버의 콘텐츠에 직접 기여할 수 있다. 유튜버가 소개하는 제품을 구매하거나 웹사이트를 방문함으로써 유튜버의 영향력에 기여하는 것은 물론, 유튜버가 진행하는 라이브 방송에 활발히 참여하며 재미있는 댓글을 달거나, 유튜버의 콘텐츠 기획에 도움이 될 만한 아이디어를 제시하는 것, 나아가 만들어진 콘텐츠를 주변 사람들에게 활발히 소개하는 것 등이 좋은 예이다(레거시 미디어의 콘텐츠는 물론, MCN*이 기획·제작하는 유명인의 유튜브 콘텐츠에 일반 시청자가 기여할 수 있는 기회가 훨씬 작음을 감안한다면 이는 큰 차이이다).

---

* Multi Channel Network의 약자로, 온라인 인플루언서의 기획사(소속사)라고 할 수 있다. 기존 연예기획사가 전통적인 연예인들의 방송, 연예, 광고 활동 등을 관리하고 지원한다면 MCN은 유튜브, 트위치, 아프리카TV, 틱톡 등의 온라인 크리에이터를 관리하고 지원한다. 크리에이터의 콘텐츠 기획과 제작은 물론 광고, 협찬, 저작권 관리 등을 지원하고 크리에이터가 거두는 수익을 배분받는다.

1.7%의 메가 인플루언서를 향하여

규모에 따른 인플루언서 4단계

인플루언서의 단계는 메가 인플루언서, 매크로 인플루언서, 마이크로 인플루언서, 나노 인플루언서의 4단계로 흔히 분류된다. 이는 소셜 미디어에서의 영향력 지표 중 구독자수를 기준으로 한 것이다. 구독자수 50만 명 이상을 메가 인플루언서, 10만 명에서 50만 명 사이를 매크로 인플루언서, 1,000명에서 10만 명을 마이크로 인플루언서, 1,000명 이하의 구독자를 가진 크리에이터를 나노 인플루언서 혹은 일반 크리에이터라고 하는데 이는 2020년경 국내 소셜 미디어 시장을 기준으로 한 것이며 이론적인 기반을 가진 구분은 아니다.[**]

과학기술정보통신부와 한국전파진흥협회에서 발표한 '1인 미디어 산

[**] 중국 시장의 왕홍은 구독자가 1,000만 명은 되어야 메가 인플루언서로 불린다. 또한, 소셜 미디어 전체 사용자수가 늘어날수록 이 기준도 변할 수 있는 데다가, 유튜브, 틱톡, 인스타그램, 트위터 등 상이한 소셜 미디어에 따라 이 수치는 변할 수밖에 없다.

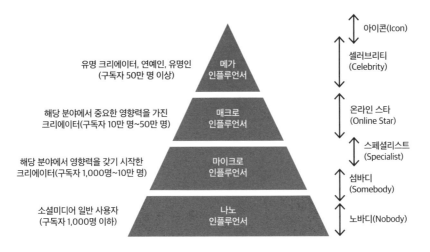

유명 크리에이터, 연예인, 유명인
(구독자 50만 명 이상)

메가
인플루언서

아이콘(Icon)

셀러브리티
(Celebrity)

해당 분야에서 중요한 영향력을 가진
크리에이터(구독자 10만 명~50만 명)

매크로
인플루언서

온라인 스타
(Online Star)

해당 분야에서 영향력을 갖기 시작한
크리에이터(구독자 1,000명~10만 명)

마이크로
인플루언서

스페셜리스트
(Specialist)

섬바디
(Somebody)

소셜미디어 일반 사용자
(구독자 1,000명 이하)

나노
인플루언서

노바디(Nobody)

그림 2. 구독자수에 따른 인플루언서의 구분

업 실태조사 보고서'에 따르면 2022년 현재 우리나라 개인 크리에이터가 운영 중인 채널 수는 3만 2,800여 개에 달하는 것으로 나타났다. 이는 기업 계정 채널, 정부/기관 채널, 비영리단체의 채널과 연예인 등 방송업 종사자가 운영 중인 채널을 제외하고 일반 개인이 운영 중인 채널에 국한한 숫자이다.

구독자의 수에 따른 집단 구분이 2021년과 2022년 현황 조사에서 달라져 세밀한 비교는 어렵지만, 2021년 조사에 따르면 우리나라 크리에이터 중 구독자수 1,000명 미만의 나노 인플루언서는 전체의 30%에 육박하고, 10만 명 미만의 마이크로 인플루언서까지 합하면 84%로 전체 채널의 대다수를 차지한다. 2022년 조사에서는 구독자 수 1,000 명 미만의 채널 수를 집계하지 않아 정확히 알 수 없지만 2021년에 비해 구성비가 변화하고 있음을 엿볼 수 있다. 2021년 조사에서 구독자 수 1만 명 미만, 1만 ~ 10만 명의 채널이 차지하는 비중이 각각 55.8%, 28.6%였던 것에

구독자수	개수	비중	누적 비중	
1천 명 미만	9,363	28.8%	28.8%	── 나노 인플루언서 28.8%
1천 명 ~ 1만 명 미만	8,748	26.9%	55.8%	
1만 명 ~ 5만 명 미만	6,920	21.3%	77.1%	마이크로인플루언서 55.5%
5만 명 ~ 10만 명 미만	2,362	7.3%	84.4%	
10만 명 ~ 50만 명 미만	3,835	11.8%	96.2%	── 매크로 인플루언서 11.8%
50만 명 ~ 100만 명 미만	709	2.2%	98.3%	
100만 명 이상	538	1.7%	100.0%	메가 인플루언서 3.9%
합계	32,475	100.0%		

출처: <1인 미디어 산업 실태조사 보고서> (2021. 12.)
과학기술정보통신부, 한국전파진흥협회

표 3-1. 2021년 유튜브 채널 구독자 수별 비중

구독자수	개수	비중	누적 비중
1만 명 미만	12,940	39.4%	39.4%
1만 명 ~ 10만 명 미만	13,104	39.9%	79.3%
10만 명 이상	6,784	20.7%	100.0%
합계	32,828	100.0%	

출처: <1인 미디어 산업 실태조사 보고서> (2023. 1.)
과학기술정보통신부, 한국전파진흥협회

표 3-2. 2022년 유튜브 채널 구독자 수별 비중

비해 2022년의 조사에서는 같은 집단의 비중이 29.4%, 39.9%로 1년 사이 나노 인플루언서들은 줄어들고 마이크로 인플루언서로 몸집을 키운 것을 짐작할 수 있다. 10만 명 이상의 구독자를 가진 채널 역시 2021년의 15.7%에 비해 2022년에는 20.7%로 비중이 늘어났음을 볼 수 있다. 이 중에서 100만 명 이상의 구독자를 가진 메가 인플루언서 채널은 2021년 기준 1.7%에 불과함을 보면 여느 조직, 여느 커뮤니티와 마찬가지로 크리에이터 환경 역시 정점에 있는 사람들의 수는 극소수에 지나지 않음을

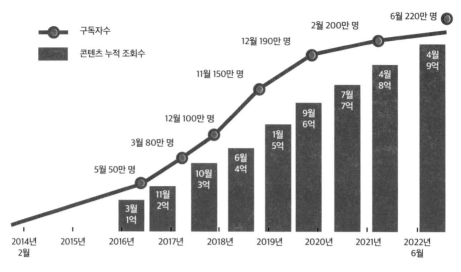

구독자수

콘텐츠 누적 조회수

6월 220만 명

2월 200만 명

12월 190만 명

11월 150만 명

12월 100만 명

3월 80만 명

5월 50만 명

3월 1억

11월 2억

10월 3억

6월 4억

1월 5억

9월 6억

7월 7억

4월 8억

4월 9억

2014년 2월

2015년

2016년

2017년

2018년

2019년

2020년

2021년

2022년 6월

그림 3. 디바제시카 채널의 양적 성장세

알 수 있다.

이 책의 공동필자인 이승주의 유튜브 채널 '디바제시카'는 2014년 2월에 처음 개설되었다. 아프리카TV에 있던 40만 명의 팔로워 중 약 5만 명이 유튜브 채널로 함께 이동했으니 다른 크리에이터에 비해 분명 유리한 시작이었다. 그럼에도 불구하고 채널 초기에는 채널 정체성을 찾는 데 오랜 시간이 걸렸다. 디바제시카 채널이 50만 명의 구독자를 모으는 데에는 2년 3개월이라는 시간이 걸렸는데 채널의 골격을 마련해 두니 50만 명이 6개월 만에 70만 명이 되었고, 1년 후에는 100만 명, 11개월 후에는 150만 명으로 가파른 증가세를 보였다. 그러나 그 이후 150만 명에서 200만 명이 되는 데는 2년 3개월이 걸렸고, 2022년 6월 현재는 200만 명을 넘긴 지 1년 넘는 시간이 지났지만 증가 폭은 눈에 띄게 완만해졌다.

아프리카TV에서 40만 명이라는 구독자를 이미 갖고 있던 디바제시카 채널의 성장 과정을 처음 유튜브를 시작하는 일반 크리에이터에 적용할 수는 없을 것이다. 다만 구독자의 증가가 아니라 성장 과정을 들여다보면 참고할 만한 내용을 찾을 수도 있을 것이다. 채널마다 초창기 구독자수 증가의 성장 곡선은 일관되지 않을 수밖에 없다. 그러나 채널이 일단 궤도에 오르면 성장보다는 지속가능성에 초점을 두고 길게 생존할 수 있는 방법을 모색하는 것이 바람직하다. 구독자수의 증가와 누적 조회수의 증가는 상관관계가 있겠지만 디바제시카 채널은 조회수의 증가세가 구독자수의 증가세보다 일관된 기울기를 보였다. 즉, 구독자의 수가 일정 수준에 이르면, 꾸준한 콘텐츠를 공급하는 것은 구독자보다는 조회수 증가에 안정적인 영향을 미친다. 이는 채널의 수익성 안정화에도 큰 도움이 된다.

　구독자수는 콘텐츠를 정기적으로 시청하는, 조회수를 담보하는 고정적 시청자층을 확보한다는 것에 의미가 있다. 구독자수가 일정 수준에 이르면 새로운 구독자가 유입되어 콘텐츠를 소비하는 현상은 점차 둔화되는 대신에, 양질의 콘텐츠를 꾸준히 공급함으로써 안정적인 수익을 확보할 수 있는 듯하다(이는 어디까지나 디바제시카 채널에 대한 개인적인 분석이라는 것을 말해둔다).

'좋아요'는 관심, '댓글'은 관여,
'구독'은 인정, '알림 설정'은 기대

　구독자수가 10만 명에 달했을 때의 실버버튼, 100만 명의 골드버튼*
등 구독자수의 증가는 유튜브와 대중으로부터 동시에 인정을 받게 된다.
그러나 인플루언서의 사회적 영향력은 단순히 구독자의 수나 조회수만
으로 측정되는 것이 아니라는 점을 기억해야 한다.

＊　플레이 버튼으로 잘 알려진 이 상의 정식 명칭은 유튜브 크리에이터 어워즈(YouTube
Creator Awards)이다. 구독자수 1,000만 명에는 다이아몬드 버튼, 5,000만 명이면 커스텀 플
레이 버튼, 1억 명이 되면 레드 다이아몬드 버튼 등 단계별로 나뉘어진다. 그러나 구독자수를
충족했다고 항상 상을 받는 것은 아니다. 유튜브 측이 해당 채널을 검토한 후 해당 채널의 콘
텐츠가 사회적인 문제가 없다고 판단할 때에만 증정한다. 2021년 말 기준 실버 버튼(10만 구독
자)을 받은 국내 유튜버는 5,000명 가량이며, 골드 버튼(100만 구독자) 유튜버는 500명이 되지
않는다. 다이아몬드 버튼(1,000만 구독자)을 받은 유튜버는 세계적으로도 1,000명이 되지 않으
며 우리나라 유튜버가 국내 시청자만을 상대로 채널을 운영하여 받기는 현실적으로 어렵다(국
내에서 다이아몬드 버튼을 받은 채널은 SM, 빅히트, 1theK, BTS, 블랙핑크, 싸이 등 K-pop을
중심으로 한 기획사 및 아티스트의 채널들이 대부분이다. 연예인이 아닌 일반인이 전세계적인
구독자를 모으는 방법 중 하나는 언어가 필요 없는, 예를 들면 어린이용 콘텐츠를 제작하는 것
이다). 5,000만 구독자를 가진 커스텀 플레이 버튼 채널은 퓨디파이(PewDiePie)를 비롯, 세계
적으로 50개도 되지 않는다.

	채널	개별 콘텐츠	커뮤니케이션 효과
정량지표	• 채널 구독수 • 팔로워/팬 • 오가닉 도달율 • 사용시간 • 콘텐츠 평균 조회수 • 콘텐츠 평균 공유수	• 조회수 • 완전 시청비율 • 인게이지먼트 (좋아요/댓글) • 공유수	• 전환율
정성지표	• 고착도(Stickiness)** • 유입경로 • 인지도/호감도/태도	• 정보적 가치 • 오락적 가치 • 공감 • 몰입도 • 방해성	• 브랜드 충성도 • 브랜드 신뢰도 (전문성/진실성/매력도) • 브랜드 인지/호감/태도 • 구매 의도

출처: 최세정, 김태영, 부건훈(2017), "MCN 브랜디드 콘텐츠의 광고효과 분석", 한국방송광고진흥공사

표 4. 콘텐츠 영향력 지표의 종류

100만 명의 구독자를 갖고 있어 제작하는 콘텐츠마다 수십만 회에 육박하는 조회수를 올려도 정작 구독자들의 행동에는 아무런 영향을 미치지 못하는 크리에이터가 있는가 하면, 구독자의 수는 1,000명에 불과해도 크리에이터가 제안하는 거의 모든 것을 행동으로 옮기는, 어마어마한 결속력과 충성도의 구독자를 가진 크리에이터가 있을 수도 있다. 둘 중 어느 쪽이 더 낫다고 단정 지을 수는 없다. 앞의 크리에이터는 더 많은 광고 수익을 올릴 수 있겠지만 뒤의 크리에이터는 기업으로부터 협찬이나 제휴, 혹은 영향력을 바탕으로 개인 사업을 론칭하는 등 사업을 확장해 나가는 데 훨씬 유리할 것이다(전자는 콘텐츠의 매력도를, 후자는 크리에이터의 브랜드 파워를 갖고 있다고도 할 수 있다). 인플루언서의 영향력은 구독자 수와 콘텐츠 전체 조회수 외에도 시청지속시간, 전환율, 댓글의 수와 내

***

** 사용자들이 앱을 얼마만큼 자주 사용하는지를 확인할 수 있는 지표

용, 인게이지먼트(좋아요, 댓글 등을 클릭하여 콘텐츠와 인터랙션하는 모든 행위) 등 다양한 방법을 통해 측정될 수 있다.

콘텐츠의 시청, 노출은 우연하게도 일어날 수 있다. 그러나 콘텐츠를 본 후 시청자가 누르는 '좋아요'는 관심, '댓글'은 관여, '구독'은 인정, '알림 설정'은 기대를 의미한다. 이 책에서 강조하는 것은 구독자수나 조회수로 대변되는 콘텐츠의 단순 노출수가 아니라 크리에이터가 갖는 영향력의 크기이다. 구독자수, 노출수, 좋아요/싫어요 등의 인게이지먼트, 콘텐츠에 다는 댓글의 수와 종류 등 영향력을 나타낼 수 있는 지표는 여러 가지가 있으나 이들 중 영향력을 가장 명확히 나타내는 직접적인 지표는 전환율이라고 할 수 있다. 이는 콘텐츠를 '보는' 것을 넘어, 크리에이터가 콘텐츠에서 제시한 바를 시청자가 얼마나 행동으로 옮겼는지—목표한 웹사이트를 방문하거나 제품을 구매하는 등—를 나타내는 비율을 의미한다. 제품 구매 등의 '행동'이 내포되지 않는 콘텐츠의 영향력을 가장 잘 나타내는 지표는 콘텐츠의 공유라고 할 수 있다. 조회수, 구독자수, '좋아요' 등과 달리 소비자가 다른 사람들에게 크리에이터의 콘텐츠를 실제로 퍼뜨리는 행위인 데다가 조회수, 구독자수에 미치는 영향 역시 가장 크기 때문이다.

구독자수를 중심으로 하는 인플루언서 단계 구분은 '모든 구독자의 성격이 다르다'는 점을 간과하기 때문에 바람직하지 않다. 어떤 구독자는 다른 구독자에 비해 충성도가 높거나 떨어질 수 있다. 구독 이후 채널을 방문하여 콘텐츠를 조회하는 비율이 떨어지는 구독자도 있고, 남들에 비해 열성적으로 채널을 추천하는 구독자도 있다. 구독자수라는 단순 수치는 소비자가 채널을 구독하는 다양한 이유와 취향을 보여주지도 않는다.

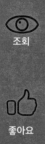

조회	• 검색 결과, 포털 노출, 지인 소개, 공유 등의 결과로 '콘텐츠 소비를 선택했음'을 의미 • 고품질 콘텐츠, '좋아요'가 많은 콘텐츠는 사람들에게 노출, 조회확률을 높여 상관관계는 발견되나, 조회 이후의 행동이므로 인과적 선행 변인으로 볼 수 없음 • 부적정 입소문도 조회를 높이기 때문에 조회수를 단일 평가지표로 사용하는 것은 매우 위험
좋아요	• 콘텐츠에 대한 소비자의 즉각적인 만족(instant graritication) 즉, 손쉬운 긍정적 의사 표현 • '좋아요' 류의 쉬운 긍정 평가는 조회 이후의 첫 번째 행동으로 공유, 댓글, 구독으로 연결될 확률을 높여줌 • 또한 '좋아요'의 증가는 플랫폼 알고리즘에 따라 노출 확률을 높여 조회수 증대에 긍정적 영향을 줌
공유	• 조회, '좋아요'보다 더 적극적이고 심층적인 호감 표시 • 사용자가 주변 사람들과 나누고 싶은 경험임을 적극적으로 표현하는 행위 • 공유는 신뢰할 수 있는 지인을 통한 콘텐츠 노출, 신뢰의 전이이므로, 논리적 • 실실석으로 조회수, '좋아요' 증대에 영향을 미처 성과 지표로 가장 바람직 • 사용자의 취향을 알리는 용도로 활용되므로 소비자의 기호 파악에도 유용
구독	• 장기적 소비 취향을 의미 • 해당 카테고리에 대한 콘텐츠를 계속 받아보고 싶다는 적극적 의사표현으로 사용자의 취향 분류, 분석과 해당 크리에이터에 대한 신뢰를 측정하는 데 적합 • 개별 콘텐츠보다 카테고리/크리에이터에 대한 호응도를 나타내므로 해당 카테고리/토픽에 대한 성과와 잠재력 측정에 적절

표 5. 다양한 인게이지먼트의 특성

또한 같은 구독자라 해도 경제적 수준, 구매력, (연령, 성별 등) 인구통계학적 요인에 따라 다른 구독자보다 '더 중요한' 구독자도 있다. 제품을 판매하고자 하는 브랜드의 관점에서라면 자사 제품과 무관한 소비자층 100만 명을 가진 크리에이터보다 제품을 구매할 가능성이 높은 1,000명의 구독자를 둔 크리에이터가 훨씬 중요한 인플루언서인 것이다. 따라서 단순히 구독자수만으로 채널과 크리에이터의 영향력을 판단해서는 안 된다.

앞에서는 편의상 구독자수를 기준으로 각 인플루언서의 단계를 구분했으나 이어지는 장에서는 각 단계별 특징 및 영향력의 차이에 대해 다루며 어떻게 다음 단계의 인플루언서로 발전할 것인가를 설명한다.

노바디에서 아이콘으로

유명인의 6단계

이 책은 인플루언서의 단계를 아래의 여섯 단계로 구분, 제안한다. 인플루언서의 단계를 구분하는 가장 중요한 특징은 이들이 가진 '영향력의 종류'와 이들이 구독자와 대중에 실제로 일으키는 '영향력의 크기'여야 한다. 그리고 구독자나 조회수, 인지도는 종류와 크기를 측정하는 데 충분한 지표가 되지 않는다.

1단계. 노바디(Nobody): 무명 크리에이터

앞에서 소개한 4단계의 인플루언서 중 나노 인플루언서에 해당하는 '노바디(Nobody)'들은 소셜 미디어 사용자의 대부분을 차지하는 일반 사용자들이다. 영향력이라는 측면에서는 '노바디'라고 할 수 있으며 채널 활동을 갓 시작한 거의 모든 '보통 사람'이 해당한다는 점에서 '애니바디

노바디 **Nobody**	섬바디 **Somebody**	스페셜리스트 **Specialist**	온라인 스타 **Online Star**	셀러브리티 **Celebrity**	아이콘 **Icon**
무명 크리에이터	장르에서 조금 알려진 크리에이터	장르를 대표할 만한 인플루언서	장르를 초월하는 인플루언서	매체를 초월하는 유명인	유명인 스타

그림 4. 인플루언서의 6단계

(Anybody)'라고도 할 수 있다. 이들은 개인 취미의 수준으로 소셜 미디어 활동을 하며 이들의 채널은 가족이나 가까운 지인들 외에는 거의 아무도 모르고 있다.

인플루언서를 꿈꾸며 소셜 미디어 채널을 처음 개설하는 사람들의 거의 모든 콘텐츠는 '엉망'인 경우가 많다. 지금 수백만 명의 구독자를 자랑하는 인플루언서들의 동영상 목록에 들어가 그들의 초창기 콘텐츠를 찾아보면, 지금의 콘텐츠와는 많이 다르고, 서툴며, 소박하고 심지어 조악할 확률이 높다. 즉, 모든 유튜버는 진화한다. 따라서 노바디 단계에서는 콘텐츠 하나하나의 품질보다도 채널을 진화시킬 콘셉트와 장르를 결정하는 것이 훨씬 중요하다. 기존에 없던 장르를 새롭게 개척하는 것도 가능하지만 크리에이터의 인지도가 없는 상태에서는 쉽지 않다.

채널을 개설하여 운영하고자 하는 노바디가 주시해야 하는 것은 콘텐츠의 품질보다 꾸준함이다. 채널 개설 초기에는 조회수 등의 성과가 안 나오는 것이 당연하다. 극소수의 방문자를 정기적인 구독자로 만들어 채널 성장을 이끌어내기 위해서는 콘셉트에 부합하는 콘텐츠를 주기적으로 제공하는 업로드가 가장 중요하다. 일반적으로는 약 8주~10주치 콘텐츠를 미리 준비해 둔 후 채널을 개설하는 것을 권한다. 이 콘텐츠들을 채널 개설과 동시에 한꺼번에 업로드하는 것이 아니라 콘텐츠가 계획보다 더디게 제작될 때 업로드할 수 있는 이른바 '세이브 콘텐츠'를 준비한다는 의미이다. 소비자의 피드백에 따라 준비한 콘텐츠 중 일부는 업로드하지 않을 수도 있지만, 처음 세운 채널의 콘셉트가 너무 흔들리지 않게 잡아주는 역할을 하며, 크리에이터가 채널 개설 초기에 쉽게 포기하지 않도록 마음을 잡아주는 효과도 있다.

콘셉트와 장르를 잡으면서 잊지 말아야 할 점은 경쟁 채널과의 차별성 수립이다. 이는 노바디가 다음 단계인 섬바디로 성장하기 위해 반드시 필요한 요소이다. 차별화는 채널의 콘셉트, 콘텐츠, 운영 면에서 시도할 수 있다. 콘셉트 차별화는 채널의 주제, 크리에이터의 이미지 및 캐릭터 차별화로 가능하다. 전자제품을 리뷰하는 채널을 예로 들면 학생의 입장, 전문가의 입장, 혹은 주부의 입장에서 리뷰하는 차별화가 가능하다.

콘텐츠 차별화는 콘텐츠의 장르와 형태(포맷)를 다르게 함으로써 꾀할 수 있다. 스마트폰, TV, PC, 가전제품 등 수많은 전자제품을 리뷰할 수도 있고, 주방가전이라는 분야에 특화된 콘텐츠에 집중할 수도 있다. 콘텐츠 한 편에 한 개 제품의 리뷰만을 올릴 수도 있고, 한 개의 제품을 여러 편에 걸쳐 심층 분석할 수도 있으며, 여러 제품을 동시에 비교할 수도 있다. 한 명 혹은 두 명이 항상 등장하거나, 리뷰의 취지에 맞는 전문가를 등장시키거나, 크리에이터가 아닌 다른 일반 사용자의 테스티모니얼(testimonial; 증언)을 삽입하는 식으로 콘텐츠의 포맷을 특화할 수도 있다.

특정 장르의 게임을 자신만의 스타일로 리뷰하거나 특정 스타일의 음식을 자신만의 방식으로 먹는 것, 지식 채널일 경우 남들이 잘 다루지 않는 특정 분야의 지식을 자신만의 방식으로 소개하는 것도 콘텐츠를 차별화하는 예이다.

운영 차별화는 콘텐츠 업로드 패턴, 채널 내 소채널 관리, 타 채널과의 협업, 댓글 응답 방식 등 채널을 운영하는 방식으로 가능하다. 콘텐츠 차별화만큼 강력하지는 않다.

콘셉트, 콘텐츠, 운영 중 어떤 방식이든 방문자들로 하여금 '이 채널은 ○○○하다'라고 알아볼 수 있는 특징을 천천히 만들기 시작해야 한다. 그러나 노바디 단계는 콘셉트를 만드는 단계이기 때문에 차별화 요소를 확립하는 것보다 차별화 요소를 실험하며 찾아가는 것이 중요하다. 처음에 계획했던 콘셉트를 무조건 밀고 나갈 필요는 없다. 오히려 콘셉트가 콘텐츠를 통해 소비자에게 효과적으로 소구하고 있는지 반응을 살피며 조금씩 바꾸거나 다양한 시도를 해보는 등 피보팅(pivoting; 방향 전환)을 통해 방향을 잡아가는 것이 바람직하다. 노바디 단계는 다양한 실험을 하는 데 부담을 가질 필요가 없어 최초 기획했던 콘셉트와 장르를 얼마든지 자유롭게 바꿀 수 있다. 이 단계에서의 키워드는 차별화와 정체성이며, 이를 크리에이터와 콘텐츠의 차원에서 서서히 조각해가는 단계이다. 이때 차별점과 정체성은 방문자가 공감하고 좋아할 수 있는 것이어야 함은 두말할 나위가 없다.

2단계. 섬바디(Somebody):
해당 장르에서 조금 이름을 알리기 시작한 크리에이터

'섬바디' 역시 대부분 나노 인플루언서라고 할 수 있다. 특정 분야에 초점을 맞춰 꾸준히 채널을 운영함에 따라 이들의 채널은 가족이나 지인 외에도 해당 분야에 관심을 가진 다른 사용자들이 조금씩 알아보기 시작하고 '이 채널은 ○○○한 특징이 있다'는 공통된 인식이 조금씩 생기기 시작한 단계이다.

그러나 이 단계의 구독자층은 대부분 해당 분야의 골수팬 정도이며 이들에 대한 영향력 역시 매우 제한적인데 이는 자신의 콘텐츠를 뒷받침할 전문성을 갖추지 못했고, 전문성을 갖추었다 해도 대중적 인지도와 지지가 없기 때문이다. 따라서 채널의 구독자들이 다른 사람들에게 채널을 추천하는 경우도 크리에이터에 대한 추천보다 특정 콘텐츠에 대한 추천의 형태로 주로 일어난다. 일부 콘텐츠가 인기를 얻음에 따라 작더라도 수익이 발생하기 시작한다.

섬바디를 다음 단계인 스페셜리스트(Specialist)로 성장시키기 위한 핵심 키워드는 정체성 확립과 질적 차별화이다. 노바디 단계부터 탐색해온 채널과 크리에이터의 정체성을 섬바디 단계에서는 (어느 정도) 확실하게 해야 한다. 그러나 섬바디 단계 역시 아직은 정체성이 완성되지 않은 단계이기 때문에 여전히 새로운 시도를 해볼 수는 있다. 그러나 스페셜리스트 단계로의 진전은 정체성 확립 없이는 어렵다. 채널과 크리에이터의 정체성은 장르를 특화하고, 콘셉트 및 콘텐츠의 차별성을 강화하고, 크리에이터만의 스타일을 구체화하며, 해당 장르에 대한 크리에이터의 전문성을 부각하는 등의 방식으로 가능하다. 정체성 확립은 이후 채널의 범위를 확장할 수 있는 교두보가 된다는 점에서도 중요하다.

섬바디 단계에 다다른 크리에이터가 흔히 하는 오해 중 하나는 조회수 증대를 통한 양적 성장을 우선시하는 것이다. 콘텐츠의 조회수가 광고 수익과 직결되기 때문에 많은 크리에이터가 조회수를 가장 중요한 가치로 삼는데 이는 위험한 발상이다. 손쉽게 조회수를 올리기 위해 '어그로를 끄는'* 채널들을 가끔 볼 수 있다. 개인 크리에이터가 가진 가장 큰 고민은 소재의 고갈이다. 여러 사람이 전문적으로 기획하는 방송·영화 등 기업형 콘텐츠에 비해 개인 크리에이터의 경우 소재 고갈이 주는 스트레스를 훨씬 심하게 받고 해결할 방법도 마땅치 않다. 소재가 부족한데 콘텐츠는 계속 만들어야 하고 조회수도 올려야 하니 쉽게 빠지는 유혹이 기존의 소재를 의도적으로 자극적이게 만드는 '어그로', 즉 '책임지지 않는 콘텐츠'로 조회수를 늘리려는 행동이다.

어그로 콘텐츠는 가짜뉴스, 극도의 편향적 주장, 편가르기, 무분별하고 근거 없는 취재와 주장, 공격적이고 자극적인 콘텐츠, '주작' 콘텐츠, 차별 조장, (폭력, 음란 등) 미성년자 유해 콘텐츠, 유튜버 간 다툼, 표절, 콘텐츠 재업로드, 썸네일과 콘텐츠의 의도적 불일치 등 종류가 매우 다양하며 모두 해당 채널은 물론 1인 미디어 산업 자체의 신뢰를 훼손시킨다는 공통점이 있다('뒷광고'는 신뢰가 무너진 하나의 사례일 뿐이다).

어그로를 통해 콘텐츠 소재 고갈이나 조회수 감소/정체의 문제를 어느 정도 해결할 수는 있다. 그러나 어그로 콘텐츠는 태생적으로 자극성을 계속 강화해야만 유지할 수 있다는 점, 게다가 자칫 소셜 미디어 측에 의

---

* 영어로는 어뷰징(abusing) 혹은 트롤링(trolling)으로 표현된다.

자극적, 편향적 주장

"[충격 인터뷰] 북한, 전광훈 목사 암살조 투입! 문재인도 당했다!"

무분별한 취재

조두순 출소 스케치를 위한 일부 유튜버들의 집 앞 과열

조회수만을 위한 거짓 콘텐츠

송대익 '주작' 사건

스티브 유(유승준)

읍소, 항의에서 진화(?) 중인 콘텐츠

그림 5. 1인 미디어 산업의 신뢰를 훼손시키는 어그로 콘텐츠 사례

해 채널이 통째로 삭제될 위험도 있다는 점을 반드시 기억해야 한다.

섬바디 단계에서 지향해야 하는 것은 콘텐츠들의 조회수를 올리는 것보다 구독자수를 늘리는 것이고, 나아가 장기적인 영향력을 확보할 발판을 마련하여 채널의 질적 성장을 도모하는 것이다. 높은 조회수가 모든 것에 정당성을 부여하지 않는다. 중요한 것은 채널이 가진 장르를 넘어 크리에이터를 계속 성장시키는 기반으로 채널을 만드는 것이다.

구독자를 늘리기 위해 크리에이터가 자체적으로 새로운 구독자 모집을 위한 이벤트를 열어 인센티브를 제공하는 것도 추천할 만하다. 이 단계의 이벤트에 대해 구독자들은 커다란 물질적 인센티브를 기대하지 않으므로 이벤트 개최에 큰 부담을 느끼지 않아도 된다. 오히려 '초기 구독

자인 나'를 알아주고 가까운 관계처럼 느끼게 해주는 심리적 인센티브가 효과를 발휘한다. 이 단계에서 진행하는 이벤트의 초점은 기존 구독자들에게 '새로운 구독자를 끌어와서 물질적 보상을 받으라'는 것이 아니라, '앞으로 더욱 유명해질지도 모르는 크리에이터를 키워보라'는 심리적인 것이어야 한다.

정체성 확립과 차별화 외에 개별 콘텐츠와 크리에이터의 매력도를 높이는 것 역시 중요하다(이는 소셜 미디어 채널을 운영하는 모든 단계에서 항상 중요한 활동이기도 하다). 또한 크리에이터 자신만의 콘텐츠 스타일을 구체화하는 등 크리에이터의 캐릭터를 만들기 위한 관리를 시작해야 한다. 스페셜리스트, 온라인 스타(Online Star) 단계에도 해당하는 이야기지만 특히 노바디, 섬바디 단계에 있는 크리에이터는 전혀 유명인이 아니며 소비자는 이들을 '나와 비슷해 보이는 사람들'로 간주한다. 이는 친근감을 준다는 점에서 장점이기도 하지만 이들에 대한 팬심이 없기 때문에 언제든 관심을 끊을 수도 있다는 점을 유념해야 한다.

질적인 노력에 더해 양적인 노력도 뒷받침되어야 한다. 채널의 정체성은 좋은 콘텐츠 몇 편만으로 만들어지지 않는다. 비록 부침이 있더라도 채널을 찾는 초기 구독자들로 하여금 '이 채널에 가면 어떤 콘텐츠를 볼 수 있다'는 기대를 충족시킬 수 있도록 일관된 콘텐츠를 꾸준히 제공하는 것이 중요하다. 한 편의 콘텐츠를 본 후 이어서 시청할 수 있는 양질의 콘텐츠가 최소한 10편 이상 채널에 준비되어 있어야 채널 내 체류 시간을 늘려 채널의 정체성 수립을 도울 수 있다.

3단계. 스페셜리스트(Specialist): 장르를 대표하는 인플루언서 중 하나

'스페셜리스트'의 대부분은 마이크로 인플루언서이며 인기를 얻은 일부는 매크로 인플루언서일 수도 있다. 스페셜리스트는 (예를 들어 '먹방' 하면 떠오르는) 장르를 대표하는 크리에이터 중 한 명이기 때문에 해당 분야의 인플루언서로 본격적으로 활동할 수 있고 수익이 늘기 시작한다. 소셜 미디어 사용자들의 인지도와 지지를 얻기 시작했지만 이들을 향한 팬덤은 아직 본격적으로 형성되었다고 볼 수 없다. 이는 이들에 대한 인기가 여전히 인플루언서 캐릭터보다 이들의 콘텐츠에 기반하고 있기 때문이다. 따라서 콘텐츠의 품질이 기대에 미치지 못하는 기간이 길어지거나 콘텐츠 업로드가 중단 혹은 업로드 일정이 불규칙하게 되면 구독자수가 급감할 수 있다. 크리에이터에 대한 구독자의 신뢰도와 충성도가 모두 아직은 굳건하지 않기 때문에 크리에이터가 실수나 사고를 범할 경우 구독자는 쉽게 떠나고 이미지 역시 쉽게 무너질 수 있다.

스페셜리스트 단계에 이르면 해당 분야의 인플루언서로 본격적인 활동이 가능해진다. 채널이 가진 인기를 바탕으로 타 채널이나 브랜드와의 제휴가 가능해지는 등 다양한 콘텐츠 시도가 가능해지고 크리에이터의 운신의 폭도 넓어진다. 그러나 이는 확립된 콘셉트와 정체성을 기반으로 연관 채널을 개설하거나 새로운 시리즈를 시작하는 수준의 확장이며, 채널의 콘셉트를 바꿔버리는 것을 의미하지 않는다. 스페셜리스트 단계에서는 콘텐츠의 폭을 넓히거나 새로운 시도를 도울 전문 편집팀을 고용하고, 혹은 MCN 가입을 통한 콘텐츠 고도화를 추진하는 것이 효율적이다.

채널을 처음 시작하는 노바디 단계, 콘텐츠 활동을 꾸준히 유지하여 섬바디로 성장하고, 차별화와 정체성 확립으로 스페셜리스트가 되는 1~3단계의 성장이 가장 어렵다. 반면 인지도, 신뢰, 정체성을 구비한 스페셜리스트 단계에 안착하게 되면, 느린 속도지만 구독자층이 '거의 저절로' 성장하기 시작한다. 기존의 구독자가 다른 구독자를 불러오고 인기가 더 많은 인기를 불러오며 소셜 미디어의 알고리즘이 이를 뒷받침할 확률도 더 높아지며 스페셜리스트로의 양적 성장이 계속되는 것이다. 그러나 다음 단계로의 성장에는 양적 성장 외에 질적 변화가 필요한데 이때 핵심은 크리에이터 개인의 캐릭터를 부각시키고 키우는 것, 즉 크리에이터 개인 브랜딩이 필요하다.

개인 브랜드는 인지도와 호감도를 뛰어넘는 자신만의 차별화된 이미지이다. 크리에이터가 만드는 콘텐츠가 아니라 크리에이터 개인의 특장점, 전문성, 스타일 등을 활용하여 개인의 캐릭터를 만들어야 다음 단계인 온라인 스타로 성장할 수 있다. 개인 브랜드의 재료가 되는 특장점, 전문성, 스타일 등은 크리에이터의 전문 분야, 장르, 핵심 소비자층에 국한되어서는 안 된다. 스페셜리스트 단계의 크리에이터라면 자기 분야에서의 전문성과 스타일은 이미 만들어져 있을 것이다. 다음 단계로 나아가기 위해서는 다른 분야의 소셜 미디어 구독자들도 호감을 느낄 만한 보다 대중적 특장점, 전문성, 스타일을 찾아 영향력을 확장해야 한다.

스페셜리스트 단계에서 개인 브랜드를 구축하기 시작해야 다음 단계인 온라인 스타로 성장하는 기반이 될 수 있고, 온라인 스타 단계에서 개인 브랜드를 강화해야 그 다음 단계인 셀러브리티가 되어 온오프라인 매체에 구애받지 않는 인기를 얻게 될 수 있다. 크리에이터 개인 브랜드는 타 분야의 소셜 미디어 사용자들에게까지 호감을 얻어야 하므로 크리에이터 캐릭터는 사회적인 논란이나 문제를 일으켜서는 안 되고 대중적인 거부감이 없어야 한다(단, 소수자 등 특정 타깃층을 공략하기 위해 의도적으로 논란을 일으키는 경우는 예외이다).

이 단계에서 크리에이터가 사수해야 할 가장 중요한 요소는 구독자에게 한 약속과 진정성을 소셜 미디어 안은 물론 밖에서도 항상 지킨다는 이미지이다. 스페셜리스트 단계에서의 크리에이터 영향력은 아직 소셜 미디어에 국한되고, 소셜 미디어는 대중매체에 비해 사회적 파급력이 적다고 여겨지기 때문에, 이 단계에서의 크리에이터는 아직 '공인'으로 간주되지는 않으며, 따라서 흔히 말하는 '공인으로서의 몸가짐'까지는 필요하지 않다(그러나 이후 단계까지 지속적으로 성장하기 원한다면 일찍부터 '안전한 개인 브랜드'를 키워가는 편이 현명할 것이다).

4단계. 온라인 스타(Online Star):
해당 장르 외 다른 분야의 소셜 미디어 사용자들이 알아보는 스타

'온라인 스타'에 이른 크리에이터들은 자신이 활동하는 분야뿐 아니라 다른 분야의 소셜 미디어 사용자들에게까지 이름이 알려진 명실상부한 온라인 유명인이 된다. 거의 모든 대중이 소셜 미디어를 사용하거나 접하고 있음을 감안하면 온라인 스타는 이들의 활동 무대가 소셜 미디어에 한정되어 있을 뿐 사실상 일반 대중에게 이름이 알려진 사람들이라고 봐도 무방하다(방송 출연 직전의 '이사배', '대도서관'을 떠올리면 된다).

2단계 섬바디를 거쳐 3단계 스페셜리스트까지는 콘텐츠를 차별화하고 채널의 정체성을 확립하면서 성장해 나가며, 구독자층 역시 콘텐츠에 대한 호감을 동력으로 확산된다. 따라서 일관된 품질의 콘텐츠를 안정적으로 공급하며 차별화를 강화하면 스페셜리스트로 발돋움하는 것은 물론 스페셜리스트 단계 내에서도 양적 성장을 거듭할 수 있다. 여기에 개인 브랜드를 확립하면 4단계인 온라인 스타에 이르러 온라인에서의 유명인이 될 수 있다. 온라인 스타의 인지도, 인기, 영향력은 먹방, 뷰티, 게임 등의 장르 안에만 머물지 않고 타 장르 소비자층으로, 소셜 미디어의 일반 사용자들에게까지 확장된다.

이들은 매크로 인플루언서이며 해당 분야를 넘어 소셜 미디어 플랫폼 전반에서 이름이 알려진 인플루언서로 본격적인 활동이 가능하다(이를테면 '유튜브, 틱톡, 인스타그램, 트위치, 아프리카TV에서 유명한 사람'이 되는 것이다). 타 분야 크리에이터와의 합방이 예전보다 훨씬 용이해지고 타 분야의 소셜 미디어 사용자들이 유입되기 시작하며 이에 따라 조회수가 늘어나고 자연스럽게 수익성이 높아진다. 온라인 스타가 된다는 것은 또한 브랜드의 관점에서 더 넓은 고객층을 유인할 수 있는 영향력을 갖추었다는 것을 의미하므로 외부 광고 및 브랜드와의 제휴가 늘어나고 이는 더 많은 수익이 생기고 수익원도 다변화된다는 것을 의미한다. 즉, 온라인 스타가 되는 것, 소셜 미디어라는 공간 전체에서 알려진 인플루언서가 되는 것이 본업 혹은 전업(專業)으로서의 크리에이터를 가능하게 하는 첫 번째 단계라고 할 수 있다.

온라인 스타의 단계에 다다른 인플루언서는 자신만의 캐릭터와 스타일로 콘텐츠 장르를 뛰어넘어야 하므로 자신의 브랜드를 더욱 공고히 만들어야 한다. 다른 장르 소비자에게까지 지속적인 호응을 얻어야 하기 때문에 자신의 스타일은 모든 소비자층에게 거부감이 없어야 하고 사회적인 이슈나 문제를 야기해서는 안 된다. 즉 이때부터는 '정말로 누구나' 좋아할 수 있는 이미지, '연예인' 혹은 '공인'으로서의 이미지 관리가 필요한 것이다. 온라인 스타로서의 캐릭터와 영향력을 잘만 관리하면 다음 5단계로의 성장은 상대적으로 쉽다. 왜냐하면 전통적 대중매체는 소셜 미디어라는 새로운 영향력에 기대어 레거시 미디어의 기존 영향력을 일부 회복하기를 원하고, 디지털 세상에서 이름을 알린 온라인 스타 역시 '희소성에 기반한 신뢰'를 확보한 레거시 미디어를 통해 자신의 영향력을 한 단계 높이고 싶어하기 때문이다. 대중매체와 인플루언서가 각자 서로를 필요로 하며, 서로를 높이 띄워줘야 자신이 빛나는 윈윈 상황이기 때문에 적절한 위치에 오른 온라인 스타는 다음 단계인 셀러브리티로 진입할 문을 쉽게 찾을 수 있게 된다.

물론 모든 온라인 스타가 셀러브리티가 되는 것은 아니다. 레거시 미디어가 '활용할 수 있는' 적절한 위치와 이미지, 영향력을 갖춘 온라인 스타에게 기회가 주어지는데 이는 특별한 장르나 개인의 전문성을 요구하지 않는다. 소셜 미디어라는 디지털 매체를 넘어 보다 대중적인 매체에서 효과를 발휘할 수 있는 '범용성'이 요구되며 이는 오롯이 크리에이터 개인의 매력적인 캐릭터로 만들어내야 한다. (전문적인 지식이나 개인기 등) 그동안의 콘텐츠에서 만들어진 크리에이터 본인의 스타일과 장점들이 개인의 브랜드를 만들어내고 이것이 일반 대중에게 매력적으로 비칠 수 있어야 하는 것이다. 온라인 스타와 셀러브리티의 차이를 알고 싶다면 신사임당(주언규, 169만 구독자)과 문명특급의 재재(이은재, 193만 구독자)를 비교해보면 된다. 두 사람 모두 스페셜리스트를 훨씬 뛰어넘는 온라인 스타지만 한 사람은 상대적으로 유튜브라는 디지털 매체에 인기가 국한되어 있고 다른 한 사람은 디지털 매체와 오프라인 매체를 넘나드는 인기를 구가한다.

모든 종류의 발전 과정이 그렇듯 온라인 스타는 다음 단계인 셀러브리티로 발전할 수도, 이전 단계인 스페셜리스트로 후퇴할 수도 있다. 이를 방지하기 위해서는 온라인 스타로서 가진 자산을 충실하게 관리하면서 다음 단계로의 도약을 모색해야 하는데 이는 '집토끼'와 '산토끼'를 동시에 관리하는 것으로 표현할 수 있다.

우선 크리에이터가 강점을 가진 장르의 콘텐츠와 팬을 절대 소홀히 해서는 안 된다. 이들은 현재의 인기를 만들어준 충성도 높은 핵심 지지층으로 크리에이터가 슬럼프에 빠지거나 문제를 만들었을 때 크리에이터를 지지해 줄 지원군이기 때문이다. 예전보다 다양한 게스트를 초빙하는 등 기존의 콘텐츠를 더욱 다양하고 풍성하게 만들어 기본 콘텐츠의 가치를 높이고 팬덤의 응집도를 더욱 공고히 해야 한다. 이 같은 기반 활동 위에 '산토끼'를 좇는 대중으로의 확산을 시도해야 한다. 크리에이터의 이름은 알고 있지만 크리에이터의 원 콘텐츠와 스타일은 많은 소셜 미디어 사용자들에게 여전히 낯설 수 있다. 따라서 자신의 핵심 지지층을 늘린다는 전략으로 타 크리에이터와의 협업(콜라보레이션), 게스트 출연 등으로 자신의 스타일과 매력을 타 장르 소비자에 전파하는 것이 바람직하다. 확장 자체에 초점을 맞춰 섣불리 다른 장르의 콘텐츠를 선보이는 것은 효과적이지 못하다.

5단계. 셀러브리티(Celebrity):
디지털 매체 외 다른 매체에서도 알려진 유명인

셀러브리티는 소셜 미디어라는 디지털 세상을 넘어 TV 등 오프라인 매체 사용자들에게까지 알려진 인플루언서, 즉 대중매체가 주목하는 문자 그대로 '셀럽'의 수준에 이른 단계이다. 명실상부한 메가 인플루언서인 이들의 인지도는 '일반 대중'에게까지 확대되고 이들이 소셜 미디어 채널에서 공유하는 콘텐츠를 한 번도 보지 않은 사람들도 이들의 이름과 얼굴을 알아본다. 대중매체는 이들을 등장시킴으로써 이들의 영향력을 시청률, 열독률로 전환하고자 한다.

소셜 미디어 인플루언서로서 가진 높은 인지도와 소셜 미디어 팬층에 미치는 영향력을 이용하기 위해 '단발 게스트'로 프로그램에 섭외되기도 하는 온라인 스타와 달리, 셀러브리티는 단단한 팬층은 물론 확고하게 정립된 개인 브랜드와 역량을 바탕으로 대중매체에 반복적, 고정적으로 등장한다. 셀러브리티 단계에 이른 인플루언서는 일반적인 '연예인'과 같은 지위를 갖게 되며, 이들의 인기가 소셜 미디어에서 비롯된 것인지 아닌지는 더 이상 중요하지 않게 된다.

대중이 볼 때 온라인 스타는 매우 유명하지만 '나와 크게 다르지 않은, 내 주변에 살고 있는 사람 중 하나'로 인식된다. 그러나 셀러브리티는 매우 유명한 데다가 '나와 다른 세상에 살고 있는 사람'이라고 느낀다. 대중은 온라인 스타의 성공과 실수를 무시하고 비난하는 데 거리낌이 없는데 이는 '나 같은 사람'이라고 느끼기 때문이다. 그러나 대중은 셀러브리티를 쉽게 비난은 하지만 쉽게 무시하지도 않는다.

대중적으로 잘 알려진 인물이 셀러브리티가 되는 순간은 대중이 이들을 보며 선망하는 감정, 닮고 싶다는 희망을 품게 되고 '나도 저런 사람이 되고 싶다'는 롤모델로서의 지위를 획득하는 순간이다. 이는 높은 인지도와 호감도, 혹은 특정 분야에서의 업적을 쌓는 것만으로는 이루어지지 않는다. 대중은 처음에는 이들의 업적에 관심을 두지만 어느 순간 미디어의 관심이 이들의 사생활로 옮겨간다. 대중의 관심은 이들의 성취보다도 이들의 일상이 가진 모든 면, 예를 들어 주거, 식습관, 취미, 연애, 결혼, 출산, 패션, 이들의 지인과 같은 사생활로 옮겨간다. 이들의 사생활과 생활 속 발언이 대중에게 영향을 줄 수 있다고 간주되어 이때부터는 본격적인 '공인'으로 취급되기도 한다.

셀러브리티의 지위를 선사한 근간이 전문 지식이나 기술에 기반하여 이들의 업적과 영향력이 미디어 밖 일상에서도 계속 생성되고 발전되는 것이라면 더할 나위 없이 좋을 것이다. 대부분의 '연예인'이 가진 인기는 미디어 밖에서는 만들어질 수 없는 것이므로 연예인들의 인기는 미디어 노출이 줄어들수록 빠르게 감소한다. 설사 인기가 전문성과 업적, 성취에 기반한 것이라 해도 이들이 셀러브리티가 되는 순간, 대중이 관심을 갖는 것은 이들의 성취가 아니라 이들의 생활이 된다. 전문 분야에서의 업적과 영향력은 해당 분야 종사자들에게는 여전하겠지만 시간이 지나면서 이들의 성취에 대해서는 점차 잊혀지고 이들이 가진 캐릭터가 부각된다. 따라서 셀러브리티로서의 지위를 유지하기 위해서는 업적을 계속 추가하는 것보다 '유명함' 그 자체를 지속하는 것이 중요하게 된다. 유명세가 설사 '악명'이라도 유명하지 않게 되는 것보다는 낫다. 진짜 유명인은 유명세 자체가 경력이 되기도 한다. '유명한 것으로 유명하다('Famous for being famous'라는 평을 받는 패리스 힐튼이 좋은 예이다).'

셀러브리티 단계에 이른 소셜 미디어 인플루언서는 기존 채널의 콘텐츠 업로드 빈도가 줄어도 영향력을 유지할 수 있다. 나아가 본업인 소셜 미디어 콘텐츠 활동을 중단하더라도 이들이 새로 구축한 '모든 매체를 관통하는 이미지 자산'만 유지한다면 셀러브리티로서의 지위도 문제없이 유지할 수 있다(이 경우 이들은 '예전에 유튜브 스타였던 아무개'라는 꼬리표를 단 연예인이 되는 셈이다). 그럼에도 불구하고 셀러브리티 단계에 이른 인플루언서가 자신의 인기의 원천, 본업이 어디까지나 크리에이터임을 주지하고 콘텐츠 활동을 유지하는 것은 중요하다. 자신이 가장 잘하는 일을 그만두는 것은 무엇보다 이들을 만들어준 수많은 소셜 미디어 구독자들을 방치하는 것이기 때문이다. 셀러브리티에 이르면 대중적 관심이 높아진 것을 활용하여 콘텐츠의 품질을 더욱 높여야 한다. 콘텐츠의 양이 줄어들더라도 개별 콘텐츠의 품질을 높이고 소재 또한 자신의 전문 분야 외에도 자신의 일상을 파는 콘텐츠 등으로 다변화해야 한다.

셀러브리티는 자신의 콘텐츠 영역을 거의 무한대로 확장할 수 있다. 이들의 인기가 전문성이 아니라 개인적 일상을 기반으로 하기 때문이다. 따라서 셀러브리티는 본연의 분야뿐 아니라 어떤 장르나 포맷의 콘텐츠도 자유롭게 시도할 수 있게 되고, 성공 가능성도 높아진다(단, 셀러브리티 본인이 새롭게 진출한 해당 분야에서도 통할 만한 기본 역량을 갖추고 있어야 한다. 백종원이 인기를 믿고 트로트 분야에 진출한다고 해서 반드시 성공한다는 법은 없다).

셀러브리티가 다음 단계인 아이콘(Icon)으로 성장하는 것은 매우 어렵고 가장 오랜 시간이 걸리며 지금까지와는 다른 종류의 질적 성장을 필요로 한다. 셀러브리티는 자신이 등장하는 매체를 다변화할 수도 있는데,

이때 인기와 출연료, 광고비만 좇는 것이 아니라 자신이 가진 다양한 '메시지', 다양한 '생각'을 발신한다는 이미지를 만들어야 한다. 이전 단계에서의 개인 브랜딩이 캐릭터와 스타일에 치중한 것이었던 것에 반해 '아이콘'이 되기 위해서는 본업인 콘텐츠와 자신의 발언 및 행동으로 '사회적 영향력'을 배양해야 하는 것이다.

　셀러브리티와 아이콘이 가진 인지도는 크게 다르지 않다. 따라서 셀러브리티가 성장하기 위해서는 외연 확장보다 내실 강화에 주력하며 '명성'을 관리하기 시작해야 한다. 이 단계가 되면 셀러브리티 본인에게 위기상황이 닥치거나 사고가 발생했을 때 이들을 보호해줄 수 있는 전문팀을 운영하는 것이 필요하다. MCN을 넘어 위기관리와 메시지 설계가 가능한 전문 연예기획사나 홍보대행사가 필요해지는 것이다. 셀러브리티는 유명한 선망의 대상이 되지만, 아이콘은 유명한 존경의 대상이 된다. 셀러브리티는 아이콘보다 높은 대중적 인기와 경제적 부를 가질 수 있지만 그 인기는 취약하며, 아이콘은 실수를 저질러도 대중은 쉽게 돌을 던지지 못한다. 셀러브리티와 아이콘의 차이를 알고 싶다면 농구선수 서장훈과 피겨선수 김연아를, 혹은 같은 원로배우인 백일섭과 이순재를 떠올리면 된다. 이들의 차이는 무엇인가?

6단계. 아이콘(Icon):
시대를 상징하는, 존경받는 명사

　인플루언서의 양적 성장은 사실상 5단계인 셀러브리티 단계에서 그친다. 아이콘으로의 성장은 구독자의 수나 인지도의 수준과는 큰 관련이 없다. 사회적 저명인사들인 아이콘의 영향력은 메가 인플루언서라고 하기에 부족함이 없지만 이들의 소셜 미디어는 극히 적은 수의 구독자를 갖고 있거나 혹은 소셜 미디어 채널을 아예 운영하지 않을 수도 있다. 아이콘의 자산은 인지도가 아니라 오랜 시간에 걸쳐 쌓인 신뢰도이다. 이들은 폭발적인 인기를 누리고 있거나 자신의 분야에서 항상 1등이 아닐 수도 있지만 이들은 해당 분야를 거론할 때 항상 떠오르는 사람, 분야를 대표하는 사람이다.

따라서 아이콘은 셀러브리티와는 다른 차원의 유명세를 가진 사람들이다. 그들은 시대와 세대를 상징하며, '존경받는 명사'들이다. 교황이나 대통령, 대기업의 존경받는 소유주는 누구나 이름을 알 정도로 인지도가 높지만 이들은 대중매체가 '중요한' 사람으로 다룰 뿐 연예인 같은 유명인으로 다루지 않는다. 이들의 말과 행동은 누구보다 큰 영향을 끼칠 정도로 강력하지만 사람들은 이들을 바라보며 '저 사람처럼 유명해지고 싶다'는 생각을 하지는 않는다(정말로 교황이나 대통령, 대기업 오너가 되고 싶은 야심가들을 제외한다면). 미디어는 이들의 사생활에 대해서도 관심을 갖는다. 그러나 이 관심은 셀러브리티의 사생활에 대해 갖는 관심에 비하면 그 폭과 깊이가 다른데 이는 대중이 궁금해하는 이들의 사생활의 종류가 다르기 때문이다.

아이콘으로서의 지위가 명성과 신뢰에 기반한다 해서 이들이 아무런 활동을 하지 않아도 된다는 것은 아니다. 이들 역시 지위를 유지하기 위해서는 자기 분야에서의 꾸준한 활동으로 명성을 유지해야 한다. 다만 1등이나 최고가 되는 것보다 자신만의 메시지와 철학, 비전으로 사람들을 공감하게 하고 감동시키는 것, 이를 통해 콘텐츠를 넘어 일상 속 스토

단계	주요 특징	다음 단계 성장 조건	구분
1단계. 노바디	• 무명 크리에이터, 일반 사용자 • 미미한 인지도 • 다양한 실험 가능	• 콘셉트와 장르 실험(pivoting): 방문자의 반응에 맞추어 실험 • 유사 채널과 차별화: 채널 콘셉트, 콘텐츠, 운영 측면 차별화 • 콘텐츠 품질보다 꾸준함 중요(8주치 콘텐츠 미리 준비 후 채널 개설)	애니바디, 나노 인플루언서
2단계. 섬바디	• 장르에서 이름을 알리기 시작한 크리에이터 • 채널과 콘텐츠 특성에 대한 인식 생성 • 구독자는 해당 분야 골수 팬에 국한. 영향력 미미 • 대중적 인지도, 지지 없음 • 다양한 실험 가능	• 채널 정체성 수립 • 콘텐츠의 질적 차별화: 장르 특화, 콘셉트·콘텐츠 차별성 강화, 다양한 시도로 채널만의 재미 제공 • 크리에이터 매력도 강화: 고유의 캐릭터와 스타일 특화, 전문성 부각, 콘텐츠의 일관성 유지 • 콘텐츠 조회수보다 구독자수 증대가 중요	나노 인플루언서, 마이크로 인플루언서
3단계. 스페셜리스트	• 장르를 대표하는 크리에이터 중 하나 • 콘텐츠를 기반으로 장르군에서 대중적 인지도, 지지 확보. • 신뢰도와 충성도는 취약하여 본격 팬덤은 미형성 • 해당 분야 인플루언서로 활동 가능 • 전문 편집팀 고용, MCN 가입의 적정 시점	• 크리에이터 개인 브랜드, 캐릭터 확립: 개인의 특장점, 전문성, 스타일 기반 차별화 된 이미지 확립 • 해당 분야 구독자 외 대중적 호감을 줄 수 있는 이미지 확립 • 구독자에게 한 약속과 진정성을 항상 지킨다는 이미지 필요 • 일관된 품질의 콘텐츠를 안정적으로 공급하며 차별화 강조	마이크로 인플루언서, 매크로 인플루언서
4단계. 온라인 스타	• 소셜 미디어 일반 사용자들에 이름이 알려진 온라인 유명인—'공인'으로 취급 • 타 분야의 사용자들이 유입되며 조회수, 수익성 제고 • 소셜 미디어 인플루언서로 본격 활동 • 전업(專業) 크리에이터 활동이 가능	• 개인 브랜드 강화: 대중에게 거부감 없는 범용적 이미지, '공인'으로서의 이미지 • (레거시 미디어가 활용 가능한) 영향력 • 기존 콘텐츠를 풍성하게 하여 가치 제고, 팬덤의 위상을 더욱 공고 • 자신의 스타일과 매력을 타 장르 소비자에 전파	매크로 인플루언서
5단계. 셀러브리티	• 오프라인 매체에 이름이 알려진 유명인 연예인에 준한 '셀럽', 명실상부한 '공인' • 소셜 미디어와 무관한 인지도와 인기 대중매체에 반복, 고정적으로 등장 • 대중의 선망, 롤모델로서의 지위 획득 사생활에 대한 대중의 관심 증대 • 콘텐츠 영역 무한 확장 가능	• 충성 팬 관리를 위한 콘텐츠 활동 유지 • 콘텐츠 빈도는 줄어도 품질은 높여야 • 캐릭터의 질적 변화 필요: 개인의 비전, 철학, 메시지 확립으로 사회적 영향력 강화 • 사회적 영향력을 배가할 수 있는 '품성' • 위기관리, 메시지 설계 위한 전문 대행사 필요할 수도	메가 인플루언서
6단계. 아이콘	• 사회적 신뢰, 존경, 영향력을 갖춘 명사 • 소셜 미디어 활동과 무관 • 신뢰와 명성 관리가 중요	• 해당 없음	메가 인플루언서

표 6. 인플루언서의 6단계 정리

리텔링으로 울림을 주고 팬층의 저변을 확대하는 것이 중요하다. 이들은 존경을 받는 사람들이기 때문에 이들이 저지른 실수에 대해 대중은 상대적으로 관대한 모습을 보이지만 이들조차 사회적으로 큰 물의를 일으키거나 작은 실수를 반복할 경우 아이콘으로서의 지위를 잃을 수 있기 때문에 주의해야 한다.

인플루언서의 성장 단계를 6단계로 나누고 편의상 나노 인플루언서부터 메가 인플루언서의 단계와 비교를 했지만, 인플루언서의 단계 구분에 구독자수, 조회수, 장르 등이 중요하지는 않다. 이들의 영향력을 양적으로 측정하는 방편으로 여러 지표가 쓰이는 것은 어쩔 수 없지만 인플루언서의 단계를 구분하는 가장 중요한 특징은 이들이 가진 '영향력의 종류'와 이들이 구독자와 대중에 실제로 일으키는 '영향력의 크기'여야 하며, 여기에 구독자나 조회수, 인지도는 종류와 크기를 측정하는 데 한계가 있음을 주지해야 한다.

인플루언서의 단계별 성장은 기업이나 제품의 브랜딩 과정과 크게 다르지 않다. 좋은 제품이 좋은 브랜드가 되기 위해서는 제품의 품질과 기업의 역량을 기르는 것뿐 아니라, 꾸준하고 일관된 품질을 유지하고 소비자의 신뢰를 확보하려는 노력이 필요하며, 차별화된 이미지 자산을 만들어 소비자의 충성도를 높이고, 나아가 사회에 기여하는 과정이 필요하다. 노바디가 아이콘에 이르는 단계를 밟아 올라가는 것 역시 마찬가지이다.

크리에이터 개인의 '능력'에 더해 꾸준한 '노력'과 자신만의 '감성'으로 콘텐츠와 캐릭터를 차별화하고, 나아가 사회적 영향력을 배가할 수 있는 '품성'이 반드시 필요하다. 그리고 소셜 미디어 인플루언서로서의 성장 속도를 더욱 빠르게 하기 위해서는 팬과 구독자들을 생산적 소비자를 넘어 인플루언서의 콘텐츠와 인기를 함께 만들어내는 주체로 만드는 것이 중요하다. 팬들에게 동기를 부여하고 지속적인 '참여'를 유도하는 데서 나아가, 콘텐츠와 채널이 어느 정도 인기를 얻은 후에는 '팬들이 유튜버를 키우고 있다'는 느낌을 가질 수 있도록 다양한 장치를 마련하는 것이 효과적이다(이 역시 인플루언서와 제품 브랜드에 공통적으로 적용되어야 하는 특징이기도 하다).

페르소나가 중요한
연예인의 유튜브 채널

초창기의 1인 미디어 산업은 대중적으로 알려지지 않은 일반인이 자신의 일상을 소재로 만든 콘텐츠가 주류를 이루었다. 다음으로는 자동차, 요리, 경제, 역사 등 특정 분야에 대해 자신만의 지식, 경험, 의견을 펼칠 수 있는 나름의 전문가 크리에이터들이 진입하여 콘텐츠의 지평을 넓혔다. 이들 중 일부는 전문 팀을 구성하여 마치 TV 프로그램을 보는 듯한 콘텐츠를 만들어내거나 개인 크리에이터는 쉽게 할 수 없는 심층 리서치를 통해 방대한 자료를 만들어 콘텐츠에서 제시하기도 한다.

그리고 가장 최근에 등장한 크리에이터군은 연예인과 같은 기존 유명인들이다. 유튜브와 1인 미디어 콘텐츠가 큰 인기를 끌기 시작한 것은 꽤 오래된 이야기지만 유튜브 채널 운영에 관심을 가진 연예인들은 손에 꼽을 정도로 드물었다. 이 인식이 바뀐 것은 대략 2019년 말부터이다. 이들이 개설하는 채널은 일반 크리에이터의 채널과 비교도 안 될 정도로 빠른 속도로 구독자와 조회수를 쌓아가기 시작했다.

BTS는 2012년 말이라는 상당히 빠른 시기에 채널을 개설하기도 했지만 전 세계적인 인기로 6,000만 명이 넘는 구독자를 보유하고 있다. 해외 팬이 많은 블랙핑크의 리사 역시 2018년 10월 채널을 개설한 후 25편의 영상만으로 1,120만 명에 육박하는 구독자를 모았다. 글로벌 팬덤은 없지만 백종원은 수많은 요리 영상으로 5년 동안 580만 명을, 개그맨 박미선은 DIA TV를 통해 운영하는 '미선 임파서블'이라는 채널을 2020년 1월 개설한 후 2023년 상반기까지 65만 명의 구독자를 모았다. 또 다른 개그맨 노홍철의 경우 2020년 6월에 유튜브 채널을 개설한 후 단 24편의 콘텐츠만을 올렸을 뿐인데도 33만 명이 넘는 구독자를 단숨에 모으기도 했다.

연예인들이 유튜브로 속속 진출하게 된 계기는 현재의 소비자들이 TV보다 유튜브를 더 자주 본다는 사실, 유튜브 콘텐츠가 제공하는 수익이 무시할 수 없는 수준으로 올라간 것도 중요한 원인이 되었지만 무엇보다 소비자와의 상시 소통 채널이 가능해졌다는 점이 큰 역할을 했다. 방송이나 영화 출연이 고정적이지 않은 연예인이라는 직업의 특성상 유튜브는 인기와 수익을 동시에, 능동적으로 관리할 수 있는 훌륭한 도구가 된다. 특히 높은 인지도를 갖고 있지만 레거시 미디어에서의 활동이 덜 활발한, 대중 앞에 나설 기회가 줄어든 연예인의 경우 유튜브는 매력적인 무기가 된다. 인지도를 뒷받침할 만한 작품이 부족한 연예인들은 유튜브를 통해 자신의 기존 팬층은 물론 MZ 세대와 같이 트렌드를 선도하는, 자신을 잘 모르던 소비자층에까지 인지도를 확장할 수 있다. 그리고 이렇게 쌓인 인지도와 인기는 레거시 미디어에서의 출연 기회를 늘리는 요인이 되는 등

 박미선 65만 명
(2020년 1월 시작)

 백종원 580만 명
(2019년 6월 시작)

 블랙핑크 리사 1,120만 명
(2018년 12월 시작)

 아이유 854만 명
(2017년 2월 시작)

 BTS 7,520만 명
(2012년 12월 시작)

그림 6. 연예인 유튜브 채널별 개설 시기와 구독자수

유튜브와 레거시 미디어는 연예인의 인기를 선순환시키는 도구가 된다.

배우, 가수, 예능인 등의 연예인은 대중적인 인지도와 인기를 갖고 있을 뿐 전문가처럼 특정 분야에 대한 지식을 갖추지 못했고, 인기 크리에이터처럼 콘텐츠를 스스로 기획하여 만들어내는 능력도 갖고 있지 않다. 그럼에도 불구하고 많은 이들이 이들 채널을 구독하는 이유는 잘 기획된 콘텐츠에 있다. 그리고 이 콘텐츠는 연예인 본인은 물론 '소속사' 혹은 다이아TV, 샌드박스, 카카오TV와 같은 MCN 내 전문가들에 의해서도 체계적으로 기획된다. 일반 크리에이터의 경우 콘텐츠 기획을 거의 혼자 해야 하고, 좋은 콘텐츠를 만든 후에도 이를 알리기 위해 애를 써야 한다는 점과 비교하면 연예인 크리에이터는 확실히 유리하다.

유명인이 등장하는 콘텐츠에는 이들이 1인 미디어 채널용으로 별도로 제작하는 '오리지널' 콘텐츠 외에도 이들이 과거에 출연했던 레거시 미디어의 콘텐츠—원본 영상 혹은 짧게 편집된 클립 영상—역시 많은 조회수를 올리고 있다. 혹은 연예인이 옛날에 출연했던 짧은 '짤방(meme)'이 갑자기 인기를 끌어 유튜브와 레거시 미디어에 '소환되는' 경우도 있다. 소비자가 콘텐츠를 접할 기회가 많다는 점 역시 유명인 크리에이터의 장점이다.

이러한 장점에도 불구하고 연예인의 인기와 유명세가 유튜브에서의 성공을 보장하지는 않는다. 특히 연예인이 가진 페르소나(공적 자아)가 연예인 개인의 사적 자아와 일치하지 않는 경우 이들의 유튜브 콘텐츠는 TV 프로그램의 연장이 되기 쉽다. 예를 들어 배우들의 경우 작품 속에서 보여주는 다양한 캐릭터가 실제의 모습과 일치하지 않는 경우가 빈번하고, 주어진 대본이 없는 경우 스스로 자신만의 '콘텐츠'를 만들어내는 것을 어려워하는 경우가 많다(특히 확고한 이미지를 가진 유명 배우나 아나운서들은 유튜브에서 자신이 보일 모습—그것이 가볍든 무겁든, 말이 많든 적든—기존의 이미지를 해칠까 우려하는 경우가 있다). 이에 반해 쉽게 자신의 캐릭터를 콘텐츠로 만들어낼 수 있는 가수와 예능인, 혹은 (백종원과 같은) 예능형 전문가들은 유튜브 채널 운영에 상대적인 강점을 갖는다.

유명인 유튜브 비즈니스를 논할 때 흔히 거론되는 인물 중 하나가 미국 연예인인 윌 스미스*이다. 할리우드의 연예인은 우리나라보다 더 사

---

* 2022년 미국 아카데미상 시상식에서의 폭행 사건으로 비난을 받고 있어 언급이 우려되지만, 이 책에서의 소개는 '좋은 연예인'으로서의 소개가 아니라 일찍부터 유튜브를 자신의 콘텐츠 및 영향력 확대에 활용한 선견지명이 있던 유명인으로서의 소개임을 감안해주기 바란다.

Will Smith ●
9.8M subscribers

SUBSCRIBE

HOME   VIDEOS   PLAYLISTS   COMMUNITY   CHANNELS   ABOUT

I Made a Super Bowl Commercial in Only 2 Weeks!!

136,068 views • 8 days ago

How we made this Super Bowl spot happen in less than 2 weeks is beyond me, but we did it! Check out Bel-Air streaming now on @Peacock: https://pck.tv/3q0Ts7v

SUBSCRIBE for more Will Smith: https://bit.ly/3AK6kCL

▶WATCH MORE:... https://www.instagram.com/simonejoyjones
READ MORE

그림 7. 다양한 오리지널 콘텐츠를 제공하는 윌 스미스 채널

생활 보호에 민감한 편이고, 이에 따라 연예인의 유튜브 진출 역시 활발하지 않은 편이었다. 래퍼와 MC로 그래미상을 네 번이나 수상하고, 이후 할리우드로 진출하여 배우로도 슈퍼스타가 된 윌 스미스 역시 전형적인 할리우드 유명인의 삶을 살고 있었으나, 2017년 구독자 1,400만 명의 인기 유튜버인 릴리 싱(Lilly Singh) 채널에 출연하며 유튜브의 잠재력을 발견하고 곧바로 자신의 채널을 열고 운영에 나섰다. 윌 스미스의 유튜브 채널은 유명인으로서의 일상을 위주로 하는 전형적인 유명인 채널이 아니라 다양한 오리지널 콘텐츠를 기획, 제공하는 전형적인 유튜브 인플루언서 채널에 가깝다. 2023년 현재 981만 명이 넘는 구독자를 가진 윌 스미스의 채널은 그를 잘 모르는 젊은 MZ 세대들에게도 윌 스미스가 얼마나 유명한 사람이고 재미있는 크리에이터인지 알리며 영화 활동을 꾸준

히 할 수 있게 하는 동력이 되고 있다.

비유명인 크리에이터들이 언제나 불리한 것만은 아니다. 구독자와 훨씬 자유로운 소통을 할 수 있다는 점, 쌓고 있는 크리에이터의 캐릭터와 이미지를 유명인에 비해 유연하게 바꿀 수 있다는 점 등은 연예인 크리에이터에 비해 유리한 점이라고 할 수 있다. 그리고 유명인 크리에이터든 비유명인 크리에이터든 구독자의 '시간'을 두고 경쟁한다는 점은 같다. 이 경쟁에서 승리하기 위한 무기는 인지도만이 아니다. 활발한 소통을 통해 구독자들의 지지를 쌓는 것 역시 중요하다. 유명 연예인이 유튜브에서 콘텐츠 활동을 하는 것처럼 비유명인 크리에이터들도 온라인에서 인기를 쌓아 셀러브리티의 단계에 이르면 레거시 미디어에서 활동할 수도 있고, 이때 '연예인'과 '셀러브리티 크리에이터'의 차이는 (적어도 소비자의 인식 속에서는) 중요하지 않게 된다.

기술이 발전함에 따라 연예인이나 전문가, 혹은 기업이 독점하던 대중에의 노출, 인기 등은 점차 개인에게 이동하고 있다. 콘텐츠와 메시지를 전파할 수 있는 통로도 제한적 경쟁을 펼치던 소수의 대중매체로부터 거대한 풀(pool) 안에서 무제한으로 경쟁하는 유튜브와 같은 개인 미디어로 빠르게 옮겨가고 있다. 유튜브를 넘어 메타버스처럼 일반 개인에게 더 많은 권한을 허락하는 플랫폼이 발전할수록 일반 크리에이터들이 대중에게 접근할 수 있는 통로(채널)와 기술은 더욱 늘어날 것이며 크리에이터들은 지금과는 또 다른 방식으로 콘텐츠를 만들고 공유하게 될 것이다.

3장

230만이 선택한
끌리는 채널,
디바제시카

디바제시카
채널의 시작

　최근 유튜브 채널들을 보면 그 사람만이 할 수 있는 독창적 콘텐츠를 다루기보다는 누구나 할 수 있는 흔하고 일상적인 이야기를 풀어내는 크리에이터가 다수이다. 그들 중 많은 구독자와 조회수를 확보하며 성공적으로 채널을 운영하는 크리에이터들도 많다. 디바제시카 채널은 2014년 2월 유튜브 계정을 개설한 이후 약 9년간 231만여 명의 구독자를 모았다. 오랫동안 디지털 콘텐츠 제작에 몸담으며 급변하는 미디어 시장의 흐름을 파악하고 시시각각 변화하는 플랫폼의 트렌드를 주시하며 성장해온 결과이다. 디바제시카 채널의 크리에이터이자 이 책의 공동저자인 디바제시카는 한 명의 크리에이터에서 시작했지만 (구독자가 100만 명에 가까워졌을 즈음) 대학과 기업으로부터 강연 요청을 받기 시작했고 예능 프로그램에 출연하는 기회를 얻기도 했다. 구독자가 150만 명을 넘긴 2019년에는 〈포브스코리아〉로부터 '대한민국 파워 유튜버 30인'에 선정되는 기뽐을 얻기도 했다. MCN을 설립하여 작가, 편집자, 크리에이터를 양성하는 매니지먼트사의 CEO가 되기도 했고, 그동안의 경험으로부터 배운 것들을 토대로 대학교에서 강의를 하고 있기도 하다. 이 모든 결과는 채널이 저절로 성장했기 때문이 아니었다. 초등학생이 가장 선호하는 장래희망으로 유튜버인 요즘, 크리에이터에 대한 사회적 인식이 긍정적으로 변하고 소셜 미디어의 영향력이 증대되었기 때문에 달성한 결과이다.

유튜브에서 디바제시카 채널을 시작하기 전 시청자들과 소통했던 콘텐츠는 영어와 미국에 관련한 스토리였다. 당시 아프리카TV에 무료로 영어를 알려주는 콘텐츠가 흔하지 않았다는 점에 착안하여 영어 강사로 BJ를 시작한 것이 디바제시카 채널의 시작이다. 미국으로 떠나기 전부터 영어를 가르치기 시작해 유학 생활 내내 학생들을 가르쳐왔던 터라 교육 분야에는 자신이 있었고 학원 강사처럼 시간에 구애받지 않는 자유로움에 매력을 느껴 영어를 가르쳐주는 콘텐츠로 방송을 시작했다. 아프리카TV에는 영어공부를 하기 위해 들어오는 시청자들만 있는 것이 아니다 보니 '토크'나 '먹방' 콘텐츠를 곁들여 콘텐츠를 만들었다. 그러나 영어 콘텐츠에 먹방이나 토크를 섞는 것만으로는 디바제시카만의 정체성을 확립할 수 없다는 판단이 들었고, 뚜렷한 아이덴티티를 구축할 수 있는 분야가 무엇일까 고민하던 차에 '미국 문화와 한국 문화 비교'라는 콘셉트에 집중하기로 했다. 미국과 한국의 연애 스타일부터 화장실에 이르기까지 두 나라의 문화적 차이가 드러나는 다양한 주제를 다루었고 사람들의 반응도 좋았으나 40여 편이 넘어가면서부터 소재 고갈 문제에 직면할 수밖에 없었다. 두 나라를 비교할 소재가 떨어지자 미국 각 주의 특징을 설명하거나 미국인의 문화 습성 등 굳이 한국인과 비교하지 않아도 미국에 대해 흥미롭게 소개하는 콘텐츠를 제작해 내보내기도 했다.

사실 미국과 한국의 문화를 비교하거나 미국의 다양한 특징을 알려주는 내용은 그다지 특별했다고 볼 수 없다. 디바제시카 채널이 아니어도 미국 생활을 소재로 다루는 크리에이터는 흔하게 볼 수 있다. 그럼에도 불구하고 디바제시카 채널이 경쟁력을 가질 수 있었던 것은 누구나 할 수 있는 이야기를 보다 재미있게 들려주는 능력을 바탕으로 매력적인 캐릭터를 구축하는 데 있었다고 생각한다. 여기서 한 가지 짚고 넘어갔으면 하는 것이 있다. 흔히 '매력적인 캐릭터'를 구축하라는 조언을 들으면 특출난 외모나 능력이 있어야 하는 것이라고 지레 짐작하기 쉽다. 그러나 지금처럼 온갖 분야에서 다양한 크리에이터들이 난립하고 있는 때에 구독자를 끌어들일 흡입력과 카리스마란 크리에이터가 얼마나 슬기롭게 구축해내느냐의 영역이다. 언뜻 생각해보면 맛깔나게 많이 먹는 캐릭터가 먹방 콘텐츠에 유리할 수 있을지 모르나, 식욕이 뚝 떨어지게 먹는 먹방을 선보여 '식욕억제 캐릭터'로 인기를 끌 수도 있는 것이다(연예계 대표 소식좌 모델 주우재의 채널을 떠올려보자). 적어도 크리에이터의 길에 들어선 초기에는 잘 구축한 캐릭터를 통해 매력을 발산하고 부각시킬 필요가 있다.[*]

시리즈물마다 새로운 캐릭터를 만드는 것도 좋은 방법이다(디바제시카 채널의 경우 '금요미국문화'는 캘리포니아 여성 느낌의 의상, '토요미스터리'는 〈왕좌의 게임〉에서의 여성 캐릭터를 모방, 고혹적인 이미지를 만들고자 했다.)

---

[*] 캐릭터성으로 이끌어가기에 가장 효과적인 콘텐츠는 먹방일 수 있다. 이제는 흔한 분야가 되었지만 매력적인 캐릭터로 시청자 앞에 등장할 수 있다면—엄청난 양을 먹어치우거나 특별한 음식을 먹지 않아도—여전히 경쟁력 있는 먹방을 할 수 있다.

캐릭터를 잘 구축했다면 어떤 콘텐츠를 보여줄지를 고민해봐야 한다. 디바제시카 채널의 경우 재미있게 이야기를 풀어내는 캐릭터가 초기 안착에 큰 도움을 준 것이 사실이나, 캐릭터에만 의존했다면 230만 구독자를 모으는 수준으로는 절대 도달하지 못했을 것이다. 디바제시카 채널이 폭발적인 반응을 얻기 시작한 시점은 미국에 대한 다양한 이야기를 소개하던 중 '미스터리'라는 분야를 발견한 때였다. 다행히 개인적으로 좋아하는 소재였고, 관련 이야깃거리를 쉽게 찾을 수 있었으며, 기존에 다루던 '미국' 콘텐츠 범위 안에서 자연스럽게 이야기를 확장할 수 있다는 장점이 있었다. 이런 기획을 통해 처음 선보였던 '미국의 귀신 들린 집 방문기'가 엄청난 호응을 얻었고 이후 정규 콘텐츠 시리즈로 편성되어 '토요미스테리'에 이르게 되었다. 흥미로운 이야기 콘텐츠를 통해 구독자를 사로잡기 시작하자, 디바제시카라는 캐릭터를 강하게 내세우지 않더라도 크리에이터이자 스토리텔러로서 기반을 잡을 수 있었다.

1인 미디어 시장의
폭발을 예측하다

　크리에이터 디바제시카로 처음 아프리카TV에서 활동을 시작한 2013년은 아직 인터넷 미디어 시장이 개척되지 않았던 때로, 기존에 20~30대가 즐기던 지상파 방송 콘텐츠에 조금씩 변화의 기류가 나타나던 시기였다. 디바제시카 채널은 이 틈새를 잘 파고들어, 금요일에는 '금요미국문화'라는 코너에서 미국과 한국의 문화를 비교하고, 토요일에는 '토요미스테리'를 통해 이제껏 풀리지 않은 미해결 사건들을 다루며 인지도를 조금씩 높여 나갔고 같은 시기 아프리카TV라는 플랫폼도 지속적으로 인기를 높이고 있었다. 당시 'B급 정서'를 앞세운 콘텐츠로 시작했던 tvN이 점차 고품격 방송국으로 자리 잡는 모습을 주의 깊게 지켜봤기 때문에, 아프리카TV 역시 주류 영상 플랫폼으로 성장할 것이라고 판단했다. 그러나 장기적인 관점에서 지속적으로 콘텐츠를 생산하는 데 더 적합한 플랫폼을 고민한 끝에 유튜브로 채널을 옮기기로 결정했다.

아프리카TV에서 구축해온 채널의 정체성과 경험, 구독자층이 분명했기 때문에 플랫폼을 옮기는 것은 꽤 큰 모험이었다. 이 같은 결심을 하게 한 가장 큰 이유는 디바제시카 채널이 지향하는 콘텐츠와 분위기가 유튜브의 성격 및 지향점에 더 부합한다고 봤기 때문이었다. 아프리카TV의 본질은 B급 콘텐츠라고 할 수 있다(이는 주류 방송국에서 다루지 않는 '마이너한 B급 감성'을 내세운다는 의미이며, 콘텐츠의 품질이 저열했다는 의미는 아니다. 아프리카TV의 이 같은 장점은 지금도 유효하다고 할 수 있다). 모두 그렇지는 않겠지만 일상적으로 벌어지지 않는 일을 자극적으로 보여주는 인기 콘텐츠를 보며 대중은 당시 아프리카TV의 BJ를 콘텐츠 생산자보다는 1인 미디어에서 활동하는 예능인이자 자신의 캐릭터로 사람들을 즐겁게 해주는 퍼포머(performer)로 보는 경향이 강했다. 이는 스토리텔링과 교육을 핵심 포인트로 삼고자 하는 디바제시카 채널과는 합이 잘 맞지 않았다.

디바제시카 채널은 유튜브로 옮기기 전 아프리카TV에서도 공포와 미스터리를 주제로 한 콘텐츠를 만들고 있었고, 그곳에서 구축한 채널의 정체성과 경험, 구독자층이 뚜렷했기 때문에 플랫폼을 옮기는 것은 수익을 비롯한 여러 안정적 환경을 무너뜨리는 상당히 큰 모험이었다. 그러나 유튜브의 수익 성장 추세를 볼 때, 장기적으로 더욱 안정적이고 지속적인 수익 구조를 만들어낼 수 있는 곳은 유튜브였다. 크리에이터로서 디바제시카는 물론 채널의 구독자도 언젠가 40~50대가 될 것이기 때문에, 나이가 든 이후에도 콘텐츠 생산자로서 계속 일하기 위해서는 전 세계적으로 영향력을 키우고 있던 유튜브로 채널 이전이 필요했다.

디바제시카 채널은 '아프리카TV BJ'라는 정체성을 '유튜버'에 맞도록 전환하는 데 많은 시간을 투자했다. 개인 예능인에 가까웠던 디바제시카라는 캐릭터를 스토리텔러라는 역할로 바꾸고, 콘텐츠의 종류를 엄선하고, 이야기의 전달 방식과 채널 운영 방식 등을 조금씩 바꿔가며 '다양한 이야기를 제공하는 콘텐츠 생산자의 채널'로 자리매김하도록 노력했다. 현재의 디바제시카 채널은 이런 일련의 시도로 탄생한 '미스터리 스토리 창고'인 셈이다.

디바제시카는 유튜브 1세대로 10년간 유튜브 스토리텔링 분야에서 부동의 선두자리를 유지하고 있다. 2014년에 MCN 회사 JBS E&M의 대표를 맡아 예능, 일상, 음악, 뷰티, 건강까지 다양한 유튜브 채널을 성공시킨 인물로 평가되며, 현재는 본인의 대표 시리즈물인 '토요미스터리'의 확장과 더불어 유튜브 채널 컨설팅 및 크리에이터의 멘토 역할을 하고 있다. 디바제시카 채널은 아프리카TV와 유튜브의 성장을 내부에서 면밀하게 관찰하며 1인 미디어가 갖는 파괴력을 체감한 덕분에 새로운 크리에이터를 발굴하는 방향으로 사업을 확장해 나간다. 아프리카TV가 방송하는 사람들을 위한 무대라는 점, 앞으로는 동영상의 시대가 올 것이라는 점을 들어 당시 뮤지컬을 전공하던 사촌 동생을 설득했고, 2014년부터 함께 활동해 현재 163만 명의 구독자를 가진 버블디아가 되었다. 유튜브로 플랫폼을 옮긴 후에는 해외 유튜브 시장을 분석하며 뷰티 분야가 각광받기 시작했음을 발견했다. 이에 한국 트렌드에 부합하는 뷰티 콘텐츠를 만들 수 있는 크리에이터를 찾아 청담동 등지의 미용실을 조사하기 시작했고, 약 1년의 기간을 들인 끝에 빼어난 실력을 갖춘 메이크업 아티스트를 만나게 되었다. 여러 차례 숍을 방문하며 친분을 쌓고, 온라인 동영상 시대가 열렸으므로 유튜브에서 대중적 인지도를 쌓을 수 있다는 것과 유튜브 수익이 어느 정도 발생할 수 있는지에 대한 전망을 공유하며 권유한 끝에 그가 메이크업 전문 유튜버의 길로 들어서게 도왔다. 그는 현재 유튜브와 지상파를 넘나드는, 이름만 대도 알 만한 올라운드 뷰티 크리에이터가 되었다. 이 뷰티 크리에이터도 버블디아도 채널 출범 초기부터 구독자가 급증했던 것을 보면, 글이나 말로 전달하기 어려운 보컬이나 뷰티 레슨을 영상으로 소비하고 싶어하는 층이 있으리라는 예상은 적중했던 셈이다.

일반인 유튜버가
성장하려면

　누가 봐도 재능이 많고 크리에이터에 적합한 사람들이 있는 반면, 유튜버라는 직업을 눈곱만큼도 생각해보지 않은 일반인도 있을 것이다. 그러나 겉보기에 외향적인 기질이나 재능이 없는 이들도 얼마든지 유튜버가 될 수 있다. 30만 구독자를 보유한 크리에이터 디바제니는 유튜브를 시작하기 전 모든 사람에게 얼굴을 공개해야 한다는 사실에 큰 부담을 느끼고 있었다. 여러 차례의 설득 끝에 유튜브를 시작하게 되었으나, 채널 개설 초기에는 당시 해외에서 유행하던 헤어스타일 중 한국에서 어필할 수 있을 만한 스타일을 권해도 손사래를 치며 거절하기도 했다. 그러나 이후 여러 자료를 참고하며 트렌드 파악에 최선을 다했고, 5년 차에 이르러 30만 명의 구독자로부터 사랑받는 크리에이터가 될 수 있었다. 성공적인 채널을 만드는 데 특출한 재능이나 독보적인 캐릭터가 필수적인 것은 아니라는 사실을 알 수 있다.

유튜버가 많지 않았던 예전과 달리 지금은 유튜버로 성장할 수 있는 기회가 점점 좁아지고 있다. 시류를 읽는 감각에 외모, 실력, 입담 등을 갖춘 소위 '방송용 인재'들이 많아진 탓에 흔히 재능이라 부르는 요소를 '어느 정도 갖추는' 것만으로는 인기 유튜버의 자리에 올라가기 쉽지 않다. 최근 주목받는 '랄랄'이나 '앙팡', '풍자' 같은 크리에이터들은 그 누구도 흉내 내기 어려운 개성과 끼, 적정한 매니지먼트, 콘텐츠를 세련되게 표현할 수 있는 촬영 센스 등이 종합적으로 작용해 현재의 자리에 이르렀다고 할 수 있다. 그러나 이들의 면면을 살펴보면 그것이 전부가 아니라는 사실을 알 수 있다.

크리에이터는 출발보다 성장이 어려운 직업이다. 일단 끼나 재능으로 사람들의 눈에 띄는 데 성공했다고 해도, 자신과 콘텐츠에 대한 신념과 믿음이 없다면 성장하는 데는 실패할 수밖에 없다. 지금 우리가 구독하고 있는 많은 채널의 크리에이터들은 현재의 위치에 도달하기까지 무수한 흔들림을 견뎌온 사람들일 가능성이 높다. JBS E&M이 크리에이터를 발굴할 때 주목하는 것도 이 지점이다. 사람들에게 어필할 수 있는 분야에 몸담고 있는지, 해당 분야에서 뛰어난 전문성과 능력을 가지고 있는지를 우선적으로 주목하지만, 그만큼이나 중요하게 보는 것이 스스로에 대한 믿음을 바탕으로 자신감 있게 콘텐츠를 생산할 수 있는지를 중요하게 살핀다.

낚시성 콘텐츠보다
중요한 것

유튜버로 성공하길 꿈꾸는 사람은 먼저 자신이 신념과 믿음을 가지로 있는지 돌아봐야 한다. 이는 크리에이터의 성격보다 중요하다. 외향적인 성격이 크리에이터에게 유리할 것이라는 편견이 있지만, 지금은 만들 수 있는 콘텐츠의 종류가 워낙 다채로워졌기 때문에 어떤 성격이든 자신에게 맞는 방향을 찾는다면 성격에 따른 유불리는 없는 편이다. 그러나 크리에이터의 기질—자신에 대한 믿음과 굳은 의지—는 매우 중요하다. 많은 사람의 주목을 받는다는 것은 많은 이야기를 듣게 된다는 말과 같다. 좋은 말만 듣게 되지 않는다. 그렇기에 스스로 만든 콘텐츠에 대한 수많은 비난과 공격에 영향받지 않고—혹은 영향을 받는다고 해도 이를 극복하고—스스로 설정한 방향으로 꾸준히 걸어갈 수 있어야 한다. 유튜브의 채널을 만들고 유지하는 데 어마어마한 고정비가 들어가는 것이 아니기 때문에 대부분의 유튜버는 생존하고자 하는 강한 의지만 있다면 활동을 계속할 수 있다. 그러나 많은 유튜버가 좌절감과 의지 부족으로 중도 포기한다. 강한 자가 살아남는 것이 아니라 살아남는 자가 강한 것이라는 말은 유튜브에 특히 어울린다.

크리에이터라는 단어가 주는 어감은 어딘가 무척 자유분방하고, 창의적인 가치가 핵심 역량이라는 인상을 주지만 어느 길이든 장기적인 꿈을 꾼다면 성실하게 자신의 경로를 걸어가며 역경을 버틸 수 있는 힘이 훨씬 중요하다. 필자가 운영 중인 '디바제시카' 채널에 대해 가진 최고의 자부심 역시 구독자만이 아니라 오랫동안 꾸준히 성장하며 채널을 유지하고 있다는 사실이다. 유튜버를 꿈꾸는 사람들은 적어도 10년 이상 지치지 않고 콘텐츠를 만들 의지와 신념이 있는지 반드시 스스로에게 질문한 뒤 시작해야 한다.

크리에이터로서의 디바제시카는 유튜브를 통해 얻는 인기와 돈에는 별로 관심을 두지 않는다. 누군가가 나를 좋아하든 좋아하지 않든, 돈이 많이 벌리든 벌리지 않든 관계없이, 크리에이터라는 직업을 평생의 직업으로 여기고 오랫동안 업계에서 살아남고자 한다. 남들이 하는 일에 관심을 두기보다 내 자신이 더 좋은 콘텐츠를 계속 만들 수 있는지, 그 콘텐츠로 오래 살아남을 수 있는지에 관심을 둘 뿐이다. 이는 한 명의 크리에이터로서 뿐만 아니라, 소속 크리에이터들을 둔 매니지먼트 업체의 경영자로서 항상 강조하는 부분이기도 하고, 성균관대학교를 비롯해 제자를 가르치고 있는 많은 학교와 수많은 외부 강연에서도 항상 강조하는 부분이다.

물론 강연에서 어떤 제목을 어떻게 쓰고 썸네일을 어떻게 만들어야 조회수를 올릴 수 있을지와 같은 세부적인 팁을 줄 때도 있지만 이때에도 강조하는 부분은 '낚시성 콘텐츠'나 '어그로 콘텐츠'를 만드는 데 있지 않다. 관심 그 자체를 목표로 하는 어그로 콘텐츠가 아니라 오래 살아남는 콘텐츠에 초점을 맞춘다. 유튜버로 살아남는 데 대중의 '관심'보다 더 중요한 것은 영상 조회수와 대중으로부터 받는 '사랑'이며 무엇보다 이를 '오랫동안' 유지할 수 있어야 한다. 그래야 광고나 인기가 없어도 지속적으로 콘텐츠를 생산해서 유의미한 조회수가 나오게 할 수 있다.

크리에이터가 자기 영역을
확장하려면

디바제시카 채널은 토요 미스테리 세 편과 금요 사건 파일을 한두 편 정도 제작하며 일주일에 약 대여섯 편의 콘텐츠를 지속적으로 제공한다. 콘텐츠를 제공할 때 가지는 굳은 믿음 하나는, 모든 채널의 핵심은 스토리이고 채널의 미래 역시 스토리에 있다는 것이다. 모든 스토리는 확장성을 가진다. 디바제시카 채널의 콘텐츠 스토리는 OTT 서비스 왓챠와 함께 협업해 전혀 새로운 방식으로 콘텐츠를 제작하는 데도 도전해본 적이 있다. 비록 큰 성공을 거두지는 못했지만, 유튜브 너머로 확장할 수 있는 융합 실험이라는 측면에서 좋은 경험이었다.

스토리가 중요하다고 해서 스토리의 흥미성에만 집중해서는 안 된다 (이는 구독자수와 관계없이 모든 채널이 지향해야 하는 점이라고 생각한다). 디바제시카 채널의 경우 200만이 넘는 구독자를 보유한 채널의 영향력을 고려하여, 콘텐츠에서 다루는 범죄 사건이나 재난 현장이 단순한 흥밋거리로만 소비되지 않도록 주의한다. 또한 가능하다면 사회적 메시지를 함께 다룰 수 있는 주제들을 엄선하여 콘텐츠를 기획한다. 2016년 봄, 구독자 50만 명으로 시작한 디바제시카 채널은 2022년 조회수 6억 회와 구독자 220만 명을 넘겼다. 트렌드와 캐릭터, 콘텐츠 분석을 게을리하지 않은 결과다.

자매 관계에 있는 '디바걸스' 채널(2022년 2월부터 개인적 사정으로 운영을 쉬고 있지만)은 디바제시카 채널에서 보여주지 않았던 털털하고 편한 모습을 보여주는 데 많은 도움이 된 채널이다. 구독자들에게 친근감 있게 다가가기 위하여 디바제니와 함께 유튜브에서 화제가 되고 있는 뷰티, 먹방, 리뷰 등의 콘텐츠를 선보였다. 한 개 채널을 장기적으로 운영하는 사람들의 경우 이와 같이 서브 채널을 운영함으로써 크리에이터나 구독자 모두가 느낄 수 있는 권태로움에서 탈피하고 크리에이터의 색다른 매력을 어필할 수 있다는 사실도 기억하자.

디바제시카 채널의 제작 과정

디바제시카 채널의 콘텐츠는 여러 단계의 과정을 거쳐 만들어진다. 소개할 만한 수많은 '미스터리한' 소재를 30여 명의 1차 작가진이 검색, 검토한 후 한 명당 한 가지의 소재를 간략한 스토리로 만들어 공유한다. 이렇게 수집된 스토리를 2차 작가진이 검토하고 선정된 일부를 콘텐츠화가 가능한 수준으로 정교화 하면 최종적으로 필자를 포함한 전체 작가진이 모여 협의, 정리하여 방송용 원고를 완성하는 방식이다.

이후 디바제시카가 최종 원고를 자신만의 스타일로 바꾸는데, 분석된 데이터를 토대로 하되 스토리텔러인 디바제시카의 톤에 맞추어 이야기를 더 흡입력 있게 만드는 중요한 단계이다.

미스터리라는 소재가 다른 채널들에서도 다루는 소재이므로 타 채널에서 이미 다루었던 소재를 디바제시카 채널에서 다시 소개할 때도 있다. 이 경우 스토리텔링의 방식에 따라 전혀 다르게 전달될 수 있도록 추가 취재와 가공을 거친다.

크리에이터의 성공은 종종 조회수와 구독자수로 평가되곤 하지만 진정한 성공의 출발점은 크리에이터가 스스로 느끼는 성취감으로 삼는 것이 건강하다고 믿는다. 조회수와 구독자수에만 몰두한다면 모든 크리에이터가 화제성이 큰 콘텐츠를 최대한 자극적으로 다루는 접근을 취하게 될 것이다. 디바제시카 채널은 미스터리라는 장르의 특성상 자극적인 소재가 빈번히 등장하지만 이 소재를 다루는 방식이 모든 스태프에게 올바른 성취감을 줄 것인지 자문하며 콘텐츠를 만들고 있다.

2부.
끌리는 채널 기획하기

4장

평범한 당신이
브랜드가
되는 법

좋은 크리에이터를 만드는
일곱 가지 요소

좋은 크리에이터는 시청자들에게 충분한 정보를 제공하는 동시에 호기심을 끌어내고, 자신의 콘텐츠에 진심과 열정을 발산하며 적절하게 투자할 때 완성된다. 트렌드를 면밀히 읽어내고 반영하는 것은 기본이다. 최근에는 별다른 멘트도 없이 혼자 그림을 그리는 모습만 종일 담아내는 채널이 인기를 얻기도 한다. 아프리카TV가 대세이던 시절에는 상상도 할 수 없던 현상이다. 과거부터 쌓아온 성과가 있다면 당연히 잘 활용해야 한다. 그러나 과거의 콘셉트가 새로운 방향을 시도하는 데 방해가 된다면 과감히 포기하는 결단이 필요할 수도 있다. 시청자는 복잡한 마음으로 크리에이터의 콘텐츠를 보고 싶어하지 않는다. 이 크리에이터의 콘텐츠를 시청함으로써 소비자가 얻어갈 수 있는 효용—즐거움, 정보, 공감, 깨달음 등—이 무엇인지 명확해야 한다.

① 무조건 경험: 빠르게 실패하고 빠르게 개선하자

유튜브를 시작하기 전에 두려움이 큰 사람들도 있을 것이고, 완벽하게 하고 싶어서 사전 준비에 공을 들이는 사람들도 있을 것이다. 그러나 일단 부딪혀보는 것만큼 좋은 시작은 없다. 영상도 완벽하게 제작하기보다 조금 퀄리티가 떨어지더라도 여러 개의 영상을 업로드하는 것이 대부분의 경우 (항상 그런 것은 아니지만) 바람직하다. 영상 하나만 보고 채널을 구독하는 경우는 거의 없기 때문이다. 특히 영상 퀄리티를 올리겠다는 취지로 하루면 촬영할 분량을 이틀 이상 찍느라 시간과 비용을 들이고 편집하는 데만 사나흘씩 붙잡고 있는 것보다는, 여러 편의 영상을 많이 제작해보는 것이 낫다. 유튜브에서는 대작을 3개월간 머릿속으로 고민한 감독보다 일주일에 1분씩 매일 영상을 제작하고 생산한 감독이 훨씬 적합한 콘텐츠 제작자이다.

어떤 촬영 장소가 좋을지, 길거리나 집에서 촬영해도 괜찮을지와 같은 걱정도 사실은 직접 경험해보고 부딪혀보면 답이 나오는 경우가 많다. 일단 카메라를 들고 밖으로 나가야 '이곳에서 이런 식으로 촬영하면 사람들이 싫어하는구나', '이런 공간이 카메라에 예쁘게 담기는구나'와 같은 깨달음을 얻게 된다. 무작정 홍대에 카메라를 들고 나가보는 것도 방법이다. 머릿속으로 생각만 하는 것보다, 일단 행동하고 시행착오를 겪는 쪽이 배움이 빠르기 때문이다. 이쪽 업계에서는 경험이 정말 중요하고, 내가 스스로 내 경험을 쌓아 값어치를 올려야 한다. 물론 '여행에 미치다'와 같이 고퀄리티의 영상이 필요한 채널이 있다. 그러나 퀄리티만큼이나 중요한 것이 시작이다. 여러 걱정이 앞서 좀 더 완벽하게 만들기 위해 준비 단계에만 머무르기보다, 여러 영상을 직접 기획하고 실질적으로 제작해

보는 경험이 훨씬 중요하다.

② 진정성: 구독자는 크리에이터의 진심을 느낀다

하루에도 수많은 유튜버들이 떠올랐다가 사라진다. 어느 순간 잠적하는 유튜버들과 대중의 관심에서 멀어진 유튜버, 구설수에 오르거나 사기 혐의, 뒷광고 논란으로 한순간에 모든 것을 잃는 크리에이터들을 마주할 때면 언제 사라질지 모르는 단두대에 올라서는 느낌이 들고는 한다. 그러니 더욱 사람들과 진정성 있게 소통하고 콘텐츠를 제작하려고 노력해야 한다. 시청자들은 크리에이터가 오로지 돈 때문에 영상을 만드는지 아닌지 금세 판별한다. 수익과 조회수에 연연하는 채널은 영상에서 티가 나기 마련이고, 영상의 퀄리티에도 당연히 영향을 미친다. 디바제시카 채널의 경우 사회적으로 의미 있는 사건들과 유의미한 시사점이 있는 사건들을 영상으로 만들고 사회적 메시지를 전하면서 콘텐츠가 구독자들에게 어떤 영향을 미칠지 계속해서 되돌아보는 방식으로 진정성 있는 콘텐츠를 만들려고 노력한다. 자극적인 장면을 추가할수록 미스터리 분야에서는 조회수가 높다는 사실을 알지만, 사건에 대한 잔혹하고 세세한 묘사를 피함으로써 청소년과 가족이 함께 시청할지도 모르는 구독자들을 배려하고, 혹시라도 피해자의 주변 사람들이 콘텐츠를 보았을 때 모욕감을 느끼지 않을지 업로드 전 신중하게 재고한다. 진정성이라는 신념을 지키기 위한 최소한의 노력인 셈이다.

③ 공감: 구독자의 반응에 민감해져라

퓨디파이(PewDiePie)는 1억 1,000만 명 구독자를 가진 게임 리뷰 크리에이터로 개인 채널 기준 세계 최다 구독자를 보유한 스웨덴 유튜버이다. 런던에 거주하며 채널을 운영하는 퓨디파이는 게임 외 다른 콘텐츠도 제공하고 있는데 퓨디파이의 유튜브를 시청하는 영국의 요즘 젊은 소비자들은 BBC와 같은 방송 채널은 거의 시청하지 않는다(이는 영국만의 현상이라고 할 수는 없을 것이다). 퓨디파이가 신경 써서 올린 콘텐츠의 조회수는 1,000만 회를 쉽게 뛰어넘고 간단히 올린 방송조차 하루 만에 100만 회, 며칠 사이에 200만 회를 쉽게 기록한다. 퓨디파이와 디바제시카 채널은 다루는 소재도 방식도 다르지만 한 가지 공통점이 있다. 바로 구독자와 끊임없이 커뮤니케이션한다는 것이다.

퓨디파이는 시청자에게 끊임없이 말을 거는 진행 스타일로 구독자를 매료시킨다. 비록 생방송이 아니라 사전에 녹화된 영상이라 해도 퓨디파이의 영상을 보고 있으면 마치 친구가 옆에서 게임을 하는 것을 지켜보는 듯한 느낌이 들고, 마치 구독자가 말을 걸면 답을 해줄 것 같은 생생함을 느끼게 한다. 이런 감상은 단순히 크리에이터의 '말하는 방식' 때문만은 아니다. 내 콘텐츠를 시청하는 사람들이 무엇을 궁금해할지 알고, 어떤 이야기를 듣고 싶어할지 아는 것, 다시 말해 구독자와의 공감 능력이 무엇보다 중요하다. 이는 퓨디파이 같은 게임 리뷰 크리에이터에게만 해당하는 것이 아니다. 디바제시카 채널처럼 세상의 다양한 이야기를 소개하거나, 역사를 가르치거나, 끊임없이 음식을 먹는 먹방 채널에도 해당한다. 아무리 흥미로운 이야기를 소개해도, 역사에 대한 재미있는 사실을 찾아 전달하거나 깜짝 놀랄 정도로 많은 음식을 먹는다고 해도 그것만으

그림 8. 개인 채널 기준 세계 최다 구독자를 자랑하는 퓨디파이 채널

로 채널은 성공하지 않는다. 구독자가 무엇을 원하는지 '알고', '느끼고', '공감하며' 콘텐츠를 만들어 나가면서 구독자의 반응을 바탕으로 채널을 발전시켜 나가는 것이, 하물며 지루하게 느껴지는 역사 교육도 흥미롭게 만들어버리는 공감의 마법이다.

④ 팬덤 만들기: '나를 키운 것은 구독자'라는 인식

유튜버로서 남들과 다른 획기적인 콘텐츠를 만들었다고 해도, 구독자가 없으면 의미가 없다. 1인 크리에이터로서 인플루언서를 위해 정진하는 길에는 팬 관리가 필수적인 요소이다. 1인 미디어 스타들이 연예인과 다른 점이라면 연예인은 방송국에서 만들어준 이미지, 영화감독이 그려 낸 이미지로 다양한 방송과 광고에 출연하며 유명해지지만, 1인 크리에이터의 이미지를 결정하는 것은 팬이며, 팬의 수가 곧 명성과 크리에이터로서의 가치를 의미한다는 것이다. 해외를 포함해 어떤 유튜브 관련 행사에 가도, 구독자수로 크리에이터로서의 자산과 가치와 인기가 결정되는 광경을 목격할 수 있다. 구독자 없이 존재할 수 없는 것이 크리에이터인 것이다.

유튜버로서 잊지 말아야 할 자세는, '나는 구독자들이 키운 것이고, 내가 지금 이런 활동을 할 수 있는 것도 구독자들이 지지해주었기 때문'이라는 생각과 마음가짐이다. 따라서 구독자가 원하지 않는 콘텐츠, 구독자를 쉽게 바라보는 자세나 아끼지 않는 마음을 항상 경계해야 한다. 물론 많은 이들이 돈을 벌 목적으로 유튜브를 시작하기 때문에, 돈과 직결된 어그로성 자극적인 콘텐츠로 당장의 이익을 취하고 싶은 마음은 이해할 수 있다. 그러나 구독자가 키운 크리에이터라는 자기인식을 가지고 있으면 윤리적이고 도덕적인 선을 지키면서도 인기로 인한 수익도 추구할 수 있을 것이다.

구독자와의 관계를 더욱 끈끈하게 만들고 싶다면 팬덤명을 짓는 것을 추천한다. 마치 트와이스가 원스를, BTS가 아미를, 여자아이들이 네버랜드를 애칭으로 부르듯 유튜버들도 구독자들에게 애칭을 붙이는 것이다. 최소 5만 명 정도 구독자가 모였을 때 팬덤명을 함께 짓는 것을 추천한다.

⑤ '관종끼': 끼는 재능이 아닌 '방향성'이다

'무플보다 악플이 낫다'는 말은 적어도 크리에이터에게는 중요한 원칙이다. 직접 만든 콘텐츠를 통해 누구나 유명해질 수 있게 된 디지털미디어 시대에 사람들은 타인의 관심을 받으려 노력하기도 하고, 동시에 관심을 좇는 사람들을 경계하기도 한다. 남들의 시선을 의식하며 관심을 좇는 사람들을 '관종(관심종자)'이라 표현하기도 하는데, 남들의 주목을 원하는 정도가 지나치게 심해 필요 이상으로 사람들을 자극하는 사람을 부정적으로 부르는 신조어이다. 재미있는 사실은 이 단어가 우리말에만 있는 것이 아니라 영어(attention seeker)와 일본어(かまってちゃん)에도 있다는 점이다. 즉, 온라인에서 관심을 받고 싶어하는 사람들은 국가를 가리지 않고 어디에나 존재한다.

자신을 표현하는 사람이 더 많이 기억되고 사람들과 원활히 소통할 수 있는 요즘 같은 영상 미디어 시대에 '관종'이라는 단어는 부정적인 멸칭을 넘어 자신을 표현하는 데에 거리낌 없고 사람들의 관심을 받는 것을 즐기는 사람을 가리킨다. 나아가 이 같은 기질, 이른바 '관종끼'는 크리에이터에게는 반드시 필요한 자질 중 하나이다. 디바제시카 채널에서는 의상을 고를 때에도 한 번 입고 다시는 입지 않을 것 같은 '관종끼'가 드러나는 옷을 구매하기도 한다. 미스터리를 다루는 콘텐츠의 특성 때문이기도 하지만 메이크업과 네일아트를 고를 때에도 남들과 달라 보이는, 개성있고 튀는 스타일을 선호하는 편이다. 이런 취향과 기질, 평범하고 싶지 않다는 생각과 주변의 시선을 신경 쓰지 않으려는 노력은 디바제시카 채널이 230만이 넘는 구독자를 확보하는 데 긍정적인 영향을 끼쳤다고 생각한다.

중요한 것은 이 같은 '관종끼'가 외모나 스타일에만 국한되어서는 안 된다는 점이다. 뷰티나 패션 등 크리에이터 본인의 외모를 콘텐츠 재료로 삼는 경우를 제외한다면 사람들로부터 받는 관심은 크리에이터의 외모에 한정되어서는 안 된다. 관심은 반드시 크리에이터가 제시하는 주제나 의제로 이어져 한 시청자로부터 다른 시청자들로 전파되어야 한다. '관종끼'는 사람들로 하여금 내 쪽을 바라보게 하는 역할을 하는 것뿐이다. 사람들의 시선을 잡은 다음 크리에이터는 자신의 '이야기'를 하고, 화제와 이슈를 만들어내야 한다. 그것이 크리에이터 본인의 기질로 인기를 끌고 이를 영향력으로 전환하고 수익을 만들어내 성공하는 방법이다. 단순한 '관종 크리에이터'는 특이한 외모와 스타일로 주목을 받는 데 그치지만, 영향력을 갖는 '인플루언서'는 본인이 제기한 이슈로 사람들의 이목을 돌리고, 사람들의 의견 형성에 영향을 미친다.

끼는 필수가 아닌 방향성이다. 유치원에서 똑같은 나이대에 아이들을 모아놓고 노는 것만 봐도 유독 재미있고 활발하게 노는 아이가 있듯이, 끼가 넘치는 사람과 그렇지 않은 사람은 나뉘기 마련이다. 유튜브도 기본적으로는 방송이기 때문에 방송인으로서의 끼와 매력을 가진 사람이 유리한 부분은 분명히 있다. 그러나 그것이 전부일 수는 없다. 사람들에게 흡입력을 발휘하는 능력을 태생적으로 타고난 사람들은 그 매력을 잘 드러낼 수 있는 환경에 자신을 던져넣는 것만으로도 모방이 불가한 자신만의 영상을 제작해낼 수 있다. 이것은 크리에이터로서 그 사람이 타고난 재능이자 축복이다. 그렇기에 크리에이터를 꿈꾸는 사람들이 이런 사람들의 콘텐츠를 롤모델로 삼는 것도 어떤 측면에서는 적절하지 않다. 그들의 콘텐츠는 그야말로 그들의 개성이자 그들 자체이기 때문이다.

⑥ 뻔뻔한 자기 확신: 콘텐츠가 설득력을 갖게 하는 마력

내가 나 자신을 믿어야 구독자를 믿게 할 수 있다. 거짓인 줄 알면서 진짜처럼 말하거나 사기를 치라는 것이 아니라 본인이 말하는 내용에 대해 스스로 100% 확신이 있어야 한다는 것이다. 그래야 시청자가 진정성을 볼 수 있다. 이런 자기확신이 콘텐츠의 설득력과 매력, 몰입도를 높인다(이런 확신이 들지 않는 내용이라면 콘텐츠로 만들지 않는 편이 낫다). 이는 유튜브와 같은 비디오형 플랫폼보다 팟캐스트, 스포티파이 등의 오디오형 플랫폼에서 더욱 중요하다.

⑦ 쉴 수 있는 용기: 번아웃의 구덩이를 피하자

아무리 유능한 크리에이터라 해도 무한한 창의력을 발휘하는 것은 불가능하다. 직장인만이 아니라 크리에이터에게도 번아웃 증후군은 일어난다. 왕성하게 콘텐츠를 쏟아내는 시기에는 이를 상상하기 어렵다. 하지만 계속해서 무언가를 만들어야 한다는 압박 속에 스스로 쉴 틈을 만들어두지 않으면 언젠가는 방전이 될 수밖에 없다. 창의력 고갈로 채널이 정체된 유튜버들은 생각보다 많다. 힘들 때 잠시 쉬며 채널을 수습하는 일은 얼마든지 가능하나 크리에이터에게 있어 번아웃 증후군은 걷던 길을 완전히 떠나게 만드는 계기가 될 수도 있어 주의해야 한다(잠시 쉬며 전열을 추스를 수 있는 타 직종과 달리 크리에이터는 공백 기간이 길어질수록 구독자와 팬이 급격히 줄어들기 때문이다).

번아웃 증후군과 비슷한 맥락에서 크리에이터 이미지의 소진(wear-out) 역시 장기적인 운영에서 경계해야 한다. 아무리 재미있고 끼가 많은 크리에이터라 해도 똑같은 얼굴로 매일, 매주, 몇 달 동안 등장하면 처음에는 신선하고 재미있다고 여긴 시청자들도 지겨움을 느낄 수 있다. 이미지 소진은 크리에이터가 스스로 판단을 '하는' 것이 아니라 소비자의 반응에 의해 판단'되는' 것이며, 이에 대비하기 위한 방안은 반드시 필요하다. 채널을 꾸준하고 지속적으로 운영하는 일이 무엇보다 중요한 크리에이터의 입장에서 가장 경계해야 하는 요소 역시 이미지가 닳아버려 구독자들이 채널을 고리타분하다고 여기게 되는 것이다. 디바제시카 채널은 이를 방지하기 위해 비용을 들여 배경이 되는 스튜디오를 바꾸거나 스토리텔러인 디바제시카의 의상과 액세서리를 교체함으로써 새로운 분위기를 주는 등 다양한 방법을 시도한다. 그러나 이러한 표면적 방안보다 효과적인 것은 디바제시카 채널이 가진 콘텐츠 포맷의 특성이다. 미스터리 스토리를 다루는 '스토리텔링 중심 채널'이라는 정체성 덕분에 매 콘텐츠마다 다른 미스터리를 소개할 수 있다. 다른 곳에서 들어본 스토리라 해도 스토리텔러가 이를 어떤 이야기 구조로, 어떤 배경 정보를 곁들여, 어떤 분위기로 전달하느냐에 따라 시청자는 새롭게 받아들일 수 있다. 이와 같은 변주를 강조하기 위해 디바제시카 채널은 스토리의 배경(미국/중국/일본 등) 혹은 국내 사건은 '금요사건파일'이라는 이름의 재생목록으로 따로 묶어 제공하기도 하며, 이야기를 전하는 방식 역시 1분 요약 쇼츠 영상, 혹은 한 시간 이상 분량으로 몰아볼 수 있는 '수면영상 시리즈' 등으로 만들어 다채롭게 제공하고자 한다. 스토리텔링 콘텐츠에서 시청자는 크리에이터의 얼굴을 보는 것이 아니라 스토리에 몰입할 수 있으며 이때 크리에이터의 역할은 특유의 캐릭터를 가진 '전달자'에 그친다. 따라서 비슷한 세트와 소품을 보여주며 비슷한 톤으로 이야기를 전해도 시청자들은 유사성을 알아차리지 못하거나, 알아차린다 해도 '똑같은 이야기'라고 느끼지 않는다. 시청자들은 '오늘은 어떤 재미있는 이야기를 듣게 될까'에 집중할 뿐이다. 이는 우리가 흔히 보는 TV 예능 프로그램도 마찬가지이다. 같은 출연자들이 매주 같은 세트에서 같은 포맷으로 뛰어다니고 노래를 부르며 퀴즈를 풀고 있어도 시청자는 매주 바뀌는 요소에 초점을 맞추고 있는 것이다.

정체성을 분명히 하자
무엇을, 왜, 어떻게 말할 것인가

어떤 콘텐츠를 생산할 것인지에만 치중하기보다 그 콘텐츠 속에서 어떤 캐릭터를 보여줘서 사람들을 매료시킬 것인가를 고민하는 것이 필요하다. 크리에이터의 정체성(identity)은 캐릭터가 된다. 자연인으로서의 크리에이터가 아니라 자신이 만드는 콘텐츠를 통해 대중에게 투사(投射)하는 인격이 캐릭터이고 페르소나가 된다. 명확한 캐릭터는 사람들이 해당 채널을 즐기고 소비하는 데에 그치는 것이 아니라 지속적으로 떠오르게 만들고, 조금 부족한 콘텐츠 기획력을 개성 있는 캐릭터로 메꾸는 작업도 가능하다. 가령 '꽈뚜룹'*의 경우 재기발랄하고 어디로 튈지 모르는 캐릭터, 미국인 캐릭터 등으로 '한끼내놔', '면접' 등 다양한 스토리의 확장을 성공적으로 이루었고, 이는 〈가짜사나이〉 등 유튜브 외 콘텐츠에까

---

* 본 캐릭터는 장지수. 인터넷 방송인 꽈뚜룹으로서의 활동은 2021년 9월 27일에 종료함.

그림 9. 독창적인 캐릭터 개발로 콘텐츠 확장에 성공한 꽈뚜룹(현재 장지수) 채널

지 확장되었다. 유튜브에서 친근하게 다가온 이미지를 바탕으로 소비자들로 하여금 어떤 콘텐츠든 꽈뚜룹이라는 캐릭터가 나오면 특정 분위기를 기대하게 하고 영상을 챙겨보도록 유도했다.

그러나 아무리 좋은 캐릭터를 만들어낸다 해도 캐릭터만으로 구독자를 불러모을 수는 없다. 구독자는 결국 사람들이 원하는 콘텐츠에 의해 유입되는 것이기 때문이다. 그럼에도 불구하고 캐릭터가 중요한 것은 캐릭터는 콘텐츠의 품질이 가끔 기대에 미치지 못해도 구독자를 유지할 수 있는 발판이 되기 때문이고, 좋은 캐릭터는 다양한 콘텐츠로 응용, 확장할 수 있는 자산이 되기 때문이다. 크리에이터의 캐릭터는 직업이나 나이, 성별을 의미하는 것이 아니다. 크리에이터가 자신의 콘텐츠에서 무엇

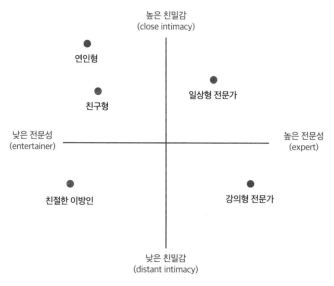

그림 10. 캐릭터의 구분 예

을 어떻게 말하고, 왜, 무엇을 위해 말하는지를 상징하는 정체성을 의미한다. 나아가 시청자와 어떤 종류의 관계를 맺고자 하며, 어떤 방식으로 소통하려 하는지, 시청자에게 어떤 반응을 요구하는지를 나타내는 정체성이기도 하다.

캐릭터는 정체성과 유사한 의미로 이해할 수 있다. 유튜브에 흔히 활용되는 캐릭터는 크게 아래와 같다(일부 예이며, 모든 캐릭터를 망라하고 있지는 않다).

전문가형(形): 강사, 선생, 특정 분야 전문가, 선수, 프로페셔널 등 정보와 지식을 뽐내는 캐릭터

친구형: 친한 친구, '남사친', '여사친', 선후배처럼 친근하게 말을 걸어주는 캐릭터

2부. 끌리는 채널 기획하기

친절한 이방인(stranger)형: 또래, 친구, 선후배 캐릭터가 아님에도 친근하게 말을 걸어주는 엔터테이너 캐릭터

연인형: 마치 연인이 말을 걸어주는 듯한 감정을 불러일으키는 캐릭터

위 캐릭터들은 같은 캐릭터라 해도 시청자가 누구냐에 따라 다르게 받아들여질 수 있는 주관적인 캐릭터이다. 예를 들어 직장인의 애환을 소개하는 30대 캐릭터에 대해 30대는 '친구형 캐릭터'라고 느낄 수 있지만 20대나 40대에게는 '친절한 이방인형'으로 느낄 수 있는 것이다. 연인형 역시 마찬가지이다. 크리에이터가 시청자에게 연애감정을 느끼게 한다면 크리에이터의 성별이나 나이와 무관하게 연인형 캐릭터가 될 수 있다. 또한, 위의 캐릭터들은 차갑거나 따뜻한, '츤데레' 같거나 오지랖 넓은, 떠들썩하거나 조용한 성격 등 다양한 '성격'에 따라 얼마든지 추가 세분화가 가능하다.

한 개의 캐릭터에도 다양한
페르소나가 존재한다

    채널을 운영하는 크리에이터는 필요에 따라 여러 개의 캐릭터를 운용하기도 한다. 그러나 엄밀히 말해 크리에이터의 캐릭터는 크리에이터당 하나이다. '부캐(서브 캐릭터)'의 인기에 힘입어 한 사람이 여러 모습을 하는 것을 보고 한 명의 크리에이터가 여러 캐릭터를 가질 수 있다고 오해하곤 하는데, 캐릭터가 여러 개인 경우는 장지수와 꽈뚜룹, 마미손과 매드 클라운, 유재석과 유산슬처럼 서로를 완전히 별도의 인물인 것처럼 운용하는 경우이다.

    유튜브의 크리에이터가 갖는 다양한 모습은 캐릭터가 아닌 페르소나로 이해해야 한다. 페르소나는 쉽게 말해 '역할에 맞는 가면'이라고 할 수 있다. 예를 들어 디바제시카 채널 내에서도 다양한 미해결 사건을 으스스하게 소개하는 '미스터리 스토리텔러'라는 페르소나, 미국식 영어를 재미있게 소개하는 '재미교포 언니' 페르소나, 그리고 '디바걸스'라는 별도의

그림 11. 디바제시카의 또 다른 페르소나를 보여주는 디바걸스 채널

채널에서 여동생과 함께 다채로운 일상을 선보이는 '재미있는 언니 페르소나' 등 다양한 콘텐츠의 성격에 맞는 여러 페르소나를 활용한다. 다루는 콘텐츠에 맞게 각각의 페르소나의 말투, 눈빛, 외모를 조금씩 변화시키고 있음은 물론이다.

만일 어떤 크리에이터가 대학생 역할, 직장인 역할, 주부 역할, 노인 역할을 기가 막히게 표현한다면 그는 대학생, 직장인, 주부, 노인이라는 네 개의 페르소나를 갖고 있는 셈이다. 그러나 이 경우 이 크리에이터의 캐릭터는 '성대모사를 정말 잘하는 재미있는 크리에이터' 한 가지이다.

크리에이터의 퍼스널 브랜딩은
가치에서 출발해야 한다

크리에이터의 퍼스널 브랜드는 캐릭터와도 밀접하게 연결되어 있다. 캐릭터가 크리에이터의 정체성을 의미한다면, 퍼스널 브랜딩은 캐릭터를 소비자가 좋아하도록 내세우기 좋게 포장하는 것을 의미한다. 퍼스널 브랜딩은 크리에이터를 '대중적 영향력을 가진 인플루언서'로 키워내고자 할 때 특히 중요하다. 즉, 이 장에서 다루는 퍼스널 브랜딩, 크리에이터 브랜딩은 '기업이나 제품을 브랜딩하는 것처럼 크리에이터라는 인물을 브랜딩하는 것'을 의미한다. 크리에이터의 이미지와 영향력을 활용하여 외부의 특정 제품을 브랜딩하는 것은 전혀 다른 활동이다.

퍼스널 브랜딩의 핵심은 크리에이터의 차별화 된 정체성, 다른 크리에이터와 구별되는 가치를 확립함으로써 긍정적인 영향력을 확대하는 것이다. 퍼스널 브랜딩과 상품 브랜딩은 본질적으로 유사하다. 크리에이터라는 인물이나 상품이 가진 구체적이고 가시적인 특성, 예를 들어 인물의

학력, 직업, 외모, 혹은 상품의 기능, 디자인 등을 넘어 대상이 갖는 이미지를 추상적이지만 명확히 느낄 수 있는 단어 혹은 상(像)으로 표현하는 것이다. 퍼스널 브랜딩과 제품의 브랜딩은 해당 인물/제품에 대한 소비자의 신뢰를 키우는 것이라는 점에서 동일하다. 어떤 사람이나 제품도 한결같이 좋은 일만 하며 살거나 좋은 제품만 만들어낼 수는 없다. 삼성이나 애플에서 나온 제품들이 모두 완벽하지만은 않음에도 불구하고 소비자는 브랜드를 믿고 그 다음 제품을 다시 구매한다. 이는 크리에이터에게도 적용된다.

크리에이터든 상품이든 브랜딩의 가장 기본은 대상에 대한 인지도와 호감도를 갖추는 것이다. 인지도 없는 호감도는 전파력이 없고, 호감도 없는 인지도는 의도한 이미지를 만들어낼 수 없기 때문에 이 두 가지는 반드시 양립해야 한다. 인지도와 호감도를 갖춘 후 브랜딩을 통해 확보해야 하는 것은 소비자의 신뢰 확보이다. 여기서의 신뢰는 상대의 '말을 믿는다'는 차원을 넘어 '상대를 믿는다'는 것을 의미한다. 잘 만들어진 브랜드는 구독자/소비자로 하여금 크리에이터/기업의 실력과 제품 기능 뿐 아니라 그들의 의지와 노력, 잠재력, 진정성 등에 신뢰를 줌으로써 그들을 다시 찾게 만든다.

잘 만들어낸 퍼스널 브랜드는 만들어내는 다양한 종류의 콘텐츠 안에서, 혹은 활동하는 플랫폼이 다양한 경우에도 크리에이터를 지탱하는 뿌리가 된다. 이 브랜드를 바탕으로 크리에이터는 서로 다른 콘텐츠 종류와 상이한 플랫폼에서 '멀티 페르소나'를 구축하여 페르소나에 부합하는 콘텐츠를 효과적으로, 구독자가 혼동하지 않게 제공할 수 있다. 개별 상품의 브랜드는 소구하는 타깃에 따라 서로 다른 이미지와 메시지를 내보내기도 하지만, 기업 브랜드는 소구하는 타깃이 분화되어 있지 않고 상이한 미디어와 메시지들 안에서도 일관된 브랜드 정체성을 내세운다는 점에서 퍼스널 브랜드와 유사하다.

인물이든 제품이든 브랜딩에서 중요한 것은 '일관된 메시지의 전달'을 통한 '단일 아이덴티티의 확립'이다. 퍼스널 브랜딩에서의 '멀티 페르소나'는 '명확한 단일 아이덴티티를 구축한 후 상이한 채널의 니즈와 다양한 타깃 소비자의 니즈에 응답(address)'하는 방법일 뿐이다. 퍼스널 브랜드가 확립되었다면 타깃별로 여러 종류의 페르소나를 운용한다 해도 서로 다른 메시지를 내서는 안 된다. 정치인을 예로 들면, 20대 유권자들에게 병역복무 기간 단축을 이야기하면서 노년층에게는 복무기간 유지를 공약할 수는 없는 것과 같다. 어떤 정치인의 공약이 '병역복무 기간 단축'을 담고 있다면 이 정치인의 퍼스널 브랜드는 국방력의 강화를 중심으로 삼고, 20대 유권자들에게는 '기간 단축에 따른 병력 수 감축을 처우 개선을 통한 전문 인력 양성 및 전력 강화로 보완'한다고 내세우고, 노년층에게는 '무기 체계의 현대화를 통한 전력 강화'를 내세워야 하는 것이다. 즉, 페르소나는 채널과 타깃에게 공감을 유발할 메시지와 말투를 사용할 때 효용이 있는 것이지 다중 인격(multiple identity)을 의미하는 것이 아니다. 퍼스널 브랜딩의 요체는 '통합된 메시지를 통한 단일 정체성의 인식'이다.

모든 크리에이터는 그들이 만들어내는 콘텐츠와 별도로 개인의 성격, 경험 등 고유의 브랜드로 발전시킬 수 있는 특성을 지니고 있다. 퍼스널 브랜드 정체성(identity)을 구성하는 요소는 크게 아래의 네 가지로 나눠볼 수 있다.

요소	의미	예
실체적 요소	외적 속성(크리에이터의 바꿀 수 없는 고정적 특성)	인구통계학적 요소(성별, 연령, 인종, 교육, 직업, 가족관계, 학력, 전공, 종교, 고향, 거주지 등)
의미 요소	내적 속성(크리에이터가 표방하는 콘셉트, 가치, 메시지 등 가변적 특성)	성격, 취미, 특기, 장점, 단점, 성향, 문화적 배경, 가치관, 신념, 개인적 목표 등
표현적 요소	시청각적 표현 및 상징	상징 요소(로고, 프로필 이미지, 채널 아트, 컬러 등 비주얼 스타일, 콘텐츠 편집 스타일, 슬로건, 징글 등), 크리에이터의 신체적 요소 (인종, 외모, 목소리 등)
관계 요소	크리에이터와 구독자 간의 관계	진실성, 지속성, 톤앤매너(tone of voice), 소비자의 기대, 소비자의 참여·관여 등

표 7. 퍼스널 브랜드의 정체성을 구성하는 요소

퍼스널 브랜드가 오랫동안 지속되는 데는 크리에이터의 인성과 성격이 큰 영향을 미친다. 따라서 크리에이터 본인의 성격과 전혀 다른 브랜드를 만드는 것은 가능은 하지만 오래가기는 어렵다. 크리에이터가 부캐 혹은 멀티 페르소나를 운용하는 경우에도 크리에이터 '본체'의 성격으로부터 완전히 동떨어진 캐릭터를 만드는 것은 효율적이지 않다. 그러므로 퍼스널 브랜드를 만들 때 크리에이터 스스로 '나는 누구인가', 구독자에게 '어필할 수 있는 나의 자아, 핵심 성격은 무엇인가'를 자문해보는 것은 매우 중요하다. 또한, 만들어진 브랜드를 일방적으로 알리고 강조하는 것만으로 효과적인 브랜딩이 되지는 않는다. 대규모 광고를 통해 브랜드를 전파할 수 있는 대형 상업 브랜드와 달리 크리에이터가 퍼스널 브랜드를 확립하는 방법은 시청자들과의 소통과 그들에 의한 추천·공유뿐이다. 따라서 크리에이터가 구독자와 친숙한 소통 관계를 만드는 것은 매우 중요하며, 이때 크리에이터는 스스로 만든 퍼스널 브랜드를 최대한 진정성 있는 태도로 전달해야 한다.

퍼스널 브랜드는 크리에이터의 직업, 특기, 콘텐츠의 분야만으로 결정되는 것이 아니다. 크리에이터의 믿음이나 철학, 콘텐츠를 통해 구독자들에게 전달하고자 하는 '가치'를 중심으로 브랜드의 정체성을 만들어야 한다. 브랜드 정체성을 먹방, ASMR, 뮤지션, 주부 등으로 한정 지을 경우 향후 성장에 제약을 받게 된다. 따라서 크리에이터의 바람직한 퍼스널 브랜딩은 반드시 '가치'에 주안점을 두어야 한다. 크리에이터는 '어떤 사람'인지, 만들어내는 콘텐츠들을 통해 앞으로 무엇을 이루려고 하는 사람인지, 그리고 그것이 구독자와 무슨 관련이 있는지 등을 이야기해야 한다. 가치라고 해서 반드시 엄숙하고 거창할 필요는 없다. '모로 가도 웃음만 주면 된다'는 크리에이터의 지향점 역시 가치가 될 수 있고, 이때 이 크리에이터는 온갖 농담과 재미있는 콘텐츠들로 채널을 채우면 된다.

브랜딩을 효과적으로 수립하는 방법 중 하나는 대상을 '이야기'나 '콘텐츠'로 만드는 것이다. 기업 브랜딩의 경우 이는 전통적으로 언론 기사, 인터뷰, 저작물, 소셜 미디어 콘텐츠 등을 통해 홍보적 관점에서 이루어져 왔다. 크리에이터의 퍼스널 브랜딩 역시 기업 브랜딩과 같은 방식을 활용할 수 있으나 대중매체로의 접근이 상대적으로 제한되므로 스스로 만들어내는 콘텐츠들을 통해 퍼스널 브랜딩을 하는 것이 가장 용이할 것이다. 크리에이터는 자신이 결정한 브랜드로서의 정체성을 장기간, 수많은 콘텐츠를 통해 일관되게 전달함으로써 브랜드를 만들 수 있다. 그리고, 여기서의 '콘텐츠'란 크리에이터가 제작하여 공개하는 콘텐츠는 물론 콘텐츠 시청자와의 대화, 댓글 소통 등도 포함한다.

운동 관련 콘텐츠를 주도하고 있는 유튜버 김계란은 '당신이(시청자가) 운동을 잘하게 되는 것이 너무 좋다."는 간단하면서도 확실한 메시지를 전달하며 퍼스널 브랜딩을 안착시킨 훌륭한 사례다. 과학 유튜버인 허팝은 자기 분야에서 확고한 영역을 구축했다. 언제나 예상을 뛰어넘는 실험을 하면서 보는 이에게 기발한 경험을 제공하기 때문에 시청자들은 실망하는 일 없이 그의 콘텐츠를 즐길 수 있다. 확대된 콘텐츠의 규모가 큰 수익을 가져다주기 시작하면 더 큰 투자를 가능하게 하는 선순환이 일어난다. 다만 허팝은 콘텐츠에 일반 유튜버는 따라할 수 없을 정도의 투자를 하고 있기에 롤모델로 삼기 어려운 크리에이터다.

반면 잠재력에 비해 다소 아쉬운 성과를 내고 있는 유튜버들도 있다. 여러 가지 이유가 있을 수 있는데, 우선은 방향성의 문제를 짚어볼 수 있다. 크리에이터의 세계가 급변하면서 포지셔닝에 어려움을 겪는 유튜버들이 많다. 예를 들어 아프리카TV에서 가져갈 수 있는 정체성과 유튜브에서 가져갈 수 있는 정체성은 양립하기 어려울 수 있음에도, 두 가지를 모두 취하려다 보니 두 마리 토끼를 모두 놓치는 경우다.

먹방의 사례를 보면 똑같은 먹방이라도 과거에 사랑받던 먹방과 지금의 먹방은 조금씩 변하고 있다. 이전에는 먹방을 하면서 가능한 많은 말을 하고 음식 외적인 이야기들을 부가해 친구와 같이 밥 먹는 듯한 분위기를 연출하는 것이 대세였다면, 말수를 줄이고 먹는 것에 집중하는 포맷이 인기를 끌기도 한다(이 같은 다변화는 먹방 뿐 아니라 브이로그, 여행, 경제, 역사 등 다른 콘텐츠를 다루는 채널에서도 나타나는 현상이다). 그렇다면 화려한 입담으로 성장한 크리에이터라도 자신의 캐릭터를 조금 수정하는 전략이 필요하다. 실제로 많은 인기를 끌고 있는 크리에이터 중에는 자신의

		퍼스널 브랜딩	기업/상품 브랜딩	
		소셜 미디어	온라인	오프라인(설문 등)
인지도	얼마나 알고 있는가, 얼마나 알아보는가	검색량, 채널 구독자수, 조회수*	방문자 수, 사이트 유입 경로	보조/비보조 인지도, (최초) 상기도
호감도	얼마나 좋아하는가, 경쟁에 비해 얼마나 선호하는가	조회수*, 좋아요 수*, 시청 시간* 댓글 수*, 콘텐츠 길이 대비 시청비율*, 완전 시청비율*, 댓글의 내용 분석*	사이트 체류 시간	브랜드 호감도, 태도, 선호도, 만족도, 감정, 독창성, 차별성, 충성도
신뢰도	하는 말과 행동을 얼마나 믿을 수 있는가, 얼마나 믿을 만한 사람/기업인가	공유 수*, 댓글의 내용 분석*, 콘텐츠 길이 대비 시청비율*, 완전 시청비율*	사이트 재방문 비율	브랜드 신뢰도, 전문성/진정성, 충성도, 재구매율
관계도/관여도	사람/기업과 소비자 간 심리적 거리감	공유 수*, 멘션 횟수, 해시태그, 댓글의 내용 분석*	공유 수*, 멘션 횟수, 해시태그, 댓글의 내용 분석*	브랜드 관여도, 친근감
영향력	다른 사람들에게 얼마나 영향을 미칠 수 있는가	검색량, 콘텐츠 검색 결과, 조회수*, 댓글의 내용 분석*, 크리에이터 검색/멘션 횟수, 채널 검색/멘션 횟수, 해시태그	브랜드 SoGV (Share of Good Voice)	구매의향, 판매량, 재구매율
마케팅 영향력	사람들이 제품을 구매하도록 얼마나 영향을 미치는가	채널 오가닉 도달율, 구매 전환율*	채널 유료 도달율	

* 콘텐츠당 평균 수치와 전체 콘텐츠에 해당하는 누적 수치

표 8. 브랜드 영향력의 측정

정체성과 콘텐츠에 드러나는 정체성에 차이를 두는 경우가 적지 않다.

기업이 만들어낸 제품에 의해 기업 브랜드가 영향을 받듯, 크리에이터 역시 스스로 만들어낸 콘텐츠에 의해 퍼스널 브랜드가 변할 수 있다. 기업이든 크리에이터든 스스로의 브랜드가 어떻게 변해가는지를 주시하며 관리하는 것은 브랜드를 만들어 내는 것만큼이나 중요하다. 브랜드의 변

화는 대개 브랜드 효과를 측정하는 다양한 수치를 통해 정량적으로 이루어진다. 제품과 퍼스널 브랜드 측정에 활용 가능한 수치와 지표는 유사하다. 다만 인물보다 기업이나 제품의 브랜드 영향력을 측정하는 방법이 더 다양할 뿐이다.

크리에이터의 브랜딩을 보여줄 수 있는 수치가 소셜 미디어 플랫폼에서 제공하는 몇 가지에 그치는 데 반해, 제품 브랜드의 경우 판매량과 이익률 등 브랜드의 성과를 측정하는 지표도 더 많고, 독자적인 시장 조사 등 수치를 얻을 수 있는 방법이 퍼스널 브랜드 측정보다 다양하다(크리에이터가 자신의 퍼스널 브랜드를 측정하기 위해 시장 조사를 실시하는 경우는 아직은 상상하기 어렵다). 그러나 크리에이터의 경우 설문 조사와 같은 전통적인 시장 조사 방법을 통하지 않고도 현재 있는 데이터를 연결, 조합함으로써 새로운 지표를 만들어낼 수도 있다. 아울러 디지털/데이터 기술의 발달에 따라 지금까지는 주목받지 않았던 다른 데이터 원천으로부터 정보를 추출할 수도 있을 것이다.

오래 살아남는
크리에이터가 되려면

① 정체성이 변하지 않아야 한다

채널의 정체성이 구독요인에서 큰 부분을 차지하는데 급격하게 정체
성이 변할 경우이다. 물론 더 나은 캐릭터로의 진화를 위해 의도적으로
변화시키는 경우도 있지만, 이 경우에도 시청자가 납득할 수 있는 논리와
시간을 주는 것이 필요하다. 특히 취미를 주로 다루는 크리에이터라면 본
인의 취미가 변할 수도 있다는 점을 염두에 두어야 한다(어느 날 다른 취미
를 올리기 시작하면 채널의 정체성이 변할 것이고 구독자는 떠날 것이다).

② 구독자의 변화에 맞게 진화해야 한다

크리에이터란 자신이 만든 세계에서 자유롭게 살아가면서 그런 자신
을 좋아하는 사람들(구독자들)과 어울리는 사람들이지만 시간의 흐름에서

자유로울 수는 없다. 크리에이터도 나이가 들고, 그 크리에이터를 좋아하는 사람들도 나이가 든다. 이에 따라 자신의 콘텐츠가 특정 연령층만 좋아하는 낡은 콘텐츠가 되어버릴 수도 있다. 만일 캐릭터보다 콘텐츠에 강점을 가진 크리에이터라면 새로운 세대를 지속적으로 흡수할 수 있도록 콘텐츠를 진화시켜야 생존에 유리하다. 예를 들어 장난감처럼 어린 사용자층을 타깃으로 하는 채널이라면 구독자층이 성장함에 따라 기존 구독자층은 떠나게 되므로 그 자리를 새로운 어린 타깃으로 채워야 한다. 새로 타깃이 되는 어린 구독자들은 크리에이터가 운영하던 기존 채널에 충성도가 없으므로 그들을 타깃으로 하는 새로운 채널들로 눈을 돌릴 수 있고, 이들을 효과적으로 흡수할 전략이 없다면 채널은 경쟁력을 상실하게 된다.

연령대나 직업 등 특정 집단을 타깃으로 하는 채널은 이 같은 위험을 항상 감수할 수밖에 없다. 기존의 콘텐츠 카테고리를 유지하며 새로운 연령층을 확보하려면 해당 카테고리의 변화에 대한 최신 정보와 흐름을 항상 유지하며 이에 맞는 콘텐츠를 개발해야 한다. 기존 구독자층의 성장에 부합하면서 채널 타깃층에 진입한 새로운 어린 구독자들에도 어필할 수 있는 콘텐츠—'구세대와 신세대 게임 유행 비교'처럼—를 만들거나, 새로운 세대에 맞추어 촬영 방식, 편집 방식, 스튜디오 배경 등을 변화시킬 수도 있다. 어느 쪽이든 모든 크리에이터가 나이가 들고 세태에 따라 변해간다는 점을 감안할 때 쉬운 일이 아니며 각고의 노력을 필요로 한다.

크리에이터의 장점이 콘텐츠보다 구독자층과의 교감이라면 구독자층의 변화, 노화에 맞게 채널의 성격도 계속 변화시킴으로써 채널의 영향력을 유지할 수 있다. 즉, 채널의 정체성을 주제에 맞추는 것이 아니라 타깃에 맞추는 것, '타깃과 함께 나이 들어가는 크리에이터와 채널'이 되는 것이다. 크리에이터의 정체성을 구독자층과 일치시키되 채널의 정체성은 유연하게 관리하는 이 같은 방법은 구독자층의 규모가 충분히 클 경우, 타깃으로 삼는 구독자의 '특성이 변하지 않는 경우'에만 가능하다. 예를 들어 '10세 미만 어린이'를 타깃으로 한다면 이 타깃을 구성하는 사용자는 시간이 지남에 따라 바뀔 수밖에 없다. 그러나 타깃을 '1970년대 생'으로 한다면 이들은 나이를 먹지만 1970년대생이라는 특성은 변하지 않기 때문에 채널의 인기를 유지할 수도 있다. 실제로 1970년대생은 이 같은 측면에서 매우 매력적인 타깃이다. 1969년부터 1973년까지는 우리나라 역사상 가장 많은 인구가 태어난 시기이며, 이때 태어난 소비자들은 어느 때보다 치열한 경쟁 속에 살아왔고, 민주화, IMF, 글로벌 진출 등 비슷한 경험과 강한 동질감을 가진 세대이다. 워낙 거대한 숫자를 가진 동질 집단이기 때문에 이들이 성장에 따라 우리나라의 유력 산업의 지도가 바뀌어왔다. 이들이 학생일 때는 학원 사업이 크게 일어났고 해외여행, 웨딩 '산업', 베이비 페어와 같은 유아용품 시장이 이들과 함께 대중화되었다. 이들의 감성과 경험을 타깃으로 하는 크리에이터라면 이들의 성장에 맞추어 콘텐츠를 변화시켜도 무리는 없을 것이다.

3부.

끌리는 콘텐츠를
위한 전략 수립하기

5장

콘텐츠 유형에
따른
'떡상'의 특징

1인 미디어 도전을 위한
35개 카테고리 분석

유튜브에 존재하는 수많은 콘텐츠의 공식적인 분류법은 없다. 다양한 기관과 전문가들이 나름의 잣대를 갖고 분류하고 있는데 그중 일부를 소개하면 아래와 같다.

유튜브는 음악, 코미디, 영화/엔터테인먼트, 게임, 뷰티/ 패션, 스포츠, 기술, 요리/건강, 뉴스/정치의 아홉 가지 대장르로 구분한다. 아프리카TV는 게임, 스포츠, 토크/캠방, 펫방, 음악, 음악(스트리밍), 교양/학습, 생활/정보, 더빙/라디오, 금융 등 열다섯 가지 카테고리로 분류하고 있다.

보다 자세한 분류로 콘텐츠의 내용보다 장르에 초점을 맞추어 엔터테인먼트(Entertainment), 음악(Music), 사람들&블로그(People & Blog), 영화&애니메이션(Film&Animation), 게임(Gaming), 교육(Education), 코미디(Comedy), 하우 투&스타일(How-to&Styles), 뉴스&정치

(News&Politics), 스포츠(Sports), 과학&기술(Science&Technology), 자동차(Autos&Vehicles), 여행&이벤트(Travel&Events), 반려동물&기타 동물(Pets&Animals), 비영리단체&사회활동(Nonprofits&Activism), 쇼(Shows), 영화(Movies), 예고편 영상(Trailers) 등의 열여덟 가지로 분류한 곳도 있다.[8] 이 분류는 상호 배제적인 분류는 아니다.

상대적으로 인기 있는 콘텐츠의 내용에 초점을 두고 애니메이션(Animation), ASMR, 뷰티(Beauty), 코미디(Comedy), 음모론(Conspiracy), 요리(Cooking), 일상 브이로깅(Daily Vloggers), 디자인/예술(Design/Art), DIY(Do-it-yourself), 가족(Familiy), 패션(Fashion), 게임(Gaming), 건강&운동(Health&Fitness), 교육(Learning), 라이프스타일(Lifestyle), 음악&춤(Music&Dance), 장난/도전(Pranks/Challenges), 스포츠(Sports), 테크(Tech), 여행(Travel)의 스무 가지로 나눈 분류도 있다.[9]

이 같은 분류는 어느 방식이든 기존의 콘텐츠를 분석하기 위해 만들어진 것이다. 각 분류 항목은 더 상세한 소분류로 얼마든지 나눌 수 있고 어떤 콘텐츠는 여러 부류에 동시에 속할 수도 있다. 게임은 게임 방송, 게임 리뷰로 나눌 수 있고, 새로운 제품을 소개하는 이른바 '언박싱' 콘텐츠는 테크 콘텐츠와 라이프스타일, 혹은 브이로깅에 동시에 속할 수 있다. 테크 제품이 아닌 다른 제품, 주방용품이나 가구, 책, 영화를 리뷰하는 콘텐츠는 같은 '리뷰'의 형식을 띠더라도 서로 다른 부류에 속할 수도 있으며, 영화나 드라마를 보는 사람들의 반응을 담는 '리액션 콘텐츠'나 기분이 좋아지는 시각물을 영상으로 보여주는 OSV(Oddly Satisfying Video, 마음이 안정되는 영상)는 위 부류 어디에 속한다고 말하기 어렵다. 즉, 어떤 분류 방법을 쓰든 유튜브에 존재하는 모든 콘텐츠의 종류를 담아낼 수도 없

취미	개인의 일상	정보 공유	오리지널	레거시콘텐츠 기반
#개인적 #특정분야	#개인적 #특정소재 #장소	#정보형 오리지널	#오락형 오리지널	#레거시콘텐츠
① 게임	⑦ 일상 브이로그	⑭ 요리/쿡방	㉓ 스포츠	㉜ 콘텐츠 리뷰
② 건강&운동	⑧ 가족	⑮ 뷰티	㉔ 코미디	㉝ 클립
③ 자동차&탈것	⑨ 어린이	⑯ 패션	㉕ 장난/도전	㉞ 다양한 예고편 영상
④ 음악	⑩ 동물	⑰ 디자인/미술	㉖ 시각적 마술	㉟ 각종 광고 및 홍보 영상
⑤ 춤	⑪ 먹방	⑱ 뉴스,정치,주장	㉗ 음모론&괴담	
⑥ 기타 취미	⑫ 여행	⑲ 전문 분야 지식	㉘ 웹드라마&웹예능	
	⑬ 라이프스타일	⑳ 교육	㉙ 애니메이션	
		㉑ 기타 제품·서비스 소개	㉚ 오디오 엔터테인먼트	
		㉒ How-to 혹은 DIY	㉛ 신리저 안정	

표 9. 콘텐츠의 35가지 종류

고, 새롭게 등장하는 콘텐츠를 설명하거나 예측할 수도 없다. 아래에서는 전통적으로 주류 카테고리이거나 최근 주목받는 카테고리를 다섯 가지 대분류 아래 서른 다섯 가지의 소분류로 나누어 제시한다.

'좋아하는 게 힘' 취미 분야

① 게임(Gaming)

크리에이터가 직접 게임을 플레이하며 진행하는 리뷰, 분석, 튜토리얼, (구독자의 요청에 따라 게임을 수행하는) 챌린지, 토크 등의 인게임 콘텐츠와 직접 게임을 하지 않으며 진행하는 중계/해설, 리뷰, 분석, 튜토리얼, 토크, 인터뷰 등의 비게임 콘텐츠로 나누어진다. 게임 카테고리의 콘텐츠들은 트위치나 아프리카TV 등 타 플랫폼의 게임 스트리머가 진행한 게임 영상을 가져와 편집, 활용하는 '게임 플레이 실황' 영상이 많으며 PC 게임, 모바일 게임, 콘솔 게임, 나아가 보드 게임, 그리고 게임 속 캐릭터, 스킬, 아이템, 몬스터, 세계관, 그래픽, 사양 등 다양한 세부 장르와 관련된 콘텐츠를 제작할 수 있다.

게임 중계 콘텐츠가 시청자로 하여금 마치 직접 게임을 하는 듯한 즐거움을 제공한다면, 게임 리뷰나 공략법 분석 콘텐츠는 실질적인 정보를 제공함으로써 인기를 얻는다. 유튜브의 '레츠플레이(LetsPlay)' 콘텐츠가 게임 콘텐츠의 좋은 예이며 퓨디파이(PewDiePie)로 잘 알려진 펠릭스 셸베리(Felix Kjellberg)가 가장 유명한 게임 콘텐츠 크리에이터라고 할 수 있다. 다양한 게임이 항상 출시되므로 일상 콘텐츠가 고갈될 우려는 적은 편이고, 게임 카테고리 내에서 시도할 수 있는 콘텐츠가 다양하다는 장점이 있으나 그만큼 경쟁도 치열하고 각 게임마다 유명한 크리에이터가 이미 자리를 잡고 있어 게임 콘텐츠만으로 유명 크리에이터가 되는 것은 매우 어렵다.

게임에 대한 사회적 인식이 크게 개선되고 평범한 일상의 한 부분으로 받아들여지고 있지만 '공부에 방해되며' '중독에 빠질 수 있는 위험한 것'으로 바라보는 인식 역시 남아 있다. 그러나 이처럼 '중독을 유발할 수도 있는' 게임의 긍정적인 영향력을 일상의 다양한 활동에 활용하려는 시도가 있는데 이를 게임화(gamification)라고 한다. 성적에 순위를 매겨 '남들보다 잘하고 싶다'는 느낌을 들게 하는 것, 역사적 사실을 노래로 만들어 외우기 쉽게 하는 것 등도 오래된 게임화 방법론의 일종이다. 타자를 쉽게 익히도록 개발된 '한컴타자연습'도, 영어 단어를 쉽게 외우게 돕는 다양한 게임형 모바일 애플리케이션 역시 게임화의 예라고 할 수 있다. 따라서 유튜브 크리에이터가 다룰 수 있는 게임 콘텐츠 역시 〈리그 오브 레전드〉, 〈배틀그라운드〉 등의 유명 게임뿐 아니라 '게임 방법을 활용하여 해낼 수 있는 다양한 활동'으로 확장될 수도 있다.

② 건강과 운동(Health & Fitness)

건강&운동 콘텐츠는 운동하는 방법이나 식단 관리법 등 건강을 증진하는 정보를 담는다. 축구, 테니스, 골프 등의 취미활동을 소재로 하는 경우도 많으나 테니스와 골프의 경우 '더 잘하는 법'에 초점을 두는 경우가 많으며, 이는 전문 분야 지식 콘텐츠에 가깝다. 건강&운동 콘텐츠의 다수는 체중 감량, 뱃살 빼기, 상체 혹은 하체 근육 키우기 등 구체적인 목표에 따른 운동법을 따라 하기 쉽게 보여준다. 운동하는 장소에 가져가서 따라 할 수 있는 전문적인 단계별 영상도 있고 혹은 포인트 동작을 중심으로 집에서 쉽게 따라 할 수 있는 짧은 클립형 영상도 있다. 운동 기구별, 필라테스나 요가와 같은 특정 종목별, 혹은 맨손으로도 할 수 있는 다양한 운동에 대한 콘텐츠도 있다. 모든 건강 콘텐츠의 인기와 성공은 구독자로 하여금 크리에이터처럼 좋은 몸을 갖고 싶다는, 혹은 건강하게 생활하고 싶다는 '열망'과, 이 콘텐츠를 따라 하면 변할 수 있다는 믿음을 얼마나 효과적으로 심어주느냐에 달려 있다(크리에이터가 가진 다양한 팁과 그 효과 등이 중요하며 크리에이터의 외모는 별 영향이 없다). 건강 콘텐츠는 코로나19로 인해 더욱 대중화되기도 했다.

③ 자동차와 탈 것(Autos & Vehicles)

취미로서의 자동차 생활을 다루는 카테고리로서 간단한 시승기, 드라이빙 영상, 블랙박스 영상, 차박(자동차 캠핑), 자동차 레이싱 관전기, 수제 자동차 제작기, (눈 오는 날씨와 같은) 상황에 따른 운전 노하우, 세차법, 교통법 등을 알려주는 콘텐츠 등이 포함된다. 특정 자동차의 기능, 기술 등에 대한 전문적 리뷰는 제품 소개 카테고리에, 자동차라는 분야에 대한 지식을 전달하는 콘텐츠는 전문 분야 지식 카테고리에 해당한다.

자동차를 진화시키고 있는 다양한 기술의 발전에 따라 크리에이터들이 자동차를 바라보는 관점 역시 단순한 탈 것, 이동수단으로부터 '체험형 디바이스'로 바뀌고 있으며, 자동차를 평가하는 기준 역시 힘, 속도, 승차감, 경제성, 안전, 디자인, 브랜드 등의 천편일률적 과거의 기준으로부터 감성적, 개인적 기준으로 변모하고 있다. 전기자동차는 물론 수소차와 같은 친환경 자동차 및 자율주행 자동차의 등장과 기존 자동차 업계의 강자가 아닌 애플, 소니 등 다양한 전자제품 제조사의 시장 진입은 더욱 많은 콘텐츠 소재를 제공하고 있어 이 분야의 성장 잠재력은 낮지 않다. 단, 자동차의 구동 원리와 다양한 브랜드의 장단점 등 관련 기술과 시장에 대한 기본적인 이해를 갖추고 있어야 취미형 자동차 콘텐츠도 성공적으로 기획할 수 있다.

자동차는 아니지만 기차, 자전거, 배, 비행기 등의 다양한 탈 것을 다루는 콘텐츠도 이 카테고리에 해당한다. 그러나 코로나19 이전 인기를 끌었던 '일본 기차역 도시락 비교'처럼 여행의 특정 요소를 강조하는 콘텐츠는 여행 카테고리에, '각 항공사 비즈니스 클래스 비교'와 같이 단순한 취미가 아니라 고가의 서비스를 상세히 비교·분석하는 콘텐츠는 제품 및 서비스 소개 카테고리에 해당한다.

④ 음악(Music)

취미로서의 음악을 다루며 소개하는 콘텐츠로, 인기 있는 노래를 따라 부르는 커버송 영상과 자신의 자작곡을 부르거나 들려주는 영상, 혹은 이 둘을 혼합한 형태의 콘텐츠가 주를 이룬다. '노래를 잘 부르는 사람'에 대한 대중의 수요가 항상 존재하기 때문에 남의 노래를 부르는 커버송 영상이라 해도 두각을 나타내는 크리에이터들은 셀러브리티가 되기도 하며, TV 등 대중매체로 진출하기 유리한 분야이다. 우리나라의 경우 가장 유명한 유튜버 중 한 명인 제이플라(구독자 1,700만 명)마저 아직은 가수로서의 존재감이 크지 않을 정도로 우리나라의 음악 크리에이터가 유명 스타 가수가 된 사례는 많지 않다. 그러나 해외의 경우 유튜브를 통해 스타가 된 매딜린 베일리(Madilyn Bailey, 구독자 960만 명)는 물론 전 세계적 슈퍼스타인 에드 시런(Ed Sheeran, 구독자 5,340만 명)과 저스틴 비버(Justin Bieber, 구독자 7,150만 명) 역시 어렸을 때 올린 영상이 유명 프로듀서의 눈에 띄어 발탁되었을 정도로 유튜브를 통한 음반 시장 진출이 일반적인 편이다. 이들 사례를 통해 알 수 있듯 음악 크리에이터로 성공하기 위해서는 크리에이터가 음악적 재능, 실력, 지식을 기본적으로 갖추고 있어야만 한다.

노래를 부르는 것 외에 노래를 선곡하여 플레이리스트로 제공하는 채널 역시 음악 콘텐츠라고 할 수 있다. 유튜브에서 뮤직비디오로 음악을 듣는 소비자가 많아지면서 멜론, 지니 등에 편중되어 있던 기존 음원 플랫폼 시장에 변화가 생기기 시작했다. 분위기나 상황 등에 맞춘 노래들을 선곡한 플레이리스트는 큰 노력을 기울이지 않고 구독자와 조회수를 확보할 수도 있다.

그러나 해당 노래의 저작권을 확보하지 않고 활용하는 경우 위법이며 제재를 받을 수 있다. 이는 가수의 노래를 따라 부르는 커버송에도 적용되는 규정인데, 원곡을 플레이리스트 내 영상에 그대로 삽입하거나 원곡의 오리지널 반주음악(MR)을 사용하는 것은 저작권법에 저촉된다(만일 크리에이터가 노래 원곡을 그대로 사용하는 경우 유튜브에 의해 차단되거나, 혹은 제재를 받지 않는다고 해도 유튜브 시스템에 의해 해당 콘텐츠의 광고 수익이 자동으로 원저작권자에게 돌아가게 된다).

이를 피하기 위해서는 각 노래를 정식 음원 영상으로 링크를 하거나, 플레이리스트 영상을 만들되 저작권을 표시하는 기능을 활용하여 해당 콘텐츠의 수익이 저작권자에 가도록 설정할 수도 있지만 어느 경우든 플레이리스트를 만든 크리에이터는 수익을 올릴 수 없다. 단, 구독자가 많은 플레이리스트 유튜버라면 저작권자 혹은 음원 유통사로부터 후원을 받아 홍보 수익을 올리는 방법은 있다. 노래를 부르는 콘텐츠가 아니라 다양한 악기를 연주하는 콘텐츠 역시 음악 카테고리에 해당하는데, 잘 알려진 곡이라 해도 이를 크리에이터가 직접 연주하는 경우 '원곡'이 아니므로 저작권법에 저촉되지 않는다.

⑤ 춤(Dance)

인기 있는 춤을 따라 추는 커버댄스 영상이 취미로서의 춤을 보여주는 콘텐츠로 주를 이루며 현재 커버댄스 영상 채널만 해도 셀 수 없이 많을 정도로 급성장한 카테고리이다. 전문 안무가가 자신만의 안무를 선보이거나 춤 잘 추는 법을 가르치는 경우도 있는데 이는 취미라기보다 자신의 전문 지식, 실력, 직업을 소개하는 전문 분야 지식 콘텐츠, 혹은 교육 콘텐츠로 보는 것이 맞을 것이다.

춤 콘텐츠는 음악과 춤을 동시에 감상할 수 있다는 특징 때문에 인기를 끌고 있으며 K-pop의 눈부신 성장에 힘입어 커버댄스 영상의 수요 역시 계속 증가하고 있다. 음악 영상 콘텐츠와 마찬가지로 춤 콘텐츠 역시 저작권법의 영향을 받는다. 영상에 등장하는 음악이 원곡이거나 오리지널 반주음악인 경우는 물론, 영상에 등장하는 춤 역시 저작권법으로 보호된다(안무의 저작권에 대한 인식은 대중적이지 않은 편이나 저작권법상 '연극 및 무용·무언극 그 밖의 연극 저작물'에 해당하여 안무가의 창작물로 보호된다). 따라서 커버댄스를 추는 크리에이터는 이 콘텐츠를 통해 수익을 올릴 수 없다. 유명 댄스 채널인 '원밀리언 댄스 스튜디오(1Million Dance Studio)' 역시 유튜브 콘텐츠를 통한 수익보다 출연한 안무가들이 유명해짐에 따라 얻는 수익에 의존한다.

저작권법에 저촉되지 않는 유일한 방법은 원저작권자의 사전 허가를 받는 것이다. 타인의 음악이나 안무, 혹은 책이나 영상을 활용하고자 할 때 '몇 초 이하'로 편집하여 쓰거나 크리에이터의 영상 내에 작은 화면으로(PIP* 방식으로) 보여줄 경우 저작권법에 저촉되지 않는다는 소문이 돌지만 이는 사실이 아니다. 음원 시장을 통해 엄격히 제재되는 노래 콘텐츠와 달리 커버댄스는 해당 아이돌의 인기를 널리 퍼뜨린다는 바이럴 마케팅이라는 측면이 있으므로 허가를 받는 것이 상대적으로 용이하지만, 이 경우에도 원곡을 사용하는 경우는 허가를 받는 것이 거의 불가능하다(혹은 음악 콘텐츠의 경우에서처럼 노래 원곡을 영상에 그대로 삽입하는 경우 광

---

* PIP(Picture in Picture)는 한 화면 위에 다른 화면이 올라가는 방식 즉, 두 개 이상의 영상 소스를 한 화면에 송출하는 방식이다.

고수익을 사실상 포기해야 한다). 안무 사용 허가를 받은 경우 커버댄스 영상은 원곡이 아닌 자체 제작 반주음악(MR) 혹은 노래방 반주 MR을 활용하여 제작할 수도 있는데, 노래방 반주 MR을 쓰는 경우 역시 (금영, TJ 등) 노래방 MR의 저작권자로부터 허락을 받거나 사용료를 지불하고 활용해야 한다.

⑥ **기타 취미(Other Hobbies)**

낚시, 각종 수집, 캠핑, 프라모델 만들기 등 위에서 언급하지 않은 다양한 취미를 다루는 콘텐츠가 이에 해당한다. 단 낚시의 즐거움을 묘사하는 콘텐츠가 아니라 '낚시를 잘하는 법'과 같이 노하우를 알려주는 콘텐츠는 '하우 투(How-to)' 카테고리에 해당한다.

소재가 끊이지 않는 일상 분야

⑦ **일상 브이로그(Everyday Vlogs)**

브이로그는 유튜브에서 다수를 차지하는 콘텐츠 카테고리이다. 크리에이터 자신이 겪는 다양한 일상을 일기처럼 그려내는 콘텐츠 형식이므로 평범한 일상 속에서 구독자가 흥미를 느낄 만한 포인트를 면밀한 관찰을 통해 '발굴'해내거나 '부각'시키는 능력, 특히 일상을 재미있는 이야기로 만들어낼 스토리텔링 능력이 중요하다. 이 같은 스토리텔링은 영상을 기획하고 촬영할 때 발휘될 수도 있지만, 평범한 영상을 내레이션, 자막 등의 편집을 통해 발휘할 수도 있다. 일반적으로 크리에이터 자신을 비추는 셀카 앵글과 크리에이터의 시선을 반영하는 앵글의 두 가지 앵글이 주로 사용되지만 자신만의 촬영 기법, 편집 기법이 브이로그의 성패에 큰 영향을 미친다.

차별화된 스토리의 콘셉트 역시 성공적인 브이로그를 만드는 방법이다. 크리에이터 개인의 일상이나 그에 대한 단상(斷想)을 소재로 할 수도 있지만 이를 다양한 방법으로 포장할 수도 있다. 예를 들어 직장인의 일상, 대학생이나 대학원생, 주부, 부산 사람, 제주도 사람, 아이돌 팬의 일상, 혹은 친남매, 친형제의 일상과 같이 구독자가 공감하고 재미를 느낄 수 있는 계층과 집단을 자신의 콘셉트로 설정할 수도 있다. 혹은 연예기획사 매니저, 의사, 택배기사, 콜센터 직원 등 사람들이 뭔가 호기심을 가질 만한 직업의 일상에 초점을 맞출 수도 있고, '제주도 한 달 살기', '시험 기간 일주일'처럼 특별한 체험을 하는 일상을 중심으로 구성할 수도 있다. 즉, 다양한 일상을 있는 그대로 나열식으로 주제 없이 담는 것보다, 자신의 일상을 관통하는 공통 요소 중 사람들이 흥미를 느낄 만한 포인트를 뽑아내어 이를 콘셉트로 만드는 것이 효과를 거둘 수 있다.

⑧ 가족(Family)

일상 브이로그의 한 부류로 가족의 일상 속 순간을 다루는 콘텐츠 카테고리이다. 주로 1인칭 시점으로 제작되고 아기, 어린이, 반려동물이 흔히 등장하며, 일상생활, 가족의 외출, 여행, 외식, 산책 등을 평범한 톤으로 소개하는 경우가 많다. 아기의 첫걸음, 입학, 졸업, 생일 파티 등 가족에게만 소중하게 여겨질 법한 순간들을 주로 다루기 때문에 가족이 아닌 사람들에게 인기를 얻을까 싶지만 유명 크리에이터의 경우 콘텐츠당 수백만 회의 조회수를 올리기도 한다. 전통적으로 아기와 반려동물이 등장하는 경우 인기를 얻기 쉬우며, 주인공 가족이 경험하는 일상을 마치 시트콤처럼 '재미있게 구경하는' 느낌을 주는 것이 인기의 관건이다. 일상에서 겪을 수 있는 재미있는 '소재'를 얻기 위해 시청하는 구독자들도 있다.

가족이 외식이나 여행을 간 콘텐츠라 해도 콘텐츠의 초점이 가족의 '일상'에 맞춰져 있는 경우 가족 콘텐츠라 할 수 있으며, 반면 가족이 함께 간 곳의 식당과 요리, 여행지의 '특성'에 초점을 맞추어 설명하는 경우 '제품/서비스 소개' 콘텐츠에 해당한다.

⑨ 어린이(Kids)

가족 콘텐츠의 한 부류로 어린이 혹은 유아가 출연하거나 중심을 차지하는 콘텐츠이다. 언어가 중요하지 않기 때문에 글로벌 인기를 얻기도 쉽다. 많은 인기 콘텐츠들은 어린이의 특별한 재능이나 노력이 아니라 재미있는 편집과 음악, 개성 있는 캐릭터로 인기를 끈다. 아이들이 아주 어릴 때부터 스마트폰과 동영상 콘텐츠를 가까이 두며 성장한다는 점, 아이들에게 간단한 노래를 가르치거나 공공장소에서 아이들을 조용히 시키는데 동영상을 활용하는 부모가 많다는 점을 감안하면 어린이 콘텐츠는 앞으로도 계속 성장할 것이라 예상할 수 있다.

어린이 콘텐츠를 제작하는 크리에이터는 2020년에 바뀐 유튜브의 규제를 숙지해야 한다. 유튜브는 어린이와 어린이의 개인정보를 더 강력히 보호한다는 목적 아래 인공지능 기술로 어린이가 등장하는 콘텐츠를 자동으로 식별하고 시청자 층을 자동으로 구분한다. 이에 따라 어린이용이라고 분류된 콘텐츠와 채널에는 맞춤형 광고를 허용하지 않으며 댓글, 실시간 채팅, 알림 설정 등도 제한하며 콘텐츠의 수익성을 크게 제한하기 시작했다.

⑩ 동물(Pets & Animals)

반려동물 혹은 다른 종류의 동물이 등장하는 콘텐츠이다. 가족처럼 소중히 여기는 반려동물을 주인공으로 하여 이들이 보여주는 재미있는 행동과 상황을 주로 다룬다. 간혹 반려동물이 '등장하는' 콘텐츠가 아니라 반려동물에게 '보여주기 위한' 콘텐츠들도 있다. 동물이 아니라도 크리에이터가 함께 사는 곤충이나 식물을 다루는 콘텐츠 역시 이 카테고리에 해당한다.

⑪ 먹방(Mukbang)

일반인들보다 열 배가 넘는 음식을 한 회에 먹는 대식가형 먹방이 대세를 이루지만 빨리 먹기, 맛있게 먹기를 내세우는 먹방도 있다. 구독자는 먹방 콘텐츠를 통해 대리만족을 얻기도 한다. 크리에이터는 새로 나온 메뉴를 먼저 먹어보며 평을 하기도 하고, 다양한 음식을 조합함으로써 일반적으로 알려지지 않은 맛을 알리기도 한다('짜파구리'처럼 인기를 얻은 조합은 대중적으로 유행이 되기도 한다). 혹은 아주 맵거나 단 음식, 혐오 식품으로 알려진 음식, 맛없기로 유명한 음식을 먹음으로써 구독자들의 궁금증과 호기심을 해소하기도 한다.

다른 콘텐츠와는 달리 생방송으로 진행하고, 이후에 이를 그대로(혹은 자막과 배경 음악 정도만 추가하여) 업로드하는 경우가 많다(음식을 다룬다는 공통점을 갖는 요리/쿡방 콘텐츠가 시간과 정성을 들여 사전 녹화한 후 업로드하는 것과는 정반대이다). 이는 많이 먹는 모습을 보여주어야 하는 대다수 먹방 크리에이터의 특성상 영상을 편집할 경우 쉬었다 먹었다거나, 먹다가 음식을 뱉었다는 비난을 받을 수 있기 때문이다.

⑫ 여행(Travel)

유명 여행사 혹은 전문 여행가들이 거의 독점하던 여행 콘텐츠 카테고리야말로 유튜브의 등장으로 크게 다변화된 분야이다. 과거의 여행 콘텐츠들이 유명 관광지 중심으로, 천편일률적인 소개형 스토리텔링으로 구성되었다면 이제는 수백만 명의 개인 크리에이터들이 집 근처부터 해외 오지까지 수많은 장소를 누비며 그들만의 색깔이 담긴 여행 영상을 담아낸다. 구독자는 집안에 앉아 같은 도시에 대한 콘텐츠라 해도 다채로운 시각, 다양한 여행 스토리를 접할 수 있게 되었다. 게다가 드론, 액션캠, 짐벌 등 다양한 촬영 도구의 대중화는 여행 영상의 품질을 상향 평준화하여 시각적 즐거움을 크게 높였다. 여행 카테고리는 해외여행이 주는 이국적인 풍광과 크리에이터의 역량이 결합할 때 재미를 만들어내기 용이하여 TV 등 매스미디어에서도 활용 가능성이 높은 카테고리이다.

가장 일반적인 방식은 여행지의 명소와 풍광, 식당과 음식 등을 보여주며 크리에이터의 소감을 담는 브이로그 형태의 여행기이다. 여행지 정보와 해당 지역을 잘 여행하는 법에 대한 자신만의 노하우를 공유하고, 여행지에서 만난 여러 사람들과의 이야기와 본인이 체험한 모험, 곤경을 헤쳐나온 스토리 등 수많은 소재를 더할 수 있다. 여행 콘텐츠는 보는 사람들의 가슴을 뛰게 한다는 점에서 매우 인기 있는 카테고리이고, 잘 만든 콘텐츠는 큰 인기를 얻을 가능성도 높다. 그러나 그만큼 경쟁이 치열하고 이 경쟁은 국내외를 가리지 않는다는 점, 그리고 현지 상황 등에 따라 제작이 까다롭다는 단점도 있다.

여행 콘텐츠로 성공하기 위해서는 크리에이터 본인만의 차별화된 콘셉트를 잘 갖추어야 한다. 역사, 건축, 사람, 먹거리 등 특정 주제를 덧씌우거나 특정 주제를 가진 특정 지역만 방문한다거나, 여행 정보를 소개하는 영상 스타일을 남들보다 감각적·감성적으로 즐겁게 제작하는 기술도 유용하다. 국내 크리에이터들이 만드는 기존 여행 콘텐츠들은 이런 차별점이나 다양성을 아직은 충분히 갖추고 있지 않다. 크리에이터에 따라 음식 탐방, 생소한 지역 탐방 등 나름의 콘셉트를 내세우고 있지만 그 형식은 대부분은 브이로그에 가깝고 크리에이터들이 전해주는 체험담 역시 매우 다채롭다고 보기는 어렵다. 여행의 현장감, 생생함을 내세우되 이를 구독자와 함께 만들어가는 형식을 취하거나 다른 여행 유튜버들과 달리 전문적인 정보를 넣는 것도 하나의 방법이다. 예를 들어 구독자의 요청에 따라 그날의 행선지를 정하여 방문하는 스트리밍형 여행 콘텐츠를 만들거나, 여행 안내책자에 절대로 등장하지 않는, 잘 알려지지 않았지만 흥미로운 스토리와 아름다운 풍광을 간직한 곳을 역사가, 사진작가 등 전문가와 함께 찾아 구독자에게 알려줌으로써 향후 방문 의지를 높일 수도 있다.

어떤 방식이든 좋은 여행 콘텐츠는 '자신만의 스타일'로 자신만의 정보와 스토리를 담고, 구독자들에게 대리만족과 실질적인 도움을 주어야 한다. 실질적인 도움이란 곧 그곳으로 여행을 가려는 사람을 위한 정보가 될 수도 있고, 언젠가 여행을 가려고 생각만 하고 있던 구독자에게 '저곳을 가야겠다'는 열망을 심어주는 것일 수도 있다.

⑬ 라이프스타일(Lifestyle)

위의 일상 카테고리들에는 해당하지 않지만 그밖에 흔히 접할 수 있는 소재를 다루는 콘텐츠를 라이프스타일 카테고리에 포함시킬 수 있다. 이 카테고리의 콘텐츠에서는 크리에이터가 일상 속 특정 사건이나 이벤트 등을 소재로 삼아 그에 대한 정보와 개인의 단상을 시청자와 나눈다. 일상 속 평범해 보일 수도 있는 것들로부터 재미있는 특징을 찾아내고 이를 콘텐츠로 풀어내야 하므로 관찰력이 좋고 외향적인 크리에이터에게 적합하다. 크리에이터 혼자만의 생각을 담는 것도 좋지만 같은 소재를 두고 다른 크리에이터와 합방하여 의견과 느낌을 나누는 것도 효과를 높일 수 있다.

구독자와 함께 성장하는 정보 공유 분야

⑭ 요리/쿡방(Cooking)

요리/쿡방 콘텐츠는 '취미'나 '개인적 일상' 카테고리에 해당할 수도 있으나 구독자들에게 요리법을 '알려준다'는 측면에 주목할 때 '정보 공유' 카테고리에 해당한다. 전문적인 요리법을 배워 자격증을 취득하거나 자신의 매장 레시피에 활용하고자 하는 사람들을 제외하면 대부분의 사람들은 요리책이 아니라 유튜브를 검색하는 시대가 되었다. 초보자를 위한 간단한 요리법부터 복잡한 요리법까지 웬만한 요리를 찾을 수 있으며, 동영상으로 제공되어 누구나 따라하기 쉽다는 장점 때문에 요리/쿡방은 계속 늘어가고 있다. 일부 요리/쿡방 콘텐츠는 요리 후 먹방으로 이어지기도 한다.

요리/쿡방의 성공에는 크리에이터의 요리 실력이 절대적이지 않다. 세계 최고 수준의 요리사라 해도 쿡방을 성공한다는 보장은 전혀 없다. 콘텐츠를 재미있게 만드는 것도 크게 중요하지 않다. '하루한끼' 채널에서 2019년 1월에 공개한 '계란볶음밥 만들기' 영상은 대사도 등장인물도 없이 3분 동안 볶음밥을 만드는 법만 보여주고 있음에도(2023년 6월 현재) 1억 회의 조회수를 기록하고 있다. 크리에이터가 한식/중식/이탈리아 요리의 잘 알려진 전문가가 아니라면 특정 메뉴에 초점을 맞추는 것도 크게 중요하지 않다.

요리/쿡방의 성공은 콘텐츠에서 단계별 가이드를 쉽고 친절하게 제공하여 얼마나 따라하기 쉽게 만드는지, 그리고 얼마나 만들어보고 싶은—맛있어 보여서 혹은 재미있어 보여 만들어보고 싶은—요리를 발굴하여 소개하는지가 중요하다. 식품이라는 분야의 특성상 요리/쿡방 분야에서 큰 인기를 얻을 경우 식품 브랜드와의 광고·협찬·제휴 가능성이 늘어나고, 자신의 레시피를 딴 제품을 출시할 기회도 생길 수 있다. 또한 요리 콘텐츠 내에 크리에이터 자신만의 콘셉트와 아이덴티티를 잘 살려 재미있고 차별화된, 자신만의 포맷을 만들어낼 경우 TV 등 매스미디어로 진출할 수도 있다.

⑮ 뷰티(Beauty)

메이크업, 피부 관리, 네일케어, 성형시술/수술 등 다양한 '예뻐지는 방법'을 소개하는 콘텐츠이다. 화장법을 알려준다는 점에서 '하우 투' 콘텐츠의 특성을 갖기도 한다. 화장품의 종류와 화장법이 다양해지면서, 얼굴과 손발 외에 다양한 신체 부위로 사람들의 관심이 확장됨에 따라 뷰티 콘텐츠 역시 영역을 계속 키워갈 수 있다. 아울러 크리에이터의 외모와 실력이 매우 중요하다. 단, 절대적으로 아름다운 외모를 갖는 것보다 화장법을 통해 좋아지는 모습을 극적으로 보여줄 수 있는 외모와 실력이 중요하다. 화장품 브랜드 및 구체적인 제품 소개로 이어지는 경우가 많고, 실제 제품과의 연계가 중요하므로 인플루언서도 많고 광고 및 제휴의 가능성도 높다. 제품의 제조가 크게 어렵지 않기 때문에 큰 성공을 거두는 인플루언서는 자신의 브랜드를 출시할 수도 있다(매력이 높은 데 비해 진입 장벽도 낮아 경쟁이 매우 치열하다).

⑯ 패션(Fashion)

옷, 신발, 액세서리 등 패션 분야에 전문성을 갖고 이를 설명할 뿐 아니라 구독자들에게 시험(시착, 구매 등)을 권하는 콘텐츠이다. 옷과 액세서리의 경우 화장품보다 종류가 훨씬 다양한 데 비해 일반 소비자가 입어볼 수 있는 기회는 제한적이고, 트렌드에 따라 빨리 변하는 데다가 새로운 제품이 항상 쏟아져 나오므로 유행에 맞는 다양한 옷과 액세서리를 시의적절하게 소개하는 것이 중요하다. 화장품의 경우 사용자의 피부에 맞는 성분 등의 전문적인 정보를 전달하는 것으로 충분할 수 있지만, 패션 카테고리의 크리에이터는 옷 자체에 대한 지식보다도 트렌드에 대한 감각, 좋은 스타일을 판별하는 능력, 제품을 TPO(시간, 장소, 상황)에 맞게 설명하고 제안하는 '감'이 더 중요하다.

패션 크리에이터로 성공하기 위해서는 위에서 언급한 지식과 감각뿐 아니라 이를 자신의 일상에 녹여내 자신의 이미지로 만들어야 한다(콘텐츠에서는 미니멀한 디자인을 옹호하면서 실제로는 화려한 디자인을 즐겨 입는다면 유명인으로 성공하기 어렵다). OOTD(outfit-of-the-day), 룩북(lookbook), 혹은 하울(haul) 콘텐츠 등도 패션 콘텐츠에 해당한다.

구독자의 성별, 나이, 체형, 좋아하는 스타일에 따라 각자 선호하는 패션이 다르므로 크리에이터가 본인의 체형, 나이, 좋아하는 스타일 등을 공개하고 콘텐츠를 시작하기도 하는데, 이 같은 이유로 패션 카테고리에서 대중적인 콘텐츠를 만들기 쉽지 않다는 단점도 있다. 그러나 뷰티/화장품처럼 제품의 제조가 크게 어렵지 않기 때문에 패션 분야에서 큰 성공을 거두는 인플루언서는 자신의 브랜드를 출시할 수도 있다. 뷰티 크리에이터에 비해 소요되는 비용이 크다는 점도 진입장벽이다. 크리에이터 본인의 감각과 경제력을 통해 구독자의 선망을 얻는 것이 최선이나 이는 언제든 질시와 비판으로 돌변할 수 있기 때문에 주의해야 한다.

⑰ **디자인과 미술(Design & Art)**

디자인이나 미술에 대한 지식을 소개하거나 창작을 보여주는 콘텐츠이다. '밥 아저씨'로 널리 알려진 밥 로스(Bob Ross)의 그림 그리기 영상이 좋은 예이며, 실제 밥 로스는 인터넷이 대중화되기 전인 1995년에 작고했으나 그가 등장했던 TV 프로그램 영상은 유튜브에서 널리 공유되고 있다. 이 카테고리의 콘텐츠에는 캔버스에 그림을 그리는 회화 예술 외에도 조각·소조 등의 조형 예술, 그래픽 디자인, 모바일 앱으로 그림을 그리기, 사진, 공예, 종이접기(오리가미) 등 다양한 분야가 포함되며, 디자인과 미술을 위한 도구와 기술 등 배경 지식을 소개하는 콘텐츠도 이 카테고리에 해당한다. 크리에이터가 밥 아저씨 수준의 실력을 갖추고 있거나 밥 아저씨 수준으로 쉽게 설명할 수 있을 때 시도할 수 있다. 다른 정보성 카테고리와 마찬가지로 디자인과 미술 카테고리도 관련 정보를 소개하거나 기술을 알려주는 것을 넘어 크리에이터 자신만의 엔터테인먼트형 콘텐츠로 만들어낼 수도 있다.

⑱ 뉴스와 정치, 오피니언(News, Politics, Opinions)

뉴스는 전통적으로 언론사의 영역으로 신성시되어왔다. 넓게 퍼진 정보원을 통해 세상에서 일어나는 (거의) 모든 일을 다룰 수 있는 취재 범위, 누구보다 빠르게 사건을 파악하고 정리할 수 있는 전문성과 보도 속도, 치우침 없이 사건을 알리는 사회적 소명의식으로 언론사는 오랫동안 대중의 신뢰를 받아왔다. 그러나 언론사의 넓은 취재 범위는 전 세계 스마트폰 사용자와 이들을 연결하는 소셜 미디어보다 넓을 수 없고, 유튜브 크리에이터들이 쏟아내는 속보와 현장 영상은 편집 데스크의 승인을 거쳐야 하는 언론사보다 훨씬 빠를 수밖에 없게 되었다. 이제는 어떤 사건이 벌어졌을 때 TV 방송국들이 시청자에게 관련 영상 제보를 부탁하는 시대가 되었다.

물론 개인 크리에이터가 제공하는 '뉴스'는 대부분 저널리스트가 뉴스를 포착하는 전문성을 갖추고 있지 않다. 벌어지고 있는 사건을 심층적으로 분석하고 해석할 역량 역시 없다. 국회와 청와대, 대기업 등 주요 취재원에게 다가갈 수 있는 접근권도 없다. 무엇보다 치우침 없이 사실만을 전달하겠다는 소명의식이 없다. 대신 높은 조회수를 향한 무한경쟁이 있을 뿐이다. 이는 경쟁 뉴스 크리에이터보다 조회수를 높이기 위한 자극적인 제목, 가짜 뉴스, 극단적 주장을 만들어내는 부작용을 낳고 있다. 그리고 이런 유튜브 콘텐츠에 자리를 위협받는 일부 언론은 크리에이터들의 이 같은 패턴을 언론사의 뉴스 콘텐츠에 도입한다.

　이런 부작용은 있지만 세상에서 일어나는 소식을 가장 빨리 포착하여 자국의 대중에게 전달할 수 있는 곳은 여전히 언론사이다. 유튜브 크리에이터가 더 인기를 얻을 수 있는 콘텐츠는 최신 뉴스를 객관적으로 소개하는 콘텐츠보다 자신의 정치적 관점을 드러내며 구독자를 설득하고 주장하는 콘텐츠이다. 이 같은 정치 콘텐츠의 인기는 국내외를 가리지 않으며 좌파와 우파 성향 콘텐츠가 공통적으로 존재한다. 단, 우파든 좌파든 극단적인 주장을 내세우는 경우가 많고 그런 콘텐츠일수록 구독자의 지지를 받는 경우가 많다. 사회적으로는 바람직하지 않음에도 불구하고 이 같은 콘텐츠가 인기를 얻는 이유는 극단적이거나 검증되지 않은 주장에 동조하는 극단적인 대중이 존재하며, 그들의 믿음은 유튜브를 제외한 다른 기성 매체에서는 다루지 않으므로 그 주장을 다루며 동조해주는 유튜브로 몰리기 때문이다. 극단적 주장을 펼치는 채널에 대한 구독자의 충성도는 상상 외로 높은 편이며, 유튜브의 슈퍼챗으로 가장 큰 수익을 올리는 채널 역시 정치 관련 채널들이다.

　유튜브를 통해 공유되는 정치 관련 콘텐츠는 유튜브뿐 아니라 메신저 등 다양한 방식으로 다양한 대중 집단에 공유됨으로써 그들의 의사결정과 신념에까지 영향을 미칠 수 있다는 점에서 다른 콘텐츠 카테고리보다 중요하다. 유튜브는 물론 페이스북, 트위터 등 인기 있는 소셜 미디어의 알고리즘이 자신과 유사한 신념을 가진 사용자들의 콘텐츠를 더 자주 노출시키고 반대 의견은 덜 노출시킴으로써 결과적으로 사회의 양극화를 부추긴다는 비난은 앞으로 반드시 해결해야 하는 중요한 문제이다.

　뉴스, 정치, 주장 카테고리 콘텐츠는 정치와 시사 외에도 경제, 문화,

연예 분야 등의 뉴스를 다룰 수도 있고, 뉴스는 아니더라도 환경, 페미니즘, 채식주의, 다양성 등의 사회적 주제를 다루며 주장을 펼칠 수도 있다. 또한 이론의 여지는 있지만 종교 지도자의 종교 관련 콘텐츠 역시 '믿음'이라는 주장을 다룬다는 면에서 이 카테고리에 해당한다고 할 수도 있을 것이다(개인의 종교 활동과 체험을 다루는 콘텐츠는 취미나 브이로그에 해당한다). 경제 분야에서 주식 투자방법, 부동산 거래 정보, 재테크 등을 다루는 콘텐츠는 해당 분야의 새로운 소식에 초점을 두느냐 혹은 기존 지식을 기반으로 새로운 방법을 다루느냐에 따라 전문 분야 지식 카테고리에 포함될 수도 있다.

⑲ 전문 분야 지식(Area-specific Knowledge)

위에서 언급되지 않은 다양한 분야의 전문 지식을 소개하는 콘텐츠 카테고리이다. 인터넷의 '집단 지성' 특징을 가장 명확히 보여주는 분야로 '모든 사람이 모든 분야에 대해 모든 사람을 대상으로 자신의 지식을 펼치고 이를 모든 사람이 평가함으로써 검증하는 콘텐츠'이다. 경제, 역사, 과학, 자연, 기술, 부동산, 법, 의학, 자동차, 우주, 제품, 골프, 운세, 일반 교양, 심지어 무인도에서 생존하는 법 등 분야는 실질적으로 무한하다. 심지어 달리기, 리코더 불기 등 취미처럼 가볍게 여겨지는 주제라 해도 전문적인 지식을 갖고 논리적으로 설명하는 경우 전문 분야 콘텐츠가 된다. 흔히 볼 수 있는 음악이나 자동차 관련 콘텐츠라고 해서 단순히 음악을 연주하거나 자동차를 시승하며 보여주는 콘텐츠는 '취미' 카테고리에 속하지만, 그 분야나 산업에 대해 전문적인 지식과 정보를 소개하는 경우 전문 분야 지식 콘텐츠라고 할 수 있다.

전문 분야 콘텐츠의 특징은 시청자에게 감상이나 함께할 것을 권하는 것이 아니라 주제에 대해 설명한다는 것이다. 주식투자 방법, 부동산 정보 등을 다루는 콘텐츠 역시 이에 해당한다. 이 콘텐츠는 전문 지식을 어렵게 전달하려 하지 않고 구독자와 보통 사람이 이해하기 쉽도록 전하는 특징을 갖는다. 특정 부분의 디테일에 집중하며, 대중적이지 않은 부분, 복잡한 내용, 반론의 여지가 있는 부분 등은 과감히 생략하고 대중들이 호기심을 느낄 만한 부분만 요약하기도 하여 해당 분야 전문가들로부터 비판을 받는 경우도 있다. 그러나 이 분야 콘텐츠 크리에이터의 목적은 전문성을 인정받는 것이 아니라 자신의 지식과 전달력으로 대중적 인기를 얻는 것이다. TED, '세바시' 등 인기 강연 프로그램에서의 강연 콘텐츠 역시 이 카테고리에 해당한다. '어려운 내용을 알기 쉽게 전달한다'는 평을 듣는 크리에이터는 나름 대중적인 팬덤을 쌓기도 한다. 다른 카테고리 크리에이터와 달리 전문 분야 지식 크리에이터들은 전문성, 호감, 대중의 신뢰를 함께 쌓을 수 있어 광고·제휴 마케팅에 유리하며 셀러브리티로 올라가는 데도 유리하다.

⑳ 교육(Learning)

전문 분야 소개 콘텐츠와 유사하나 검증된 전문가가 내용의 깊이를 더하고 교육의 체계를 갖추어 시청자의 학습 목표에 초점을 맞춰 제작하는 경우 교육 콘텐츠로 간주된다. 내용으로만 보면 전문 분야와 교육 콘텐츠의 구분은 모호하게 느껴질 수 있으나 교육 콘텐츠의 가장 큰 특징은 학교 수업 등 체계적인 학습의 일부로 활용될 수 있다는 점이다. 따라서 TED, 세바시 등 잘 알려진 강연 프로그램에서의 전문가 강연 콘텐츠는 교육 콘텐츠가 아닌 전문 분야 지식 콘텐츠로 간주해야 한다. 사회적 인정을 받는 교육 콘텐츠를 만들기 위해서는 크리에이터가 자격을 갖추어야 한다. 강의를 위해 요구되는 자격증이나 학위를 갖고 있거나, 혹은 사회적으로 충분히 인정받을 만한 경력이나 업적을 갖추고 있어야 한다. 또한, 콘텐츠에 체계가 있어야 한다. 한 가지 주제를 간단히 소개하는 것이 아니라 해당 주제를 심층적·체계적으로 분석해야 하고 이를 전달하는 방법 역시 체계적으로 설계해야 한다.

이는 각급 학교의 수업형 교육 콘텐츠에만 해당하지 않는다. 어린이와 유아교육을 위한 콘텐츠는 전 세계적으로 방대한 규모를 가진 시장으로, 노래, 글자 배우기, 알파벳, 이야기 들려주기 등 영유아의 발달을 돕기 위한 다양한 콘텐츠가 체계적으로 제공되고 있다(따라서 장난감을 갖고 노는 장면을 보여주는 콘텐츠는 교육 콘텐츠라고 볼 수 없다). 교육 콘텐츠는 전문 분야 소개 콘텐츠에 비해 구독자층이 한정적이므로 유튜브보다는 코세라(Coursera), 에드엑스(edX), Mooc, 패스트캠퍼스, 클래스101, 그리고 '신기한한글나라' 등 교육 콘텐츠 전문 플랫폼에 탑재되어 체계적으로 (그리고 대개는 유료로) 제공되는 경우가 많다. 또한, 체계적인 교육 영상이라고 해서 반드시 교강사의 강의를 보여주는 형태에 국한될 필요는 없다. 지식을 효과적으로 전달하기만 한다면 전문가 대담, 토크쇼, 패널 토론 등 다양한 포맷이 적용될 수 있으며, 시청자/수강생의 체험을 깊게 하는 방향으로, 교강사와의 일대일 인터랙션이 강조되는 방향으로 계속 진화할 것이다.

교육 콘텐츠 시장은 앞으로도 크게 성장할 것으로 예상되는데 이는 아래의 네 가지 이유 때문이다. 첫째, 코로나19로 인해 비대면 교육이 일거에 활성화된 이후 초등학교부터 대학교까지 각급 학교의 강의가 동영상 콘텐츠로 제작되어 이미 가용한 콘텐츠가 풍부해진 데다가 교사와 교수 등 지식 전달자들의 콘텐츠 제작 능력이 단시간에 크게 향상되었다. 둘째, 2년이 넘는 기간 동안 각급 학교의 학생들이 비대면 수업에 익숙해졌을 뿐 아니라 비대면 교육의 효율성을 긍정적으로 평가하고 있다. 실습 과목 등 비대면 수업이 필수적인 과목을 제외한 대부분의 이론 강의는 비대면 교육이 오히려 효율적인 경우가 많다는 것을 알게 되었으며, 이에 따라 고품질 동영상 교육—좋은 교강사에 의한 양질의 교육—콘텐츠의 수요 역시 계속 늘어나고 있다. 셋째, 국내 학령인구의 급감 추세로 인해 각급 학교의 운영이 어려워짐에 따라 학교 입장에서는 장기적으로 고품질 동영상 콘텐츠로 대면 교육을 일부 대체하여 비용 절감을 꾀할 수도 있다. 마지막으로 6G와 XR(eXtended Reality) 기술의 발전은 동영상 교육 콘텐츠를 넘어 가상 현실에서의 교육을 가능케 할 것이며 이는 현재의 비대면 교육과 크게 다를 바 없는 교육 경험을 제공할 것이다.

㉑ **기타 제품 및 서비스 소개(Reviews)**

자동차, 전자제품, 장난감, 식당, 가구, 학용품 등 수많은 '제품'을 소개하는 콘텐츠로 크리에이터는 콘텐츠에서 해당 제품을 직접 사용해본 후 제품의 다양한 기능에 대한 감상, 장단점, 개인적 평가를 제시한다. 제품 소개 콘텐츠 중에서는 갓 출시된 고가 전자제품의 리뷰 콘텐츠가 높은 조회수를 기록하는 경우가 많은데 이들 제품이 대부분 높은 가격대를 갖고 있어 소비자가 구매에 이르기까지 오랜 시간 고민하며 비교하는 고관여 제품이기 때문이다. 저관여 상품이나 서비스 중에서는 유명한 식당 리뷰 콘텐츠가 인기가 있는데, 이런 콘텐츠에서 소개되는 식당은 일반 소비자가 쉽게 방문할 수 있는 접근성 높은 식당이 아니라 너무 멀리 있거나 대기가 길어 쉽게 접할 수 없는 식당인 경우가 많다.

제품 리뷰 콘텐츠를 성공적으로 만드는 것은 제품 사용 설명서처럼 모든 기능을 설명하는 것도, 혹은 브랜드의 광고처럼 제품의 핵심 기능을 제조업체의 지침대로 소개하는 것도 아니다. 제품을 크리에이터의 관점에서 심도 있게 분석하고 설명하되, 채널의 구독자층을 제품 사용 타깃으로 간주하고 이들이 원하는 기능과 혜택을 중심으로 설명하는 것이다(동일한 최신 스마트폰을 리뷰한다고 해도 60~70대 노년층을 대상으로 하는 채널과 10대 중심 채널, 모바일 게임 중심 채널이 제공해야 할 콘텐츠는 다른 것이다). 따라서 특정 제품 및 해당 제품군의 기술에 대한 크리에이터의 이해가 충분해야 하고 다양한 제품에 관한 최신 정보로 무장하고 있어야 한다.

리뷰 콘텐츠의 크리에이터는 소비자에 대한 지식과 통찰력, 날카로운 관찰력도 필요로 한다. 콘텐츠의 주 타깃층—직장인이든 어린이든 —이 바라는 것을 이해하고 있어야 하고, 소개하는 제품의 특성을 알아듣기 어려운 수치로만 설명하는 것이 아니라 타깃이 쉽게 이해하고 좋아할 수 있는 형태와 내용으로, 크리에이터가 구독자의 입장이 되어 제품을 사용하며 받은 느낌과 생각을 나누어야 한다. 이 제품이 지금 왜 필요할지, 누구에게 더 필요할지, 이번에 출시된 기능이 과거 제품 및 경쟁 제품과 비교했을 때 구매할 가치가 있을지 혹은 다음 업그레이드를 기다리는 게 나을지 등을 판단해서 의견을 제시해야 한다.

제품 리뷰 영상은 어떤 제품군이든 새로운 제품이 항상 출시된다는 점, 특히 IT 제품의 경우 기술 발달에 따라 계속 놀라운 제품이 등장한다는 점에서 안정적인 성장 잠재력을 갖는 분야이다. 게다가 관련 제품 협찬과 광고 등이 비교적 쉽게 들어오기 때문에 수익을 올리기도 용이한 분야이다. 다만 제품에 대한 정보와 지식을 기술 발달에 맞추어 크리에이터가 계속 공부하며 업데이트해야 한다는 단점이 있다.

제품 소개 콘텐츠는 특정 제품에 대한 상세한 분석과 소개를 담는 콘텐츠이므로 제품의 간단한 초기 사용법 안내에만 초점을 맞추는 언박싱 콘텐츠는 제품 소개가 아니라 하우 투(How-to) 카테고리에 속한다.

㉒ 하우 투(How-to) 혹은 DIY(Do-it-yourself)

하우 투 콘텐츠는 문제를 해결하는 법을 설명하는 콘텐츠이다. 제품을 사용하는 법을 알려주는 콘텐츠가 일반적이며, 특정 제품을 심도 있게 분석하고 설명하는 것이 아니라 간단한 사용법을 알려주거나, 제품에 문제가 생겼을 때 해결 방법을 알려주는 콘텐츠가 이에 해당한다(제품을 구매한 후 포장을 열어 처음 사용하는 상황을 보여주는 언박싱 콘텐츠는 '하우 투'의 좋은 예이다). 얼마 전부터 간단한 제품은 물론 복잡한 전자제품들마저 포장에서 종이 매뉴얼을 제외하고 있다. 사람들은 제품을 처음 구매하여 이를 조립하거나 설치하기 위해 제품의 웹사이트에서 매뉴얼을 다운로드받는 대신 유튜브에서 사용법을 검색한다(이 같은 소비자 니즈를 충족하기 위해 많은 브랜드들은 자신의 웹사이트 내에 잘 만들어진 '하우 투' 콘텐츠를 상황별로 제공하고 있다).

'하우 투' 콘텐츠의 일부로 일상 속의 문제를 해결하는 법, 예를 들어 필요한 물품을 직접 만들거나 제품 수리를 직접 하는 법 등을 보여주는 것이 DIY 콘텐츠이다. DIY는 전문 지식 콘텐츠, 라이프스타일 콘텐츠,

혹은 요리법을 다루는 콘텐츠라면 쿡방과도 밀접하게 연결된다. DIY 콘텐츠는 우리나라보다 해외에서 더 인기가 있는 편이다. 이는 새로운 제품을 구입하기보다 쓰던 제품을 고쳐 쓰는 풍조가 더 많기 때문이기도 하지만, 우리나라에서처럼 사용자가 '딱 원하는' 제품을 구하기가 쉽지 않으며 우리나라보다 제품 수리 기간도 길고 비용도 크게 높기 때문이다.

일상을 편리하게 해주는 다양한 아이디어를 공유하는 DIY는 국내외를 막론하고 항상 인기 있는 분야이다. '병뚜껑을 쉽게 여는 법'과 같은 작은 불편함으로부터 '거실 셀프 인테리어'처럼 다소 어려운 작업까지 다양한 분야를 포함할 수 있지만 공통적인 것은 소비자들이 평소에 크게 불편하다고 생각하지 못했던 것을 집어내어 '이런 불편을 왜 감내하느냐', '이렇게 쉽게 해결할 수 있다'며 방법을 제시하는 것이다. 성공적인 DIY 콘텐츠는 남들의 콘텐츠에서 다루지 않았던 일상 속의 작은 불편함을 잘 파악하고, 이를 어렵지 않은 방법으로(누구나 따라 할 수 있는 방법으로) 해결하는 모습을, 알기 쉽게 보여준다. 따라서 손재주는 기본이고 일상 속의 관찰력과 창의력, 그리고 깔끔한 촬영·편집 기술이 필요하다.

강력한 팬덤 형성의 기회가 있는 엔터테인먼트 제작 분야

㉓ 스포츠(Sports)

건강&운동(Health & Fitness) 카테고리와 달리 스포츠 카테고리는 인기 스포츠의 하이라이트를 소개하거나 의도적으로 편파 중계를 하거나 각종 스포츠의 재미있는 순간만 모아 편집하거나 유명 운동선수의 흥미로운 뒷이야기를 소개하는 등 다양한 방식으로 시청자에게 재미를 주는 엔터테인먼트 카테고리이다. TV 중계영상을 활용할 수 있어 레거시 콘텐츠 기반의 카테고리로 분류될 수도 있으나 여기서 소개하는 스포츠 콘텐츠는 TV 중계영상을 활용하지 않는 경우도 많고, 활용한다 해도 크리에이터의 재해석·해설·편집 등이 적용되므로 독자적인 엔터테인먼트 콘텐츠로 간주한다(운동법을 알려주는 등의 정보성 콘텐츠는 건강&운동 카테고리에 해당한다).

이 카테고리에서 성공하는 크리에이터는 대부분 해당 스포츠 종목의 열성적인 팬이며, 종목 자체는 물론 여러 팀과 선수들에 대해 일반인의 지식을 훨씬 뛰어넘는 해박한 지식을 갖고 있다. 크리에이터가 제공하는 콘텐츠의 전문성이 일반 대중으로부터 인정을 받고 여기에 재미까지 겸비한다면 크리에이터는 해당 스포츠 혹은 스포츠 팀 팬덤의 지지를 받을 수 있어 쉽게 충성도를 확보할 수 있다.

㉔ 코미디(Comedy)

구독자를 기분 좋게 웃게 만드는 모든 오리지널(이 채널을 위해 새롭게 만든) 콘텐츠가 코미디이다. 다른 사람이 처한 곤경이나 문제를 보여주거나, 크리에이터 스스로를 비하하거나 뻔뻔하게 묘사하여 웃음을 주는 등 다양한 포맷을 가진 카테고리이다. 유명 개그맨이나 코미디언처럼 출연자의 캐릭터가 확고하게 만들어진 경우에는 출연자의 모든 대사와 말투까지 웃음을 자아낼 수도 있지만 이는 1인 크리에이터들이 쉽게 도달하기는 어려운 경지이다.

코미디는 슬랩스틱, 블랙코미디, 스크루볼(screwball) 코미디, 로맨틱 코미디, 벌레스크(burlesque), 풍자, 소극, 패러디 등 그 안에 수많은 장르를 갖고 있는 전통적인 분야이며 영화로 만들 때 가장 위험한 장르라고 일컬어지기도 한다. 개인 크리에이터가 만들 수도 있지만 교육이나 교양과 달리 웃기는 코미디를 개인이 시리즈로 계속 만들어내는 것은 쉬운 일이 아니므로 팀 단위로 기획·제작하는 경우가 많다. 전현직 개그맨이나 작가 등 전문 제작팀이 참여하는 경우도 많은데 '미션 임파서블', '와썹맨', '워크맨', '네고왕' 등 방송팀 출신의 전문가들이 만드는 예능 콘텐츠가 여기 속한다(워크맨은 직업을 소개한다는 정보도 포함되어 있으므로 '전문 분야 소개'의 일부로 볼 수도 있겠다). 성공적인 코미디 콘텐츠의 기본은 (영화든 유튜브든) 주변 상황에 대한 면밀한 관찰이다.

㉕ 장난/도전(Pranks/Challenges)

사람들에게 장난을 쳐서 당황하게 하거나 사람들이 평소에 접하지 못할 상황을 지켜볼 때의 당황하는 모습을 보여주는, 출연자의 당황을 시청자의 웃음으로 연결하는 장난/도전 카테고리는 코미디 콘텐츠에서 분화된 카테고리이다. 이른바 '몰래 카메라'류가 큰 비중을 차지하는데 이 부류가 TV에서도 독자적인 프로그램으로 방영할 정도로 큰 인기를 끌고 있어 코미디와 별도의 카테고리로 분류했다. 장난/도전은 다양한 수단으로 친구 혹은 행인을 당황시키는데 '불쾌함을 주지 않으면서 큰 재미를 안겨주는 균형'이 무엇보다 중요하다. 즉, 출연자가 유쾌하게 하면서도 큰 재미를 주는 것이 최선이고, 약간의(참을 수 있는 수준의) 불쾌감을 주더라도 이를 상쇄할 만큼의 큰 재미를 주어야 한다(불쾌한 데다가 재미도 없거나, 불쾌하지 않지만 재미가 없는 경우는 모두 실패한 콘텐츠이므로 거론할 필요가 없다).

잘 만들어진 장난/도전 콘텐츠는 성별, 연령, 언어 등 모든 배경을 가리지 않고 인기를 얻기 때문에 소셜 미디어에서 가장 흔히 공유되는 콘텐츠이기도 하다. 특이한 음식을 먹(이)거나 파티에서 출연자만 빼고 모두 다른 옷을 입고 있는 등의 가벼운 상황, 화장실에 들어갔다 나왔더니 주변이 바뀌어 있는 등의 사전 설계와 설치가 필요한 상황, 혹은 북한에서 온 청년들이 편의점에서 나누는 대사를 재미있게 구성하여 주변 사람들을 웃게 만드는 등의 스토리텔링 상황 등 수많은 방법으로 만들 수 있다. 시청자를 웃게 하기 위해 새로운 상황을 계속 짜내야 하는 창작의 고통이 수반되는 카테고리이나, 상대적으로 저렴한 비용으로 제작이 가능하고 잘 만든 콘셉트가 있으면 큰 인기를 얻을 수 있는 카테고리이기도 하다. '영국남자' 채널이 선보인 외국인에게 한국 음식을 먹게 하고 반응을 지켜보는 콘텐츠 콘셉트는 유튜브뿐 아니라 다양한 TV 프로그램에서 변주되고 있을 정도로 큰 인기를 끌었다. 사회적·정치적·종교적으로 금기시되는 소재는 반드시 피해야 한다.

㉖ 시각적 트릭(Visual Tricks)

시각적 트릭 카테고리는 실제 마술, 착시, 혹은 컴퓨터 그래픽을 이용하여 시청자에게 시각적 놀라움과 즐거움을 주는 카테고리이다. 마술사 최현우(구독자 45만 명)처럼 실제 마술사가 마술을 보여주는 채널은 물론, 잭 킹(Zach King, 구독자 1,960만 명)처럼 정교한 무대 장치와 소품 설계, 복잡한 촬영과 편집을 통해 해리포터처럼 빗자루를 타고 날거나 아이패드 속 배경으로 출연자가 뛰어드는 등의 시각적 놀라움을 선사하는 채널이 좋은 예이다. 어느 쪽이든 전문적인 기술이 없으면 만들 수 없는 콘텐츠이며, 잭 킹류의 콘텐츠는 편집을 위한 전담팀을 필요로 하는 등 크리에이터 단독으로는 만들기 어렵다. 시각적 놀라움을 주는 것만으로는 부족하며 (대부분의 마술이 그렇듯) 콘텐츠 내 스토리텔링이 반드시 뒷받침되어야 한다.

㉗ 음모론과 괴담(Conspiracy & Strange Stories)

음모론과 괴담은 인터넷에서 항상 인기 있는 콘텐츠 카테고리이다. TV, 신문 등 레거시 미디어에서 다룰 수 없는 검증되지 않은 이야기, 과학적으로 판명되지 않았거나 판명할 수 없는 이야기를 소개하며, 이야기의 정당성을 강조하기 위해 확인되지 않은 내용을 그럴듯하게 끌어오며 시청자의 호기심을 최대로 자극한다.

가장 흔한 방식은 크리에이터가 출연하여 직접 이야기를 들려주는 방식이다('디바제시카의 토요미스테리'가 이 같은 포맷의 좋은 예이다). 음모론, 괴담 콘텐츠에서 가장 중요한 것은 좋은 소재를 발굴하는 것이다. 좋은 소재는 채널의 구독자가 관심을 가질 수 있을 만한, 자신들과 연관된 이야기, 자신들이 경험할 수도 있는 이야기라는 느낌을 주는 소재이다. 당연히 예전에 들어보지 못한 소재일수록 유리하며, 이미 알려진 이야기라 해도 알려지지 않았던 새로운 사실을 공개하거나, 새로운 시각으로 기존과 다른 결말을 암시하는 것도 효과적이다. 다양한 괴담 소재를 발굴하기 위해 크리에이터는 국내외 괴담을 항상 수집해야 하며, 때로는 경찰의 미제사건 목록을 뒤져볼 수도 있다.

음모론은 이미 진실이라고 알려진 역사적, 사회적 사실, 심지어 과학적 이론까지 대상으로 삼는다. 잘 알려진 정설들 중 이를 뒤집었을 때 가

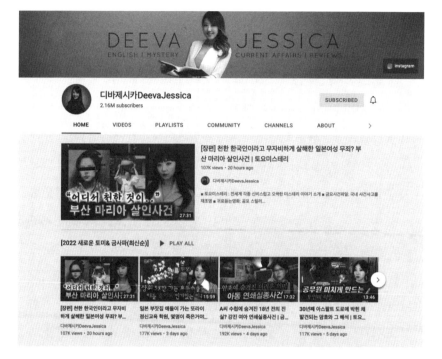

그림 12. 이목을 끄는 사건 소개로 구독자를 사로잡는 디바제시카 채널 썸네일

장 호기심이 일 만한 사건일수록 효과적인 소재가 된다. 예를 들면 평면 지구설, 아폴로 우주선의 달착륙 연출설, 마이클 잭슨 생존설 등인데, '만 일 ○○○○했다면 어떨까'라는 가정이 흥미로운 파장을 만들어낼수록 가장 인기 있는 소재가 된다(국내외를 막론하고 검증되지 않은 정치적 루머와 괴담을 다루는 콘텐츠도 많으나 이는 대부분 크리에이터의 정치적 의견과 성향 을 내세우는 콘텐츠이므로 뉴스/정치/주장 카테고리로 분류한다).

크리에이터가 이야기를 읽는 것만으로는 시청자의 호기심이나 공포심 을 충분히 자극할 수 없으므로 크리에이터의 연기력은 물론 다양한 편집 기술과 때로는 무대 장치가 동원되며, 방대한 참고 영상과 이미지를 찾아내야 한다.

㉘ 웹드라마와 웹예능(Web Drama & Entertainment Shows)

레거시 미디어나 고비용 OTT가 아닌 유튜브 채널에서만 무료로 공개할 목적으로 제작하는 드라마와 예능 콘텐츠이다. 레거시 미디어의 포맷을 따르나 TV 콘텐츠가 지켜야 하는 기준으로부터 자유로운 편이기 때문에 콘텐츠의 시간, 형식, 표현 등에서 TV보다 훨씬 다양한 시도를 유연하게 할 수 있다. 특히 국내 레거시 미디어의 예능 콘텐츠가 검증된 연예인을 내세워 관찰 예능, 힐링 예능, 스포츠 예능 등 안전하게 인기를 끌 수 있는 일부 리얼 버라이어티로 포맷이 수렴되다 보니 시청자 입장에서는 다양한 출연자가 자유로운 시도를 하는 웹예능 콘텐츠에서 신선한 재미를 느끼기도 한다. 단, 역량이 검증된 작가, 제작진, 출연자가 개입할 때 콘텐츠의 품질과 인기가 올라가므로 MCN과 손잡은 온라인 스타급 이상의 유명 크리에이터나 유명 연예인이 출연하여 다양한 시도를 할 때 효과가 커진다.

예능과 달리 웹드라마의 경우 유튜브 구독자들은 기존 방송사와 OTT가 제공하는 드라마와 웹드라마를 같은 선상에서 비교하게 되므로 콘텐츠의 스토리, 구성, 품질의 완성도가 중요하며, 이는 개인 혹은 소규모 스튜디오 제작 웹드라마가 성장하는 데 한계로 작용한다. 개인이나 소규모 스튜디오의 웹드라마로는 대작·장편 콘텐츠를 시도하기 어려우며 시트콤이나 단편 로맨틱코미디 등의 짧은 포맷이 효과적이다. 혹은 표현의 제약 때문에 기존 방송사와 OTT가 시도할 수 없거나, 제작한다 해도 수익성이 충분하지 않아 시도하지 않을 장르와 형태를 가진 콘텐츠를 웹드라마로 제작해볼 수도 있지만, 이런 분야 역시 작가, 감독, 기존 콘텐츠의 작법이 중요하므로 유명 연예인이나 유명 크리에이터에게 유리하고, 개인 크리에이터가 뛰어들어 경쟁하기는 어려운 분야이다. 드라마와 예능 외에 다큐멘터리 역시 유튜브 용으로 제작될 수는 있지만 편당 제작비가 높은 다큐멘터리라는 장르의 특성상 편당 광고 수익이 낮은 유튜브용으로만 제작하기는 매우 어렵다.

㉙ 애니메이션(Animation)

만화영화처럼 크리에이터가 직접 애니메이션을 제작하여 자신의 콘텐츠로 삼는 경우이다. 이때 애니메이션 콘텐츠의 품질은 디즈니처럼 초고품질, 초고화질일 필요는 없다. 단지 크리에이터 자신의 이야기를 그림의 형태로 제시하는 것으로 충분하고, 애니메이션이라는 방식 자체로 다른 대다수 실사 콘텐츠와 차별화되므로 그림판에 그린 그림을 슬라이드쇼처럼 보여주는 것 역시 훌륭한 애니메이션 콘텐츠가 된다.

애니메이션 콘텐츠에서 그림을 그려내는 작화 실력보다 중요한 것은 크리에이터의 창의성과 스토리텔링 능력이다. 즉, 어떻게 보여주느냐보다 무엇을 말하느냐가 중요한데, 유튜브라는 매체의 특성과 크리에이터의 현실적 환경상 3분 내외의 콘텐츠가 다수를 차지하므로 짧은 이야기를 시리즈로 풀어내는 방식이 효과적이다. '이야기'가 핵심이기 때문에 애니메이션 분야에서 성공한 크리에이터는 웹툰 등의 작가로 진출하는 것이 용이하다(혹은 웹툰 작가나 만화가가 애니메이션 유튜버가 되는 경우도 있다).

㉚ 오디오 엔터테인먼트(Audio Entertainment)

팟캐스트, 라디오 등에서 제공되던 다양한 오디오 콘텐츠들이 ('보이는 라디오'의 형태로) 영상 콘텐츠 분야로 진출하고 있다. 책을 읽어주는 오디오북 콘텐츠는 그래픽이나 간단한 애니메이션을 덧입혀 '보면서 듣는' 콘텐츠가 되고, 라디오에서 진행하던 토크쇼는 출연자의 표정과 몸짓을 보여주며 예능 영상 콘텐츠와 비슷한 모습을 띠고 있다. 그러나 시각적 정보보다 청각적 정보에 강점을 지닌 오디오 콘텐츠의 특성을 살려 '보지 않고 듣기만 해도 좋은' 형태의 콘텐츠로 발전하고 있으며 삶의 효율을 지향하는 타깃층에게 호응을 얻고 있다. 또한 오디오 콘텐츠는 영상 크리에이터에 비해 훨씬 많은 사람들이 쉽게 크리에이터가 될 수 있어 적절한 포맷이 인기를 끌면 순식간에 성장할 수 있는 카테고리이기도 하다.

㉛ 심리적 안정(Soothing)

기분 좋은 소리로 심리적 안정을 주는 청각적 ASMR(Autonomous Sensory Meridian Response) 콘텐츠, 편안한 영상과 이미지로 심리적 안정을 주는 시각적 ASMR, 혹은 OSV(Oddly Satisfying Video) 콘텐츠가 이에 해당한다. 청각적 ASMR 콘텐츠는 초기의 의구심을 비웃듯 유튜브에서 가장 빠르게 성장하고 있는 카테고리 중 하나이다. 시청자의 시각에는 크게 의존하지 않으므로 영상 촬영이나 편집에는 복잡한 기술이 필요하지 않으나 소리를 녹음하기 위한 기술과 장비는 매우 중요하다. 또한 치열한 경쟁을 뚫기 위한 차별화와 창의력이 반드시 필요하다. 시청자의 귀를 '기분좋게 자극할 수 있는' 새로운 음원을 발굴하거나, 같은 음원이라도 다른 방식으로 전달할 수 있는 아이디어를 계속 만들어야 한다(예를 들면 음식을 먹는다는 동일한 음원이라도 다양한 음식을 먹는 식으로 차별화하거나 몇 가지의 음식을 동시에 먹거나, 여러 음식을 먹는 영상을 컴필레이션 형태로 제시하는 방식이다). 혹은 크리에이터의 캐릭터를 남들과 다르게 설정하거나, 청각적 ASMR 영상을 한 편의 상황극처럼 스토리텔링을 적용하는 것 역시 차별화의 예이다.

시각적인 ASMR인 OSV 콘텐츠는 편안한 색상, 안정적으로 반복되는 장면, 고요함을 연상시키거나 대칭, 밸런스, 정렬, '딱 들어맞음(fitness)'을 보여줌으로써 시각적인 안정을 제공한다. ASMR에 비해 유튜브에서 인기를 얻기 시작한 역사는 짧으며, 아직은 크게 성장하지 않은 분야이다. 장비와 기술을 갖추면 혼자도 제작할 수 있는 청각적 ASMR과 달리 OSV는 외부에서 제작한 영상을 구하여 편집해야 하는 경우가 대부분이고, 영상에 맞는 음향을 별도로 구해야 하고, 영상과 음향을 정확히 맞물리게 정교히 제작해야 한다는 점, 원영상의 저작권도 고려해야 한다는 점 등 제작에 따르는 제한이 많다. 그럼에도 불구하고 청각적 ASMR과 OSV는 언어와 문화의 장벽 없이, 크리에이터의 국적에 관계 없이 글로벌한 인기를 얻을 수 있으며, 구독자가 크리에이터의 스타일이 자신에게 맞는다고 느낄 경우 충성도 높은 구독자가 될 가능성이 크다. 따라서, 한 번 인기를 얻으면 다른 카테고리보다 빠르게 구독자를 확보할 수 있다.

또한 시청각 자극이 넘쳐나는 현대 환경에서 소비자에게 탈출구를 제시한다는 점에서도 성장 잠재력이 높다. 청각적 ASMR은 이미 수면 유도 외에도 공부나 업무의 집중도를 높여주는 백색 소음(white noise)으로 활용되고 있으며, OSV는 향후 다양한 디지털 사이니지 등에 적용되어 성장할 수 있다.

레거시 콘텐츠 기반의 마케팅 분야

③② **콘텐츠 리뷰(Review)**

크리에이터가 자신만의 관점으로 이미 출시된 영화, TV쇼, 공연 등을 소개하거나 리뷰하는 콘텐츠이다. 대상이 되는 콘텐츠의 주요 장면을 보여주며 핵심을 구독자에게 전달하거나 콘텐츠를 재미있게 시청할 수 있는 새로운 시각과 크리에이터의 해석, 또는 뒷이야기 등을 내레이션으로 전달하는 방식이 주를 이룬다.

많은 사람이 기대하는 영화가 개봉한 직후에는 수많은 '직관(직접 관람)' 소감 혹은 리뷰 영상이 경쟁적으로 쏟아지며 이는 채널의 조회수를 높이는 데 큰 영향을 미친다. 그러나 채널의 장기적인 경쟁력을 높이는 데에는 이처럼 신작 감상기, 줄거리 소개 콘텐츠가 아니라 크리에이터만의 시각과 해석을 리뷰 영상에 녹이는 것이 훨씬 중요하다.

원콘텐츠의 영상과 소리가 함께 전달되는 경우 저작권법에 저촉된다. 소개하는 콘텐츠에 대한 호기심을 자아내게 하는 경우라면 원저작권자가 마케팅의 일환으로 받아들일 수도 있지만 콘텐츠를 따로 볼 필요도 없을 정도로 상세하게 소개하거나 결정적인 부분을 공개하는 스포일러 콘텐츠일 경우 원저작자뿐 아니라 구독자들로부터도 부정적인 평가를 받을 수 있다. 콘텐츠의 내용을 리뷰하는 것은 아니지만, 영화나 뮤직비디오 등을 시청하는 사람들의 모습을 담은 '리액션 영상' 역시 광의의 의미에서는 콘텐츠 리뷰 카테고리에 속한다고 할 수 있다.

③③ **클립(Show Clips)**

주로 '방송(혹은 영화) 다시보기'의 형태로 제공되는 콘텐츠들로서 영화, TV쇼, 공연 등의 주요 장면 일부만을 편집하거나 전체 콘텐츠를 짧게 축약하여 보여주는 콘텐츠이다. 따라서 전체 영상을 보유하지 않거나 해당 콘텐츠의 저작권이 없는 개인 크리에이터가 시도하기는 어려운 분야이며, 유튜브에서 일반적으로 볼 수 있는 클립 콘텐츠들 역시 저작권을 가진 방송사가 직접 편집한 클립들이다. 전체 스토리를 이해해야 즐길 수 있는 영화나 드라마보다 짧은 상황극만으로 즐거움을 얻을 수 있는 코미디, 시트콤 등이 클립에 유리하다. 방송사와 영화사는 더 이상 수익을 창출할 수 없는 과거의 콘텐츠를 짧게 편집해 유튜브에 공유함으로써 추가 광고 수익을 기대할 수 있게 된다.

콘텐츠의 핵심 장면을 개인 크리에이터가 짧고 재미있게 편집한 이른바 '짤방' 영상은 저작권법에 저촉되지만 원저작권자가 눈감아주는 경우가 있다. 이는 짤방 콘텐츠들이 옛 방송 프로그램이나 영화를 재조명함으로써 다시 인기를 끌게 만드는 효과를 낳기도 하기 때문이다. 개인 크리에이터가 아이돌의 공연을 직접 촬영하여 핵심 부분만 편집, 제공한 '직찍' 콘텐츠가 아이돌의 인기를 급부상시킨 사례는 흔히 접할 수 있다.

최근에는 옛 콘텐츠를 편집하는 것뿐 아니라 TV와 OTT에서 현재 방영 중인 인기 드라마 시리즈나 영화를 아주 짧게 압축·소개하는 콘텐츠도 인기를 얻고 있다. 이는 봐야 할 콘텐츠가 너무 많아지고 이를 처음부터 끝까지 볼 시간은 부족하지만 사람들과의 대화에 뒤처지고 싶지 않은 소비자들의 세태가 반영된 현상이나, 저작권에 의해 저촉될 수 있는 콘텐츠이기도 하다.

㉞ 다양한 예고편 영상(Trailers)

압축형 영상이라는 점에서 클립과 유사하나, 클립이 이미 제작된 콘텐츠를 압축해 보여줌으로써 관심을 재환기하려는 콘텐츠임에 비해 예고편은 작품 공개·개봉 이전에 해당 작품에 대한 기대를 북돋기 위한 마케팅용 콘텐츠라는 차이가 있다. 유튜브용 개인 콘텐츠를 위한 예고편은 거의 없고 대부분 레거시 미디어용 영화나 드라마를 알리는 콘텐츠이다. 유튜브에서 매우 인기 있는 카테고리지만 개인 크리에이터가 제작하기는 어려운 카테고리이다.

㉟ 각종 광고 및 홍보 영상(Promotional Content)

각종 제품, 서비스, 콘텐츠, 개인 등을 대중에게 알리기 위한 목적으로 제작된 콘텐츠이다. 다양한 기업 및 기관, 단체의 홍보와 광고 영상이 이에 해당하며 위의 예고편 영상 역시 광고 카테고리의 일종이다. 일반적인 광고 및 홍보 영상의 작법을 따르는 경우가 대부분이며 기업의 제품을 위한 영상 제작 비용은 다른 카테고리 영상에 비해 월등히 높은 편이다. 전통적인 예고편 영상과는 다르지만 콘텐츠의 촬영 비하인드 스토리, 공연장의 백스테이지 등 다양한 뒷이야기를 보여주는 영상 역시 해당 콘텐츠를 알리기 위한 것이므로 광고 영상의 일종으로 볼 수 있다.

위의 콘텐츠들은 다양한 방식과 포맷으로 만들어질 수 있다. 연예인 같은 유명인이 출연할 수도 있고 아닐 수도 있다. 한 명의 크리에이터가 처음부터 끝까지 끌어가는 포맷일 수도 있고 여러 명이 등장하여 대담 혹은 토크쇼를 하는 형식일 수도 있다. Q&A나 랭킹 소개와 같은 형식을 띨 수도 있고, 사람이 등장하지 않고 PPT 형태의 슬라이드와 내레이션, 자막으로만 구성될 수도 있다. 2021년부터 크게 유행하기 시작한 라이브 커머스 역시 콘텐츠 카테고리가 아닌 포맷의 하나로 이해해야 한다. 이는 위에서 제시한 30여 종류의 콘텐츠들 대부분이 그 카테고리 내에서 커머스 방식으로 제품을 판매할 수 있기 때문이다.

이 책에서 제시한 서른다섯 가지의 크리에이터 콘텐츠의 종류로도 유튜브의 모든 콘텐츠를 포괄할 수는 없다. 기존의 콘텐츠 카테고리 중 인기를 얻는 카테고리는 분화할 것이고, 여러 종류의 카테고리가 합쳐 새로운 카테고리를 만들어낼 것이며, 완전히 새로운 콘텐츠 역시 계속 등장할 것이기 때문이다. 지금까지 형성된 대부분의 콘텐츠 카테고리가 유튜브의 고향인 미국에서 생겨난 것들임에 비해 먹방처럼 우리나라에서 처음 인기를 얻은 콘텐츠들이 등장하기 시작했으며 앞으로 또 어떤 의외의 콘텐츠 카테고리가 생길지는 예측하기 어렵다. 또한, 영상 콘텐츠의 전문성을 지닌 TV와 영화 제작사가 지금까지 유튜브에 진출한 레거시 미디어였지만 앞으로 신문사, 잡지사, 라디오 등 거의 모든 대중매체가, 나아가 교육, 종교, 정치 등 수많은 분야가 영상 콘텐츠 분야에 본격 진입할 것이며 이에 따라 새로운 콘텐츠가 등장할 것이다. 게다가, 유튜브처럼 크리에이터가 의도적으로 제작하는 영상 콘텐츠 플랫폼이 아니라 사용자의 일상이 콘텐츠가 될 수 있는 가상공간, 메타버스가 대중적인 플랫폼이 되면, 딥페이크 기술의 대중화로 메타버스 속 사람들의 모습이 현재와 같은 '아바타'가 아니라 그들의 실제 모습에 더 가까워진다면 위의 목록보다 훨씬 다양한 수많은 카테고리와 형태의 콘텐츠가 새로 태어날 것이다.

6장

인플루언서들은
이런 콘텐츠를
만든다

인기 있는 콘텐츠에
반드시 포함된 요소들

　1인 미디어 콘텐츠를 논할 때 많은 사람들이 크리에이터의 외모나 개인기 같은 개인적 역량을 중시한다. 크리에이터의 개인적 매력은 유튜브 콘텐츠의 강력한 장점 중 하나이며 콘텐츠의 출발이 될 수는 있지만 전부일 수 없으며, 개인의 매력을 전부로 삼는 콘텐츠는 오랫동안 성공할 수도 없다. 이제는 모든 것이 소재이자 대상인 시대이다. 크리에이터가 누구인지 드러내지 않으면서 정보 자체로, 혹은 영상미로만 구독자들의 시선을 끄는 콘텐츠가 나오고 있고, 기존 방송국과의 콜라보로 탄생한 '유튜브 예능' 콘텐츠가 등장했다. 좋은 촬영 감각과 촬영 대상을 갖추고 있다면 크리에이터가 개인적으로 매력을 충분히 갖고 있지 못해도 얼마든지 매력적인 아이템을 생산할 수 있다.

　최근에 주목받는 어떤 콘텐츠들은 마치 예술의 영역으로 넘어간 듯 보이기도 한다. 메이크업 아티스트를 유명한 유튜버로 발굴한 이야기는 앞에서 소개한 바 있는데, 꽃을 다루는 플로리스트도 '꽃을 화면에 예쁘게 담아낼 수 있는 자신만의 능력'이 있다면 얼마든지 성공적인 유튜버가 될 수 있다. 심지어 꽃을 중심에 보여주지 않더라도 꽃과 어울리는 소품을 자신만의 감각으로 구성하여 '유튜브로 만나는 작은 미술관' 같은 풍경을 연출하여 성공할 수도 있다. 이는 아마도 네일 아티스트, 건축가, 인테리어 디자이너, 심지어 (영화 음향을 만드는) 폴리 아티스트(Foley Artist) 등 '아티스트'라는 호칭을 붙일 수 있는 모든 사람에게 해당될 것이다.

　이 장에서는 좋은 콘텐츠를 제작하고 이러한 콘텐츠를 담아내는 채널을 운영하기 위한 몇 가지 법칙과 조건을 소개한다. 그러나 언제나 반드시 통하는 콘텐츠의 공식은 세상에 존재하지 않는다는 점을 미리 강조하고자 한다. 크리에이터 콘텐츠든 레거시 콘텐츠든 성공하는 모든 콘텐츠는 오디언스, 크리에이터, 그리고 시장 환경에 영향을 받는다. 모든 것을 감안한 완벽한 콘텐츠 기획이 이루어졌다 해도 이를 제작하는 주체들의 비전, 독창성, 실행상의 완성도 등에 따라 콘텐츠는 성공할 수도 실패할 수도 있다. 따라서 콘텐츠의 성공을 위한 결정적 공식이나, 반드시 성공하는 장르나 테크닉을 거론하는 것은 불가능하다. 다만 이 장에서는 콘텐츠를 만드는 데 있어 반드시 기억해야 할 중요한 요인, 특히 크리에이터의 콘텐츠가 반드시 지녀야 할 중요한 가치와 채널 운영의 방식을 짚어보기로 한다.

긴 시간을 빠져들게 하는 TV 콘텐츠
vs
독특하고 참신한 유튜브 콘텐츠

    크리에이터, 특히 처음 시작하는 크리에이터라면 대부분 좋은 콘텐츠, 남들보다 더 나은 콘텐츠를 만들겠다는 포부와 자신감으로 가득 차 있게 마련이다. 더 이상 TV를 보지 않는 소비자, 유튜브를 더 많이 보는 젊은 세대를 보며 자신의 채널과 콘텐츠가 이들의 눈길과 시간을 붙잡을 수 있을 것이라고 생각한다. 그러나 결론부터 말하자면 이는 반만 맞고 반은 틀리다.

    사람들이 예전처럼 TV를 보지 않는 것은 TV의 콘텐츠가 식상하기 때문이다. 많은 제작비를 들여 제한된 채널을 통해 많은 사람들에게 내보낼 콘텐츠를 만들어야 하므로 '독특함'보다 '안전함'이 우선시된다. 그러다 보니 이미 검증된 방식을 선호하고 익숙한 이야기와 포맷을 반복한다. 자주 보던 연예인이 등장하고 예전에 본 듯한 구도의 스토리가 반복되는데 이는 모두 실패할 확률이 적은 접근이기 때문이다. 게다가 TV는 모든 사람을 대상으로 한 콘텐츠를 내보내야 하므로 모두가 이해하고 공감할 수 있는 보편타당한 소재와 이야기를 선호한다. 이는 소재의 다양성을 제한할 뿐 아니라, 역설적으로 시청자 한 사람 한 사람이 처한 현실과 그들이 매일 느끼는 감정을 담아낼 수 없게 한다. 웨이브, 티빙 등의 서비스가 TV 콘텐츠를 스마트폰에서 보여주지만, 여전히 TV 콘텐츠는 아무데서나 볼 수 있는 접근성 높은 콘텐츠는 아니다. 콘텐츠 특성상 한 시간 동안의 집중을 요하는 데다가 TV의 모든 프로그램이 OTT에서 제공되는 것도 아니기 때문이다.

반대로 1인 크리에이터의 콘텐츠가 TV 콘텐츠를 완전히 대체할 수 없게 만드는 TV 콘텐츠만의 굳건한 장점들도 존재한다. 레거시 콘텐츠, 이른바 웰메이드 콘텐츠(혹은 고품질 콘텐츠)는 TV와 OTT에서 여전히 소비자를 열광시킨다. 드라마, 영화와 예능은 물론 중계권으로 보호되는 스포츠 콘텐츠가 이에 해당한다. 방영 시간에 맞춰 TV 앞에 모여앉아 함께 시청하지 않더라도 사람들은 인기 있는 레거시 콘텐츠를 열심히 찾고 소비하고 다른 사람들과 이야기를 나누며 '같은 콘텐츠를 본다는 소속감'을 만끽한다. 게다가, 모든 사람을 타깃으로 한다는 특징은 모든 사람에게 알리기 유리하다는 장점이 되기도 하며 모든 사람을 동시에 만족시킬 요소를 갖고 있다는 뜻이기도 하다. 레거시 콘텐츠의 단점으로 꼽히는 소재의 경직성은 다양한 OTT가 다양한 제작사와 함께 다양한 콘텐츠를 실험함으로써 (조금은) 극복되고 있다. 게다가 레거시 콘텐츠는 시청자를 한 시간 혹은 그보다 긴 시간 동안 콘텐츠에 '빠져들게 하는' 힘을 갖고 있다. 시청자를 몰입하고 집중하게 만드는 레거시 콘텐츠의 힘은 자본, 그리고 오랫동안 축적된 제작 역량으로부터 나온다.

유튜브 등지에서 활동하는 1인 크리에이터가(혹은 크리에이터 팀이) 아무리 열심히 '토요미스터리'와 같은 채널을 만든다고 해도 〈그것이 알고 싶다〉 팀의 취재 역량과 제작 역량은 이길 수 없다. 〈심야괴담회〉나 〈신비한TV 서프라이즈〉 팀이 가진 작가와 출연진 등 제작 역량을 능가할 수 없고, 오랜 경험을 쌓은 김태호PD나 나영석PD의 역량과 그들과 함께 하는 팀의 기획력을 넘어서기란 거의 불가능에 가깝다. 따라서 크리에이터는 TV로부터 등을 돌리는 소비자들을 공략하되, TV보다 좋은 콘텐츠를 만들려고 해서는 안 된다. TV가 만족시킬 수 없는 부분을 찾아, TV와 다른 콘텐츠, TV에서는 기대할 수 없던 콘텐츠, 유튜브나 아프리카TV라는 인터랙티브 플랫폼, 개인형 플랫폼에서 더 잘 전달할 수 있는 가치에 집중하여 콘텐츠를 만들어야 한다.

내 채널에만 있는 독특함과 다양성을 확보할 것

크리에이터 콘텐츠가 가진 가장 큰 장점은 다양성과 유연성이다. 레거시 콘텐츠가 스크린을 OTT나 유튜브로 옮긴다고 해도, 또는 아무리 다양한 콘텐츠를 실험한다고 해도 크리에이터 콘텐츠의 다양성을 따라잡을 수는 없고, 많은 시청자의 요구에 맞춰 콘텐츠를 변경하거나, 그들의 의견을 담은 콘텐츠들을 제작할 수는 없다. 그러나 유튜브의 경우 TV처럼 '대중'을 대상으로 하는 콘텐츠가 아니고 그런 콘텐츠를 지향할 이유가 없기 때문에 크리에이터는 자신이 가진 강점을, 본인의 구독자라는 좁은 타깃을 대상으로, 그들이 만족할 수 있도록, 크리에이터 본인의 관점과 목소리로 콘텐츠화 해야 한다. 예컨대 미슐랭 맛집을 소개하는 레거시 콘텐츠라면 작가, PD 등 제작진의 깊은(deep) 자원을 활용하여 이 맛집이 어떻게 미슐랭에 선정되었는지, 대표 메뉴들은 무엇이며 각각에 얽힌 이야기는 무엇인지, 사용된 재료의 우수성과 영양학적 특성과 맛의 차이를 전문가의 목소리로 들어보고 방문객의 평을 듣는 등 '풍부한 이야기를 완결형으로' 제작해낼 것이다. 그러나 보통 크리에이터는 이 같은 자원도 없을 뿐더러 모든 메뉴를 시킬 여력도, 대중이 신뢰할 만한 요리 전문가를 만날 네트워크도 없다. 그러므로 구독자가 좋아할 만한 이야기를 중심으로, 구독자의 눈높이에서 콘텐츠를 구성해야 한다.

구독자는 미슐랭 맛집에 대한 360도 분석을 얻기 위해 크리에이터의 콘텐츠를 보지는 않을 것이다. 같은 미슐랭 맛집 탐방기라 해도 내 구독자의 눈높이에서, 그들이 알고 싶어할 만한 이야기를 해주는 편이 바람직하다. 예를 들면 연인과 함께 이 맛집을 처음 가보려고 하는 구독자에게 '자주 와본 것처럼 자연스럽게 즐기는 법'에 초점을 맞추어 구성한다면 이 맛집을 찾아가는 법, 예상 대기 시간, 대기하는 도중 가볼 만한 부근의 재미있는 장소, 메뉴 보는 법, 가장 인기 있는 메뉴와 그에 대한 설명, 크리에이터 개인의 소감 등을 중심으로 레거시 콘텐츠와는 전혀 다른 콘텐츠를 제작할 수 있다. 혹은 구독자의 요청에 따라 '다른 미슐랭 레스토랑과의 가성비 비교', '고백하기 좋은 분위기', '회식도 할 수 있는 미슐랭 맛집' 등 구독자 중심의 콘텐츠를 함께 만들어낼 수도 있다.

'공감'을 기반으로 '공유'까지 할 수 있는 콘텐츠 만들기

레거시 콘텐츠에 비해 크리에이터 콘텐츠만이 가질 수 있는 두 번째 절대적 장점은 구독자 관점에서 '나를 위한 이야기', '내가 궁금하던 이야기', '내 이야기'라고 느낄 수 있는 이야기들을 만들 수 있다는 점이다. 이는 (위에서 언급한 것과 같이) 다양한 콘텐츠를 만들 수 있다는 장점뿐 아니라 구독자의 충성도를 높이는 효과를 가져오기도 한다. 구독자의 관점으로 콘텐츠를 기획·제작하는 것은 구독자가 크리에이터와 동질감을 느끼게 한다. '나와 비슷한 사람이 크리에이터로서 나 같은 사람을 위한 이야기를 해준다'는 느낌은 크리에이터를 친근하게 느끼게 하고, 크리에이터와의 소통을 더 쉽게 만든다. 이는 단순히 '채널 구독자의 취향에 부합하는 콘텐츠를 만드는 것' 이상의 노력을 요한다. 구독자의 관점에서 기획하고, 구독자들은 무슨 이야기를 원할지 고민하며, 그들의 언어로 콘텐츠를 만들어야 한다. 또한 구독자 피드백을 항상 지켜보며 그들이 요청하는 소재를 새로운 콘텐츠로 만들어주는 등 마치 친구의 이야기를 듣는 듯한 느낌을 주어야 한다. 레거시 콘텐츠가 모든 사람을 만족시킬 이야기를 한다면, 크리에이터의 콘텐츠는 구독자의 관점에서 구독자의 편을 드는 이야기를 해주어야 한다.

'공감할 수 있는 영상'은 공유도 잘 되는 편이다. 인기 크리에이터 '영국남자'가 가장 먹기 힘든 한국 음식 중 하나인 홍어에 도전하는 영상은 신기하기도 하지만 내가 홍어를 처음 먹었을 당시를 떠올리게 만들고, 외국인도 나와 똑같은 반응을 보이는 것에 공감하며 다른 어떤 도전이 있을지 궁금하게 만들기도 한다. 잘 공유되는 콘텐츠는 궁극적으로 '이를 공유함으로써 주변으로부터 주목을 받을 만한 콘텐츠'이다. 유행과 트렌드를 주시하라는 것은 유행에만 맞는 콘텐츠를 새로 만들라는 것이 아니라 크리에이터가 스스로 만들던 콘텐츠에 유행의 요소를 추가하라는 의미이다.

타깃도 소재도 좁고 뾰족하게 선정하기

크리에이터 콘텐츠의 장점을 효과적으로 살리기 위해서는 대중을 상대로 하는 콘텐츠가 아니라 (마치 내 친구를 상대하듯) 좁은 타깃을 상대로 콘텐츠를 기획해야 한다. 콘텐츠의 주제와 소재 역시 이들을 만족시킬 만한, 이들이 듣고 싶을 만한 좁은 것으로부터 시작해야 한다. 특히 채널을 막 시작한 '노바디' 크리에이터라면 초기 구독자와의 유대감을 쌓는 것이 무엇보다 중요하다. 보편타당한 소재와 주제, 주장은 레거시 콘텐츠의 강점이다. 그들이 다루지 못할 분야, 혹은 다루지 않을 분야를 좁게 잡은 후 크리에이터 자신만의 시각으로, 본인의 이야기를 나누며 구독자와 유대감을 쌓아야 한다. 단, 구독자를 지나치게 앞세워 차별적인 주장을 앞세우는 것은 결속력을 높일 수는 있어도 장기적인 관점에서 채널 성장이나 크리에이터의 영향력 확산에는 해가 될 수 있음을 유념해야 한다.

끌리는 채널의 기본 다작[多作]: 꾸준히 많이 만들기

영향력을 목표로 채널을 개설하여 운영한다는 것은 상당한 시간적·금전적 투자를 요한다. 많은 콘텐츠를 만들어내야 성과를 기대할 수 있으며, 크리에이터가 잠깐 관심을 가진 소재로는 많은 콘텐츠를 만들어낼 수 없다. 선택한 주제에 대한 크리에이터의 관심과 열정은 물론 오랫동안 버틸 수 있는 의지력과 인내심을 요구한다.

구독자의 관점에서 좁은 분야를 소재로 여러 가지 이야기를 여러 차례 하기 위해서는 필연적으로 많은 콘텐츠가 필요하다. 레거시 콘텐츠처럼 일주일에 한 가지 소재로 한 시간짜리 콘텐츠를 한 편 만드는 접근이 아니라 일주일에 서너 편, 각 15분짜리 콘텐츠를 꾸준히 만들어내야 한다. 레거시 콘텐츠와 달리 크리에이터 콘텐츠에 있어 양은 때때로 질보다 중요하다. 채널이나 콘텐츠를 시작하기 전 크리에이터 본인이 고른 주제에 대해 많은 콘텐츠를 만들어낼 자원과 의지, 열정이 충분한지 자문해야 한다. 그리고 이런 식의 제작을 얼마나 지속할 수 있을지를 판단해보아야 한다.

쓸모 있는 정보를 제공하기

크리에이터의 콘텐츠는 반드시 쓸모가 있어야 한다. '내 콘텐츠를 경험하는 사람에게 무엇을, 어떤 가치와 효용성을 주고 싶은지'를 먼저 생각하고 콘텐츠를 기획해야 한다. 이런 기본을 정리하지 않고 최신 트렌드를 좇으려 하고, 예상 조회수를 계산하며, 얼마를 벌 수 있을지를 상상하는 것은 크게 뒤바뀐 순서이며 꾸준히 성공하기 어렵다. 어떤 크리에이터가 스스로 그림을 그리는 모습을 구독자에게 보여주고 싶다고만 생각하며 콘텐츠를 만든다면 이는 크리에이터 자기만족을 위한 콘텐츠가 된다. 반면 같은 콘텐츠라 해도 '사람들이 내가 그림 그리는 모습을 보며 마음의 안정을 느끼면 좋겠다'고 생각하며 콘텐츠를 만든다면 쓸모있는 콘텐츠가 될 가능성이 훨씬 높아진다. 마음의 안정이든 감동이든, 즐거움이든 공감이든 명확한 목표를 염두에 두고 콘텐츠를 만들 때 더 많은 아이디어가 생기고, 더 어울리는 배경음악을 고민하게 되며, 화면의 배경, 구성, 소품 등을 따져보며 콘텐츠의 질을 높이게 된다.

성공하는 콘텐츠의 근간은 '시청자에게 무엇을 주고 싶은가' 하는 마음이라고 할 수 있다. 영향력 있는 콘텐츠는 시청자를 끌어들이는 데에만 초점을 맞추지 않는다. 시청자가 궁금해할 만한 포인트를 미리 조사해서 궁금증을 해결해주고자 노력하거나, 사람들이 관심을 기울여야 할 부분을 소개하는 등 '메시지'를 던지고자 노력한다. 당신이 만들고자 하는 콘텐츠는 시청자에게 어떤 가치를 전하고 있는가? 차별화된 재미, 감정적 교감, 유익한 정보, 혹은 앞날에 대한 꿈과 희망 등 무엇이든 좋다. 쓸모 있는 콘텐츠는 자연스럽게 공유도 된다. 널리 공유되는 콘텐츠의 큰 특징은 '쓸모'와 '유행과의 부합'이다. 최근 유행에 맞는 콘텐츠를 만드는 데에는 트렌딩 토픽을 이용하는 것도 단기적으로 효과적이다. 어떤 드라마가 방영될 때 주인공의 메이크업 영상이 화제가 되고 있다면 이를 응용하거나 거론하는 콘텐츠를 만들어 단기간에 조회수 증가를 꾀할 수 있다. 그러나 유행의 포착은 유튜브 트렌드를 보는 것만으로는 부족하며 인스타그램, 틱톡, 다양한 커뮤니티는 물론 TV/OTT와 같은 대중매체를 주시하고, 다가올 주요 이벤트, 기념일 등에 어울릴 콘텐츠 트렌드를 미리 생각하는 것이 효과적이다. 예를 들면 '(코로나19에 성행했던) 홈트레이닝 콘텐츠나 '스카프 예쁘게 빨리 매는 다섯 가지 방법' 등 같이 사람들이 가치 있다고 여길 콘텐츠, 이를 친구들에 공유할 때 공유하는 사람을 주목받게 할 콘텐츠가 효과적이다.

주제는 명확하고 구체적으로 잡기

캐릭터가 크리에이터의 정체성이라면 주제는 채널의 정체성을 나타낸다. 주제가 확실하면 이를 기반으로 얼마든지 다양한 소재를 활용할 수 있지만, 주제가 불분명하다면 채널 방문자는 이 채널로부터 무엇을 기대해야 할지 알 수 없게 되어 채널의 인지도와 호감도는 모두 떨어질 수밖에 없다.

콘텐츠의 주제는 크리에이터가 말하고 싶은 메시지와 긴밀히 연결되어 있다. 모든 크리에이터가 자신만의 '메시지'를 뚜렷이 갖고 있지는 않다. 콘텐츠를 통해 '시청자를 웃게 해주고 싶다', '지식을 알려주고 싶다', 혹은 '게임을 잘하는 방법을 알려주고 싶다'는 정도의 '의도'를 갖고 있는 크리에이터는 많지만 이 정도를 메시지나 주제라고 부르기에는 모호하다. 적어도 '일상 속 황당한 상황을 소개하여 호탕한 웃음을 주고 싶다', '전 세계의 미스터리한 이야기 속에 빠져들게 하여 재미를 주고 싶다', '부동산이나 주식과 같은 현실에 도움이 될 경제 지식을 알려주고 싶다' 는 식으로 구체화되어야 한다(지나치게 구체화해서 정작 다룰 수 있는 소재를 제한하는 상황을 만들어서는 안 될 것이다).

좋은 주제란 간단히 말하자면 명확하고 독특하며 대중의 관심사에 부합하는 메시지이다. 보다 구체적으로는 첫째, 크리에이터와 타깃 모두에게 관심 있는 주제여야 한다. 크리에이터만 좋아하는 주제라면 대중의 지지를 얻을 수 없고, 그 주제를 좋아하는 대중의 저변이 넓지 않다면 소수 마니아만 좋아하는 콘텐츠가 되어 확장성에 한계가 생길 것이다. 반대로, 크리에이터는 좋아하지 않는 주제임에도 대중의 선호를 좇아 선택하는 경우 좋은 콘텐츠를 만들기도 어려워질 뿐 아니라 크리에이터가 이 주제에 대해 오랫동안 이야기할 수도 없게 된다. 이는 의외로 자주 일어나는 일이다. 대중이 좋아한다는 이유로 크리에이터가 '싫어하는 주제'를 고르는 일은 흔치 않겠지만, 트렌드에 부합한다는 이유로 크리에이터가 원하지 않거나 자신 없는 주제로 채널을 만드는 일은 종종 일어난다.

둘째, 주제는 구체적이고 명확해야 하며 이유를 제시해야 한다. 이는 채널과 콘텐츠의 차별화와도 직결된다. '맛집 소개'라는 포괄적인 주제보다는 '성시경이 다녀온 맛집 탐방'이 더 구체적이고 명확하다. 이때 단순히 범위를 좁히는 것 외에도 크리에이터의 관점을 담아내는 것이 중요하다. 예를 들어 '서울의 모든 면(麵) 요리 식당 소개'라는 채널을 연다면 전체 맛집을 소개하는 것에 비해서는 나름 차별화를 꾀할 수 있겠지만 식당을 찾아가 음식을 맛보고 이를 평가하는 콘텐츠 이상을 기대하기 어렵다. 이 주제로는 면 요리에 대한 정보를 취합하여 설명하고, 방문한 식당의 대표 메뉴는 무엇이며, 이 음식은 면 요리로서 어떤 특징이 있는지 분석하고, 이에 더해 크리에이터의 개인적 감상을 소개하는 선에 그치기 쉽다. 콘텐츠의 주제를 보다 효과적으로 구체화하는 방법은 크리에이터 본인만의 창의적인 관점 혹은 이유를 담아내는 것이다. 면 요리 식당의 특성은 단순히 맛이 있고 없고를 넘어 훨씬 다양한 시각으로 바라볼 수 있다. 주차하기 좋은 식당인지, 지하철역이 가까이 있는지, 단골의 비율이 높은지, 가성비가 좋은지, 채식 식단이 있는지, 그 식당과 음식에 얽힌 재미있는 스토리가 있는지 등을 바라봄으로써 '서울의 모든 면(麵) 식당 소개'라는 주제는 '단골이 많아야 진정한 맛집 — 서울의 노포 면(麵) 식당과 그에 얽힌 이야기'와 같이 구체화할 수 있다. 혹은 '사라져가는 다양한 면 요리를 사람들에게 알린다'는 자신만의 이유를 제시하는 것도 좋다.

셋째, 소비자도 할 말이 많은 주제일수록 좋은 주제이다. 이는 위에서 언급한 크리에이터의 논점과도 연결된다. 뻔하고 당연한 주제는 사람들의 호응과 참여를 이끌어내기 힘들다. 소비자들이 자신의 의견을 말하고 싶어지는 주제가 방문자의 의견과 참여를 이끌어내는 데 유리하다. '상부상조', '환경보호'와 같이 선한 주제가 언제나 좋은 주제는 아니다. '1+1=2'와 같이 이론의 여지가 없는 확고한 명제도 좋은 주제라고 할 수 없다. 콘텐츠를 보는 사람이 동감하고 공감을 느낄 수 있는 주제, 자신의 의견을 대변한다고 느낄 수 있는 주제, 혹은 '건전한 이견'을 가질 수 있는 주제, 이를 통해 사람들의 참여를 이끌어내는 주제가 좋은 주제이다. 때로는 논쟁의 여지를 주는 편이 필요할 수도 있다. 채널의 주제는 크리에이터의 관점이자 메시지이다. 예를 들어 '환경보호'는 '플라스틱 사용을 줄여야 한다'는 메시지로 구체화될 수 있고, 이는 다시 '플라스틱 사용을 줄이기 위해 가장 시급한 것은 배달음식 주문 시 제공되는 모든 일회용품의 가격을 크게 올리는 것'이라는 주장은 논란의 여지가 있을 수 있으므로(주장의 맞고 틀림을 떠나) 반론과 참여를 이끌어내고자 하는 메시지로서는 더 효과적일 수 있다.

넷째, 다양한 변주가 가능한 주제가 좋은 주제이다. 충분한 인지도와 해당 주제에 대한 충성스러운 팬덤이 형성된 크리에이터라면 모를까, 한가지 종류의 콘텐츠로만 밀고 가는 것은 부담이 크다. 주제는 다변화해야한다. 이는 주제의 폭과 직결된다. '한국 역사'는 지나치게 광범위하지만 '조선 숙종 시대 미술사'는 지나치게 좁을 수 있다. 뚜렷한 주제이되, 이로부터 다양한 소주제와 소재를 파생시킬 수 있는 주제가 바람직하다. 디바제시카 채널은 국내의 사건·사고 관련 콘텐츠가 큰 호응을 얻고 있음을 발견한 뒤 '토요미스터리'라는 시리즈는 유지하되, 국내 사건을 중점적으로 다루는 '금요사건파일'이라는 시리즈를 새로 만들었다. 이에 더해 '미스터리'와 '역사'를 합친 교집합 같은 제3의 콘텐츠까지 제공하며 방문자들에게 새로움을 선사했다. 익숙함을 배경으로 조금씩 새로움을 더하는 것, 이는 모든 크리에이터들에게 적용할 수 있는 중요한 생존 전략 중 하나이다.

마지막으로, 크리에이터가 해당 주제를 다루기 위해 필요한 정보와 자료를 충분히 확보하고 검토할 현실적 역량과 의지가 있는지 역시 미리 감안해야 한다. 만일 환경보호를 심층적으로 다루는 채널을 만든다면, 채널 개설 초기에는 검색만으로 쉽게 구할 수 있는 언론 기사로도 충분한 양의 콘텐츠를 만들어낼 수 있을 것이다. 그러나 구독자와의 소통이 늘어나고 더 많은 정보를 제공하겠다는 욕심이 생김에 따라 국내외 논문이나 쉽게 이해하기 어려운 전문 자료를 찾아야 할 수도 있다. 이때 크리에이터가 이 주제를 깊이 알고 있지 못하거나 자료를 입수하고 이해하는 데 어려움을 겪는다면 아무리 좋은 주제라 해도 콘텐츠를 오래 만들기 어렵다. 지구평면설처럼 지구는 둥글다는 확고한 사실을 부정함으로써 큰 화제를 불러일으키는 사례도 있으나 이는 음모론, 괴담에 가까운 사례이므로 논외로 한다.

구독자의 욕망을 자극하기

크리에이터 본인이 다루고 싶은 주제를 결정했다면 그다음에는 이 주제에 대해 구독자들은 무엇을 바라고 있는지, 이에 대해 크리에이터는 무엇을 제공할 수 있는지를 끊임없이 자문하며 파악해야 한다. 어떤 종류의 콘텐츠가 됐든 성공하는 인플루언서 콘텐츠의 기본은 소비자(구독자)의 욕망을 활용하는 것이다. 모든 시청자는 콘텐츠를 시청하고 소비하는 데 자신만의 욕망이 있게 마련이다. 그것이 단순히 시간을 때우는 것이든 필요한 정보를 얻는 것이든, 웃음이 필요한 것이든 위로가 필요한 것이든간에 말이다.

콘텐츠 한두 편으로는 누구의 욕구도 충족시키지 못한다. 게다가 소비자의 욕구, 특히 감정적인 욕구는 위의 구분보다 실제로는 훨씬 복잡다단하기 때문에 콘텐츠를 기획할 때 '욕구의 충족'이라는 부분을 반영하는 것 역시 쉽지 않다. 그러나 소비자의 욕구를 감안하고 기획된 콘텐츠(채널)과 그렇지 않은 콘텐츠(채널)는 장기적으로 확연한 차이를 만들어낸다. 적어도 '영향력을 갖기 위한 콘텐츠'라면 크리에이터 본인의 욕구보다 소비자의 욕구를 감안한 콘텐츠가 되어야 한다. 먹방 콘텐츠를 만들고자 하는 크리에이터라면 '음식을 배불리 먹는 행위'를 통해 시청자에게 '대리 포만감'—식욕이라는 생물학적 욕구에 '시청자는 실제로 음식을 먹지 않았다'는 만족감—을 줄 것인지, 또는 먹는다는 행위 외에 '기상천외한 음식'을 중심으로 한 정보 혹은 대리 경험을 줄 것인지를 미리 결정해야 한다. 크리에이터 본인의 일상을 보여주는 브이로그처럼 광범위한 장르를 시도하는 크리에이터라면 더욱 그렇다. 시청자가 크리에이터의 일상을 봄으로써 충족시킬 수 있는 욕망은 일상생활을 위한 정보, 사회적인 관계를 위한 정보, 색다른 상황으로부터 느낄 수 있는 재미, (크리에이터보다 시청자가 낫다고 생각하는) 우월감 등 셀 수 없이 다양하다.

또한 중요한 것은 소비자가 가진 '숨겨진 욕망(hidden desire)'을 자극하는 것이다. 콘텐츠를 시청함으로써 '즐겁고 싶고' '새로운 사실을 알고 싶은' 일반적인 욕망뿐 아니라 소비자가 쉽게 드러내지는 않지만 강렬히 갖고 있는 숨겨진 욕망을 파악하는 것이 중요하다. '남들보다 우월하고 싶은 욕망', '인정받고 싶은 욕망', '엿보고 싶은 욕망' 등이 몇 가지 예라고 할 수 있다. 게다가 TV나 넷플릭스와 달리 유튜브와 같은 1인 미디어 콘텐츠는 소비자가 '혼자' 시청하는 경우가 많다. 그리고 이들은 크리에이터와 댓글 또는 실시간 채팅을 통해 소통할 방법을 갖고 있다. 유튜브의 콘텐츠는 개인적이고 사적일 수 있다. 따라서 시청자가 갖고 있는 욕망—그것이 B급 정서의 재미가 됐든 '오타쿠스러운 분야'에 대한 은밀한 관심이든 그 밖의 무엇이든—에 대해 말을 걸어주는 콘텐츠가 유용하다.

남의 콘텐츠를 들여다보고 연구하는 것은 내 콘텐츠를 기획하는 것만큼 중요하다. 국내 트렌드뿐 아니라 해외의 흐름을 보는 것도 필요하다. 어떤 키워드가 뜨고 어떤 분야가 흥행 중인지 파악하고, 분석하고, 나와의 연관성을 알아채고 반영함으로써 앞서나가기 위해서는 흐름을 알아보는 안목이 중요한데 이는 (외부의 콘텐츠를 꾸준히 관찰하는) 다독(多讀)과 성실함이 가져다준다.

우리나라의 콘텐츠 영향력이 크게 성장한 최근은 덜하지만 얼마 전까지만 해도 해외에서 유행했던 콘텐츠, 해외 유튜버들 사이에서 유행한 챌린지와 리뷰 등이 우리나라에서 유행이 된 경우가 종종 있었다. 특히 미국, 영국, 호주 등의 영어권 유튜브를 보면 우리나라보다 수 년 앞선 유행을 선보인 경우가 있었는데 먹방, 뷰티, 운동(헬스) 등이 그 예이다. 지금은 한국에서 유행하는 콘텐츠들이 역으로 외국에서 유행하는 경우도 있지만, 모든 나라의 문화가 뒤섞여 소비되는 소셜 미디어의 특성, 그리고 해외의 트렌드가 우리나라의 흐름과 비슷하다는 점을 감안할 때 해외의 유행을 지켜보는 것은 여전히 크리에이터에게 좋은 통찰을 줄 수 있다. 이는 콘텐츠의 소재나 장르에만 국한되지 않는다. 전 세계가 주목하는 플랫폼이라면 한국에서도 유행할 가능성이 높다. 유튜브, 넷플릭스가 그랬고 클럽하우스(잠깐이었지만)가 그랬으며, 스포티파이나 팟캐스트 역시 영향력을 확대할 것으로 (조심스레) 점쳐본다.

다만, 유행을 파악했다 해도 그 유행이 본인에게도 충분히 유효한지, 새로운 플랫폼에서 내 콘텐츠가 효과적일지 등을 스스로 분석하고 실험해보는 것이 필요하다. 오디오 콘텐츠 중에서도 '소셜 라이브 쌍방향 라디오'를 표방한 클럽하우스는 초기에 선풍적 열풍을 일으켰으나 시간이 지나면서 영향력이 줄어들고 있는데, 이런 현상을 만들어낸 소비자의 특성이 무엇인지 스스로 분석해보는 것이 필요하다.

당연하지만 중요한 질문, 새로운 콘셉트인가

다음으로 할 일은 콘텐츠의 콘셉트를 정하는 것이다. 콘셉트는 주제와는 다르다. 콘셉트는 '무엇에 대해 말할 것인가'의 주제는 물론 '무엇을 이야기할 것인가'라는 소재, '어떻게 이야기할 것인가'라는 형식과 스타일을 포괄하며 여기에는 콘텐츠의 말투, 크리에이터의 캐릭터 등도 포함된다. 아프리카TV, 유튜브, 트위치, 틱톡 등 어떤 플랫폼이든 기존에 없던 콘셉트를 바탕으로 새로운 콘텐츠를 제공한다면 성공 가능성이 높아진다. 모든 성공적인 콘텐츠에는 그들만의 색다름이 있다. 비슷비슷해 보이는 주제여도 남들과 어떻게 다른 차별점을 보여줄 것이며, 조금씩 다르게 포장해 지속적으로 새로움을 부여하는 것이 좋다. 그러나 남들과 완전히 다를 필요는 없다. 비슷비슷하게 보이는 다른 사람들의 콘텐츠로부터 조금이라도 다른, 그리고 시청자들이 흥미를 느낄 만한 나만의 차별점을 보여주는 것으로 충분하다. 새로움에 집착한 나머지 호감을 희생해서는 안 된다. 아프리카TV에서 디바제시카라는 이름으로 처음 무료로 영어를 가르칠 때만 해도 이 개념은 굉장히 새로웠다. 태닝한 피부에 염색한 머리, 외국물을 가득 먹은 듯한 20대 후반의 '날라리 언니' 이미지를 만들고 여기에 무료 영어 공부를 접목시킨 것은 기존에 찾아볼 수 없던 콘셉트였고, 이 새로움 때문에 많은 시청자들로부터 인기를 끌었다.

공감할 수 있는 소재를 흥미를 유도하는 방식으로

콘텐츠의 소재를 다룰 때는 보편적으로 사람들의 공감을 이끌어낼 수 있거나 적어도 한 번쯤 접해봤을 친숙한 무언가를 택하는 것이 좋다. 특히 문화 비교 콘텐츠는 우리나라와 다른 나라의 문화를 비교하면서 익숙한 것과 새로운 것을 모두 보여주는 방식으로 여전히 성장성이 높은 분야이다. 예를 들어 우리나라 음식을 다른 나라 사람에게 먹여보는 설정은 이미 충분히 흔하지만 이 역시 어느 나라 사람으로부터 어떤 반응을 이끌어낼 것인가를 중심으로 차별화를 꾀한다면, 그리고 이를 나만의 콘셉트로 만들 수 있다면 얼마든지 자리를 잡을 수 있다. 다른 나라의 먹거리를 우리나라에 소개하는 것이나, 외국과 우리나라의 연애 방법 등 일상 속 차이점을 소개하는 것 역시 마찬가지이다. 이를 시청하는 한국인 시청자는 물론 외국인 시청자 역시 익숙한 자신의 문화를 보며 색다른 타국 문화에 대한 흥미를 유도할 수 있다. 이처럼 문화 비교 콘텐츠는 우리나라뿐 아니라 우리나라에 관심을 가진 외국 구독자까지 끌어들일 수 있어 시간이 흐르고 시대가 변해도 가능성이 있는 콘텐츠가 될 수 있다.

좋은 소재를 골랐다고 해서 끝나는 것이 아니다. 만들어내는 모든 것이 새로운 콘텐츠로 받아들여지던 유튜브 초기와 달리 크리에이터의 개념과 플랫폼이 어느 정도 정착된 현재는 소재의 차별화는 물론 제작 품질, 소재를 다루는 방식, 내용 등 거의 모든 면에서 고도화가 이루어지고 있다. 중요한 것은 크리에이터가 스스로 '내가 가장 잘할 수 있는 것', '내가 하고 싶은 것', '사람들이 보고 싶은 것'을 명확히 구분하는 것이다. 많은 크리에이터들이 일상 소재 브이로그, 맛집 탐방, 쇼핑 등 본인이 좋아하는 것, '본인이 하고 싶은 것'을 중심으로 소재를 선택하지만 본인만의 차별성을 갖춘 콘텐츠는 흔치 않다. 본인이 즐거웠던 '남자친구와의 주말 데이트'를 시청자들이 시간을 들여 봐줄 이유는 없다('남자친구 콘텐츠'가 효과가 없다는 것이 아니라 시청자들이 이를 봐야 하는 '이유'가 충분한가의 문제이다). 이 콘텐츠에서만 찾을 수 있는 이유가 없는 콘텐츠는 사람들이 볼 이유도 없다.

콘텐츠의 소재를 정할 때 고려해야 하는 또다른 중요한 점은 이 소재의 콘텐츠를 얼마나 계속 만들어낼 수 있는가, 이 소재를 계속 제작할 자원이 있는가이다. 어마어마한 예산을 들여 대성공을 거둔 동영상을 만들었다고 가정하자(레드불이 우주에서 낙하하는 영상*이 극단적인 예이다). 이런 콘텐츠는 한 번 만들 수는 있지만 꾸준히 만드는 것은 불가능하다. 개인이 아니라 기업도 고예산 콘텐츠를 계속 성공시키기는 것은 어렵다. 그러나 특정 유튜브 채널을 구독하는 소비자는 처음 본 콘텐츠와 유사한 퀄리티와 소재의 콘텐츠가 또 올라올 것이라는 기대감을 갖게 되며 이 기대

---

* 2012년 10월 14일 오스트리아 출신 스카이다이버 펠릭스 바움가르트너가 39km 우주공간에서 동력 없이 자유낙하한 프로젝트로 세계 1위의 에너지 음료 레드불이 후원해 '레드불 스트라토스(Red Bull Stratos)' 프로젝트로 불린다.

그림 13. 2012년 스페이스 다이빙 프로젝트 레드불 스트라토스 낙하 장면

가 충족되지 않으면 구독자는 떠날 수 있다. 따라서 유사한 품질의 콘텐츠를 얼마나 안정적으로, 지속적으로 만들어낼 수 있느냐는 매우 중요하다. 유튜브 채널을 운영하며 콘텐츠를 정기적으로 올리겠다고 생각한다면 시청자에게 어떤 기대를 심어줄 것이며 이를 계속 충족시킬 수 있는지를 반드시 고려해야 한다. 고품질 콘텐츠로 방문자의 기대를 한없이 높인 후 기대에 미치지 못하는 콘텐츠를 제공하는 것은 매우 비효율적인 전략이다.

일관성을 갖추는 것은
채널의 정체성이자 책임감

　많은 콘텐츠들을 제작해도, 색다른 콘셉트와 소재를 채택하더라도 채널의 콘텐츠들에는 일관성이 있어야 한다. 성공적인 채널 운영에 콘텐츠의 일관성과 정체성(identity)은 매우 중요하며 이는 일반적으로 캐릭터, 페르소나, 콘텐츠 포맷, 콘텐츠의 주제, 혹은 톤(tone of voice)에 의해 확립된다. 미국의 젊은층을 대상으로 한 온라인 매체 바이스(VICE)는 다양한 분야의 다큐멘터리 등 기획 콘텐츠를 만들지만 각각의 콘텐츠 뿐 아니라 채널의 배너 이미지, 편집방식, 내레이션 등 누가 봐도 바이스라는 정체성을 느낄 수 있게 콘텐츠를 제작한다. 이 회사에서 제공하는 바이스 뉴스(VICE News) 채널은 '뉴스'라는 제한된 종류의 콘텐츠를 만들어냄에도 불구하고 자사만의 독특한 리포팅 방식(visual scheme), 보도 방식, 편집 방식, 보도 톤, 주요 분야 등을 통해 '바이스만의 스타일'을 정립했다. 이를 통해 사람들은 바이스의 뉴스를 보는 순간 이 콘텐츠가 바이스의 뉴스임을 알아차릴 수 있게 되고, 이는 충성심 있는 팬층을 만들어냈다 (YTN이나 JTBC도 유튜브에서 굳이 영상을 클릭하지 않고 썸네일만 보더라도 로고, 자막 스타일 등을 통해 정체성을 알 수 있게 해 준다). 혹은 '특정 시간대마다 찾아가겠다'면서 정기적으로 콘텐츠를 올리는 것도 일관성을 부여하는 방법이 될 수 있다.

일관성을 지나치게 강조하면 모든 콘텐츠들이 비슷해질 것이라 우려할 수도 있지만, 콘셉트에 맞게 일관성을 유지해야 한다는 의미이지 소재와 주제를 동일하게 유지하라는 의미가 아니다. 일관성이 잘 관리된 콘텐츠는 콘텐츠에 신뢰와 책임감(accountability)을 부여하고, 구독자의 일관된 기대를 형성한다. 인기 크리에이터 '도티'는 영상 초반에 항상 '오늘은 어떤 내용의 방송을 할 것'이라고 설명하여 인기를 끌었다(참을성이 부족한 10대들에게 효과적인 전략이다). 최근 등장하는 대부분의 콘텐츠들 역시 도입부에 10초 내외의 요약을 자신만의 형식으로 첨부하는 것을 볼 수 있다. 더 버지(The Verge)라는 채널은 새로운 기기나 기술이 등장하면 이를 설명하는 리뷰 콘텐츠를 올리는데 영상이 길어질 수밖에 없어 효과적인 전달에 장애가 되었다. 더 버지는 모든 리뷰 영상의 90초 요약 버전을 만들어 제공했고, 이는 본편의 소비를 이끌어 올리는 성공을 가져왔다(최근 각광받는 유튜브 쇼츠를 위해서도 매우 효과적인 전략이라고 할 수 있다).

활발한 소통을 통해
시청자 접근성을 높이기

　레거시 콘텐츠와 다른 크리에이터 콘텐츠의 또 다른 장점은 소비자와의 자유로운 소통, 인터랙션이다. 라이브 방송에서 구독자들과 이야기를 나누거나 그들이 원하는 콘텐츠를 만들어주는 일은 레거시 콘텐츠에서는 절대 일어날 수 없는 일이다. 미스터리든 웹드라마든 먹방이든 역사 강의든 정치 평론이든 준비한 콘텐츠를 전달하는 데 그치지 말고 구독자들과 소통함으로써 그들로 하여금 '나를 알아주는 채널, 크리에이터'라고 느끼게 해야 한다. 실시간 라이브 방송만이 소통은 아니다. 구독자들이 남긴 댓글을 읽어주거나 답글을 달거나 어떤 방법이든 크리에이터가 구독자의 목소리를 항상 듣고 있음을 알게 하고, 구독자의 의견을 콘텐츠에 반영하거나 그들이 원하는 콘텐츠를 실제로 만들어주는 등, 어떤 방식으로든 피드백을 제공하는 것이 중요하다. 구독자들은 채널의 가장 효과적인 성장 동력이다. 그들을 기반으로 성장하고 확장해야 한다.

활발한 소통의 출발은 접근성이다. 접근성은 얼마나 쉽게 검색하고 쉽게 찾을 수 있느냐만을 의미하지 않는다. 콘텐츠에 대해 갖게 된 소비자의 기대가 얼마나 쉽게 충족되는지도 접근성에 해당한다. 콘텐츠가 너무 길고 정리가 안 되어 있어 전체 내용을 파악하기 어렵다거나, 썸네일에 소개한 중요한 대목을 콘텐츠 내에서 찾기 어려울 때 접근성은 낮아진다. 낚시성 제목과 썸네일은 효과를 거둘 때도 많지만 반복되면 장기적으로는 채널에 대한 신뢰를 훼손한다.

검색 확률과 체험의 질을
높이는 팁

아무리 좋은 콘텐츠를 만들어도 충분히 검색되지 않으면 효과는 반감된다. 아무리 검색이 잘 돼도 콘텐츠의 촬영과 편집 등 소비자가 체감할 품질이 낮으면 구독되지 않는다. 아래에서는 콘텐츠 검색과 체험의 효율을 높일 몇 가지 팁을 소개한다.

검색에 유리한 제목, 눈길을 끄는 제목

적절한 제목과 태그만으로도 크리에이터의 콘텐츠가 검색 결과 상단에 노출될 가능성을 크게 높일 수 있다. 특히 콘텐츠의 제목은 검색 순위에 가장 큰 영향을 주는 요소이다. 좋은 제목은 콘텐츠의 의도와 콘셉트를 명확하고 구체적으로 담고 있는 것이며, 콘텐츠의 내용을 짐작하게 하되 기대를 갖게 하는 제목이다. 사람들이 좋아할 만한 콘셉트라면 제목만으로도 얼마든지 시청자를 끌어모을 수 있다. 기발한 제목을 만들거나 유행하는 트렌딩 키워드를 제목에 활용하는 것도 가능하다. 키워드는 해당 콘텐츠에서 반드시 다루는 내용이어야 한다. 예를 들어 '대학생 브이로그'라는 제목보다 '알바 다섯 개 소화하는 대학생의 브이로그'라고 하면 더 구체적이기 때문에 더 큰 공감과 관심을 끌 수 있다. 여기에 기획이 더해지면 '5,000원으로 칭찬받는 신촌 점심 맛슐랭'처럼 확장시킬 수도 있다. 제목을 만들 때 구체적으로 다음의 사항을 기억할 것을 권한다.

클릭을 유도하는 제목 짓기의 기술 10

- 호기심을 자극할 핵심 키워드는 반드시 제목에 포함해야 한다.
- 한 눈에 들어오고 구미를 당길 만큼 자극적이어야 한다. 특히 첫 다섯 글자가 중요하다.
- 큰 시리즈명이 아니라 해당 콘텐츠가 가진 구체적인 소재에 집중하여 시청자들이 흥미를 느낄 만한 포인트를 강조해야 한다. 만일 연예인 차은우와 한 학교를 다니며 수업을 듣는다면 '연예인 차은우를 학교에서 봤다'보다 '차은우 선배님과 한솥밥 먹으며 팀플한 후기'가 훨씬 궁금하다(단, 왜곡이나 호도하는 제목은 금물이다).
- 공감을 자아내는 제목이 최선이며, 그게 아니라면 제목에서는 반발심을 자극한 후 콘텐츠 안에서 반전을 제공하는 방식도 좋다.
- 영상의 내용을 요약하는 제목보다 키워드 중심으로 궁금증을 유발하는 제목이 효과적이다. 그러나 궁금증을 위해 지나치게 자극적인 제목을 만들거나 필요 이상으로 반감을 유발하는 것은 역효과를 낳

을 수 있다.

- 제목에 등장하는 묘사가 있다면 구체적으로 묘사하는 편이 효과적이다. '피치 메이크업', '봄 메이크업' 이런 제목보다 '눈썹 앞머리를 자연스럽게 그리는 법'과 같이 구체적이고 좁은 제목이 좋다.
- 긍정적인 제목이 부정적인 제목보다 일반적으로 효과적이다. '안 보면 후회할…'보다 '죽기 전에 해봐야 할…'이 낫다.
- 당장 봐야 하는 뉴스처럼 긴급함이나 시의성을 강조하는 제목도 좋다. 그러나 콘텐츠의 내용이 이 긴급함을 뒷받침하지 않으면 채널과 크리에이터에 대한 신뢰를 무너뜨릴 수 있다.
- 숫자가 등장하는 제목이 사람들의 눈길을 끈다. '저렴하다'보다 '고작 3,000원…'이, '고즈넉하다'보다 '1만 원으로 이런 고즈넉함이…', '고통받던 어린이…'보다 '6년간 고통받던 어린이…'가 낫다.
- 썸네일과의 어울림도 중요하다. 콘텐츠의 포인트가 유쾌함이라면 썸네일도 유사한 느낌의 사진을 써서 만들어야 한다.

다음 콘텐츠가 기다려지는 시리즈명과 재생목록

소비자들이 채널을 어느 시점부터 왜 '구독'하기 시작하는지 생각해보면 개별 콘텐츠보다 채널의 정체성 및 기대감의 중요성을 쉽게 이해할 수 있다. 채널을 구독하는 시점은 지금 본 콘텐츠가 만족스럽고, 비슷한 콘텐츠가 지속적으로 업로드될 것이라는 보장이 있어 다음 영상이 기다려질 때이다. 흥미로운 영상을 한 편 발견했다고 해서 곧바로 채널을 구독하지는 않는다. 만일 해당 채널에 유사한 종류의 영상이 쌓여 있다면 소비자는 그 채널(의 일관성)에 대한 믿음을 형성하고, 앞으로도 지속적으로 자신의 취향에 맞는 영상이 올라올 것이라는 기대를 하게 된다. 따라서 구독 유도를 원한다면 채널에 업로드하는 콘텐츠의 결이 일관된지, 사람들의 머릿속에 하나의 이미지로 채널을 각인시킬 수 있을지 고민해야 한다. 그러나 대부분의 크리에이터는 한 가지가 아닌 다양한 종류의 콘텐츠를 한 채널 안에서 제공하는데 이때 유용하게 쓰이는 것이 '시리즈명'과 '재생목록'이다. 특정 콘텐츠류의 정체성을 각인시키고, 이 콘텐츠가 시리즈로 제공된다는 사실을 알려주는 이름—예를 들면 '놀라운 토요일'보다는 '토요미스테리'—과 그 이름을 딴 재생목록은 방문자의 기대뿐 아니라 편의성, 충성도를 동시에 만족시킬 수 있다.

검색률을 뛰게 만드는 영상 설명(video description)

영상에 신경을 쓰고 정작 영상의 설명문은 소홀히 하는 크리에이터를 쉽게 찾아볼 수 있다. 영상의 설명문은 웹페이지의 '보디 콘텐츠'와 같이 검색에 매우 큰 영향을 미친다. 따라서 가능한 한 꼼꼼하게, 매 콘텐츠마다 적어도 200~300자 분량 이상으로 작성할 것을 권한다. 제목에 쓰인 핵심 키워드는 영상 설명문의 첫 번째 단락에 다시 등장시키고 설명하는 것이 좋다. 영상의 목적이 시청자를 특정 웹페이지로 이동시키는 것이라면 영상 설명문의 가장 위에 이 링크를 써두는 것이 바람직하다. 기업의 협찬을 원하고 준비도 되어 있지만 널리 알려지지 않은 크리에이터라면 영상 설명문의 아래에 연락처를 적어두는 것도 좋다.

노출을 부르는 최적의 해시태그 다는 법

태그(Tag)는 시스템으로 하여금 콘텐츠를 인식하고 이해하게 하는 이름표와 같다. 즉 콘텐츠의 제목이나 설명문과 달리 태그로 지정한 단어는 '이 단어를 검색하면 이 콘텐츠가 노출되게 해달라'는 조건문인 셈이다. 태그 앞에 #를 붙이면 해시태그가 되는데 해시태그는 해당 단어를 태그로 갖는 다른 콘텐츠들을 모아서 보여주는 기능을 제공한다. 즉 내가 만든 콘텐츠에 '#대학생활'이라는 해시태그를 붙이고 이를 클릭하면 동일한 해시태그를 달고 있는 다른 콘텐츠들이 나타난다. 반대로 '#대학생활'이라는 해시태그를 가진 다른 콘텐츠의 태그를 누군가 클릭했을 때에도 내 콘텐츠가 노출되는 셈이니 검색과 노출 증대에 영향을 주는 것이다. 너무 광범위한 단어도 너무 협소한 의미의 단어도 좋은 태그는 아니다. 가장 중요한 첫 번째 태그로는 콘텐츠의 타깃 키워드를 넣는다. 태그를 너무 많이 기입하면 유튜브가 해당 콘텐츠를 적정한 카테고리로 분류하는 것을 방해하고 해당 태그를 검색하는 사용자와의 관련성을 낮추어 전체적인 효과를 떨어뜨릴 수 있다. 한 편의 동영상에 15개 이상의 해시태그를 사용할 경우 유튜브는 모든 해시태그를 무시하며, 최악의 경우 해당 동영상이 삭제될 수도 있다.

시청자들이 해당 단어를 생각할 때 내 콘텐츠가 자연스럽게 연결될 단어를 태그로 쓰는 것이 바람직하다. 만일 대학생활을 주제로 한 영상이라면 #대학생활 #○○대학 #○○전공 #○○동워크샵과 같이 넓은 주제와 좁은 주제를 골고루 쓰는 것이 좋다. 유튜브의 해시태그는 영상 설명란에 보이게 할 수도 있고 영상의 제목 위에 보이게 할 수도 있다. 크리에이터가 직접 입력, 지정하는 태그 외에 유튜브가 자동으로 지정하는 태그도 있는데 이는 유튜브가 자체 알고리즘에 따라 관련 동영상으로 연결시키기 위해 스스로 만들어내는 태그들로서 외국어가 쓰이기도 하고 순서가 맞지 않거나 아예 태그가 바뀌는 경우도 있다.

그 자체로 검색 기능을 하는 자막(closed caption)

자막 역시 검색 대상이다. 크리에이터가 자막에 활용하고자 쓴 모든 단어가 검색에 걸릴 수 있는 것이다. 자막은 검색뿐 아니라 콘텐츠에 대한 접근성을 크게 향상시킨다는 이유로도 크게 추천된다. 청각이 약한 시청자들이나 외국인 시청자에게 자막은 매우 큰 도움이 된다.

클릭률을 높이는 썸네일 이미지

썸네일은 검색에 영향을 주지는 않지만 개별 콘텐츠의 클릭률에는 큰 영향을 준다. 썸네일은 해당 동영상에 어떤 내용과 분위기의 영상이 담겨 있는지 힌트를 준다. 유튜브가 자동으로 썸네일을 생성해주기도 하지만 간단한 자막을 넣어 직접 만드는 편을 권한다. 일관된 썸네일 이미지의 스타일은 채널의 독특함을 표현하는 좋은 도구가 될 수도 있으나 모두 한 가지 스타일로 통일하면 지루함을 줄 수도 있다. 일관성 속 변주가 필요한데 예를 들어 모든 썸네일이 멀리서 찍은 사진이라면 가끔은 가까이에서 찍은 이미지, 혹은 빼곡하게 섞인 이미지 등으로 변주할 때 일관성을 지키면서도 다양성을 줄 수 있다.

콘텐츠에 깊이를 더하는 촬영과 편집

이 책의 주제에서는 장르별로 어울리는 촬영 및 편집 기법 등을 다루기에 적합하지 않으므로 여기에서는 서술한 '일관성 속 변주'를 강조하는 정도에서 그치고자 한다. 변주의 중요성은 촬영 스타일에도 적용된다. 혼자 기획, 제작, 편집을 맡는 크리에이터라 해도 (반드시 필요한 상황이 아니라면) 한 장면을 끊김 없이 이어 찍는 원테이크 녹화는 권장하지 않는다. 변주는 매우 중요하고 효과적인 테크닉이다. 이른바 '감성샷'은 인물은 배제하고 배경이나 사물을 보여줌으로써 '감성만 잡는' 촬영을 의미하는데 스토리의 서사를 설명하거나 흐름을 보여주는 것과 무관하게 분위기만 주기 위한 장면을 의미한다. 카페 장면 도입부에 등장하는 와인병과 와인잔의 클로즈업 장면이 예라고 할 수 있다. 이같은 감성샷을 한 씬의 도입부에 삽입하면 전체 콘텐츠의 깊이가 더해지는 효과를 낸다.

맛집 촬영

맛집 추천 콘텐츠나 음식을 보여주는 영상에서는 '가게'와 '음식'만 보여주는 대신 크리에이터가 먹는 모습, 음식을 들고 있는 모습 등을 다양하게 보여주는 변주가 효과적이다. 먹방 콘텐츠가 아니라면 먹는 모습은 첫술 뜨는 것만 보여줘도 무방하다. 비디오와 오디오의 변주도 기억해둘 만하다. 음식의 근접 촬영 장면을 더 맛있게 보이게 찍으려면, 음식을 담은 그릇 옆에 초근접 카메라를 세팅해두고 음식이 내는 소리—끓거나 얼음이 녹거나 혹은 식기가 그릇에 부딪히며 내는 청량한 소리—를 들려줌으로써 음식의 사실감을 더할 수도 있다. 아이스 커피를 찍는다면 물방울이 맺힌 컵을 근접 촬영으로 보여주고 컵 속의 얼음을 한 번 저어 소리를 들려준 후 인물이나 풍경을 등장시킨다. 이러한 방식은 '커피'와 '얼음', '시원함'을 동시에 생생하게 느낄 수 있게 하여 몰입감과 집중도를 높여 준다.

무빙샷

브이로그 크리에이터들이 일상 속 생생함과 현장감을 전달하려 할 때 흔히 활용하는 '무빙샷'은 정작 감성을 살리기 힘들다는 단점이 있다. 무 빙샷은 반드시 '따라가며 봐야 할 장면'일 경우로 제한하는 것이 안정감 을 준다. 중요한 것은 시청자가 편안히 볼 수 있게, 그러나 지루함을 느끼 지 않게 하는 것이다. 촬영하는 사람이 찍고자 하는 장면을 찍어서는 안 된다. 시청자의 입장에서 보기 편한 장면을 만드는 것이 훨씬 중요하다.

고정 앵글

일상 속의 팁을 알려주거나 제품을 리뷰하는 크리에이터라면 고정 앵 글을 활용해도 무방하다. 단 이 경우에도 제품을 보여주거나 일상의 팁을 설명하는 장면은 시청자가 이해하기 쉬운 다양한 근접 장면을 추가하여 보는 재미를 주어야 한다. 또한, 이런 설명형 영상에서 출연자는 항상 믿 음을 주는 표정과 절제된 바디랭귀지를 써야 한다. 재미를 주겠다며 부산 한 몸짓으로 설명하거나 손과 얼굴을 많이 쓰면 신뢰성은 떨어진다. 정보 를 알리는 출연자는 고정된 자세로 믿음을 주어야 한다.

편집

편집을 할 때에는 의미없는 모든 장면을 잘라내야 한다. 특히 불필요한 중간 과정들이나 중복되는 대사와 장면은 모두 잘라내도 무방하다. 스토리를 직접 설명하는 장면만 남기라는 것이 아니라, 남겨진 모든 장면에는 어떤 식이든 의미가 담겨져 있어야 한다는 것이다. 광고나 예능 콘텐츠의 영상 화법은 이때 좋은 교재가 된다. 도로를 보여주는 평범한 장면도 자동차들이 보통 속도로 지나가거나 5배속으로 빨리 지나가거나 슬로우모션처럼 느리게 가거나 혹은 뒤로 가는 것처럼 보여준다면 재미와 의미를 모두 담은 좋은 변주가 될 수 있다.

화질

콘텐츠의 종류와 의도에 따라 그에 맞는 다양한 제작 기법이 있겠지만, 여기에서 마지막으로 강조하고자 하는 것은 화질이다. 어느 종류의 콘텐츠가 됐든 최소한의 화질은 중요하다. 화질이 떨어지면 시청자의 집중도는 크게 떨어진다.

기다리는 재미 '라이브', N차 방문율을 높이는 '녹화'

대중의 주목을 얻는 것만이 목적이라면 생방송만으로도 어느 정도 가능하지만, 사람들이 찾아오고 반복해서 보게 만들기 위해서는 편집을 통해 콘텐츠를 더욱 흥미롭게 만들어야 한다. 생방송은 라이브라는 사실만으로도 사람들이 흥미롭게 느낄 수 있고, 생방송 도중 재미없는 포인트들도 사람들이 라이브라는 이유로 참고 기다리며 지켜보는 재미가 있다. 또한 시청자 입장에서 라이브 콘텐츠는 실시간으로 소통할 수 있다는 점, 이를 통해 콘텐츠가 바뀔 수 있다는 점, 콘텐츠를 예측할 수 없다는 점이 재미가 된다. 그러나 생방송이 끝난 후에는 원본 그대로 업로드하기보다 편집을 거치는 편이 좋다. 출연자가 강조하고자 하는 다양한 포인트를 내세우고, 콘텐츠를 더욱 압축하고 의도가 드러나도록 만드는 것이 좋다.

콘텐츠이자 자원이 되기도 하는 크리에이터의 얼굴

수많은 유튜브 채널이 있고 모든 크리에이터가 자신의 얼굴과 정체를 공개하며 활동하고 있지는 않다. 단적으로 말해 콘텐츠의 품질이 좋다면 크리에이터의 얼굴이 드러나지 않아도 무방하다. 확실한 정보를 세련된 방식으로 전달하는 채널의 경우 크리에이터 얼굴 공개 여부는 전혀 중요하지 않으며 오히려 콘텐츠에 본질에 집중한 촬영 방식이 시청자에게 더 와닿을 수도 있다. 많은 사람들이 시도하고 있는 브이로그 또한 얼굴을 공개한 채널과 공개하지 않는 채널의 비율이 비슷한 수준이다. 그러나 결국 유튜브 채널의 성공 여부가 팬덤 형성과도 연관이 있다는 점, 콘텐츠 뿐 아니라 크리에이터 개인의 영향력 확대라는 목표를 감안하면 궁극적으로는 얼굴을 노출시키는 것이 유리하다. 유튜브에 수많은 콘텐츠가 올라오고 있지만 본질은 크리에이터와 시청자 사이의 소통이다. 기존 미디어와 비교해 유튜브가 가진 장점 또한 마치 서로 눈을 마주보며 대화하는 것 같은 친밀감과 신뢰감에 있음을 생각해볼 여지가 있다.

얼굴은 크리에이터의 콘텐츠이자 자원이기도 하다. 얼굴을 공개하고 친밀감을 형성하는 것 자체로 콘텐츠의 빈 곳을 채울 수 있는 효과가 있기 때문에, 얼굴 없는 콘텐츠를 만든다면 보다 알찬 구성이 필요하다. 크리에이터들이 다루는 모든 콘텐츠가 명료한 정보 전달에만 국한되지 않고 교감과 커뮤니케이션, 공감으로 이어지는 경우가 많으므로 본인이 구축한 콘텐츠의 성격에 맞춰 어떤 판단을 할지 현명하게 선택해야 한다. 얼굴이 하나의 자원이 될 수 있다는 말은 이 자원이 언젠가는 고갈될 수 있다는 의미이기도 하다. 아무리 매력적인 얼굴을 가진 사람이라도 매일 보면 그 매력은 반감된다. 특히 전문적인 지식을 전달하기보다는 일상 속 친근함을 무기로 채널을 운영하는 크리에이터라면 새로운 모습과 다양성을 가지고 시청자들을 만날 방법을 끊임없이 고민해야 한다.

저작권

자신이 만들어내는 콘텐츠 역시 저작권에 의해 보호된다는 점을 감안하면 저작권은 회피하지 말고 투자해야 하는 영역이다. 주변에 유통되는 모든 영상과 음악은 절대 무료로 사용할 수 없다고 생각해야 한다. 영화나 드라마는 해당 콘텐츠의 저작권을 가진 기업과 공식적으로 협의, 허락을 받고 사용할 수도 있다(예: 영화 리뷰 콘텐츠). 콘텐츠에 직접 삽입하지 않았더라도 촬영 중 자신도 모르게 들어간 배경음악조차 저작권 침해가 될 수 있으니 면밀히 살펴야 한다. 원저작자의 허가를 받지 않고 음악을 쓰는 경우 유튜브의 알고리듬에 의해 영상 수익이 자동으로 원작자에게 돌아간다. 신고를 받으면 유튜브에서 경고를 주고 세 번 이상 누적될 경우 채널이 삭제된다. 유튜브 라이브러리, 유튜브 채널 중 무료 오디오를 제공하는 곳, 사운드클라우드 중 좋은 음악을 모아놓은 채널, 혹은 유료 멤버십을 구독해서 쓰는 것을 추천한다.

사진이나 영상은 출처를 밝힌다 해서 상업적 활용이 허용되는 것은 아니다. 상업적 활용을 허락하는 다양한 무료 이미지/영상 아카이브 서비스를 활용하거나, 반드시 필요한 경우라면 비용을 지불하여 구매 후 사용할 것을 추천한다. 글꼴 역시 해당 글꼴이 꼭 필요하다면 반드시 사용 범위를 살펴보고 규칙에 따라 구매하여 사용해야 하며, 무료 글꼴을 모아놓은 다양한 기업이나 지자체 등을 활용할 수도 있다(이 경우에도 상업적 활용이 가능한지를 확인해야 한다).

디바제시카 채널의 콘텐츠 포장

디바제시카 채널이 제공하는 모든 '미스테리' 이야기가 재미있을 수는 없다. 때로는 지나치게 황당하거나 누가 들어도 실소를 금치 못할 이야기도 있지만 디바제시카 채널은 오히려 이런 콘텐츠 제작에 더 공을 들인다. 재미 요소가 약한 이야기는 더 극적으로 묘사하고자 하고, 현실성이 부족해 보이는 이야기는 구체적인 지명, 인명, 수치 등 현실감을 더할 수 있는 자료를 평소보다 더 많이 조사한다.

내용을 충실하게 하는 것 외에도 콘텐츠의 용도를 바꿔 제시하는 것 역시 성공을 거둔 방법이었다. 디바제시카 채널의 '수면 영상 시리즈'는 과거에 제공했던 콘텐츠를 두세 시간 분량으로 이어붙여 제목만 바꿔 단 '재활용 콘텐츠'이다. 그럼에도 불구하고 이 시리즈는 공들여 만든 새로운 콘텐츠들 이상의 수익을 가져다 주었다. 이유가 무엇일까?

수면 영상 시리즈의 시작은 구독자들의 댓글이었다. 언제부터인가 디바제시카 채널의 콘텐츠를 보며 잠이 든다는 반응이 등장하기 시작했다.

댓글들에서 느껴지는 뉘앙스는 콘텐츠가 지루하다는 말이라기보다는 '기분 좋은 수면으로 이끌어주는 수면제 같다'는 감상에 가까웠다. 채널 내 영상들이 가진 차분하고 나지막한 내레이션 톤과 반복적 음악 등의 특징이 편안한 잠을 이끌어내는, 혹은 집중력을 향상시키는 효과를 가져온 것인데, 이는 모두 기획 시 의도하지 않은 것이었고, 문제가 아니라 기회가 된 셈이다.

기회는 먼 곳에 있는 게 아니다. 한 명의 댓글로부터 아이디어를 찾을 수도 있고 이를 통해 콘텐츠를 재포장함으로써 새로운 기회를 만들어낼 수도 있다. 물론, 이렇게 한다고 모든 콘텐츠가 성공하는 것은 아니다. 어떤 방법을 써도 잘되지 않았다면, '최선을 다했으니 잊고 다음 콘텐츠를 더 재미있게 만들어내면 그만'이라는 식으로 넘어가는 것도 크리에이터의 중요한 자질 중 하나이다.

기업이나 기관의 유튜브 채널 운영자들에게 필요한 팁

유튜브 채널은 기업이나 단체의 마케팅에 중요한 활동이 되고 있다. 하지만 워낙 많은 콘텐츠가 쏟아지는 지금, 규모 있는 조직조차 구독자를 확보하기란 쉽지 않다.

첫 번째로 생각해야 할 것은 마케팅하고자 하는 상품이나 서비스를 직접적으로 노출하는 전략은 현명하지 않다는 점이다. 사람들은 광고를 보려고 유튜브를 이용하지 않는다. 유튜브 이용자들이 원하는 정보나 재미가 우선순위가 되어야 한다.

예를 들어 마사지 기계를 판매하기 위해 유튜브 채널을 만들었다면, 기계에 대한 상품 홍보에 주력할 것이 아니라 허리 건강이나 디스크에 관한 유용한 정보를 주는 방식이 출발이 될 수 있다. 하나의 상품이나 서비스를 유튜브 채널까지 만들어 판매하는 기업, 기관이라면 분명 그 안에 사람들이 좋아할 만한 충분한 지식과 노하우들을 가지고 있다. 이런 것들을 적절히 활용해 1차적으로 사람들이 즐겁게 시간을 보낼 수 있도록 만들어야 한다.

이 과정에서 의욕이 지나쳐 과도하게 자극적인 콘텐츠를 만들어 어떻게든 주목만 받으면 된다는 관점으로 접근하는 것도 곤란하다. 궁극적으로는 운영자가 도달하고자 하는 핵심 콘텐츠가 가진 진정성과 효용이 전달되어야 하며, 오로지 관심을 위한 관심받기는 거부감으로 이어진다.

결론적으로 적당히 흥미를 끌 수 있으면서도 도가 지나치지 않는 수준을 유지하는 것이 필요한데, 내가 만든 콘텐츠의 자극성이 적정한지를 운영자가 항상 객관적으로 판단하기 어려울 수 있다. 이러한 반응은 댓글을 통해 실시간으로 확인하는 게 바람직하다. 부정적인 댓글이 다섯 개 이상 달린다면 원점에서부터 재검토해볼 필요가 있다.

챗GPT 등 인공지능 툴을
활용하는 법

2023년 초 챗GPT를 필두로 한 생성형 인공지능(Generative AI)은 모든 사람의 화두가 되었다. 미국의 오픈AI가 개발하여 2022년 11월 대중에 공개한 챗GPT 3.5는 전문가가 아니더라도 인터넷에 연결만 하면 누구나 쓸 수 있다. 더 이상 전문적인 컴퓨터 명령어의 입출력이 아니라 실제 사람과 대화하는 듯한 인터페이스를 갖고 있으며, 기존의 인공지능이 데이터와 패턴을 학습해 대상을 이해하는 것을 넘어 기존 데이터와 비교 학습을 통해 새로운 콘텐츠를 생성하여 사용자에게 제시한다는 점으로 공개 5일 만에 100만 명, 2개월 만에 1억 명의 사용자를 돌파하는 파란을 일으켰다. 생성형 인공지능은 텍스트, 이미지, 오디오, 비디오 등의 콘텐츠를 생성하는 데에도 활용될 수 있다. 따라서 크리에이터가 유튜브 콘텐츠를 만들 수도 있는데, 콘텐츠 기획, 스토리 생성은 물론 실제 촬영 없이 스토리를 동영상으로 변환하고 배경 음악을 추가하는 일이 현재 가능하다. 비록 아직은 크리에이터의 생각을 그대로 한 편의 완성된 영상으로 만들어 주는 툴은 존재하지 않고, AI가 만들어낸 여러 콘텐츠가 인간이 만든 것에 비해 부족하다고 여겨지지만 AI가 만드는 콘텐츠의 품질은 시간이 갈수록 계속 개선될 것이다. 2023년 초 시점에서 콘텐츠를 만드는 데 도움이 될 수 있는 몇 가지 AI 툴을 소개하면 아래와 같다.

생각과 정보의 정리

크리에이터는 자신의 작품을 만들기 위해 수많은 영상을 시청하고 글을 읽고 사람들과 대화를 한다. 리와인드(rewind.ai)라는 서비스는 사용자가 자신의 PC에서 한 모든 행동을 기록한다. 예전에 본 영상의 주소를 알려주는 것은 물론 해당 영상의 내용을 축약해서 제시하고 종류별로, 시기별로 구분할 수 있다. 콘텐츠 제작에 직접적으로 도움이 되는 툴은 아니지만 기획 작업을 돕는 도구가 될 수 있다. 브라우즈 AI(browse.ai)는 어떤 웹사이트든 해당 사이트의 거의 모든 트래픽 데이터를 추출해낸다(고 주장한다). 크리에이터 본인의 유튜브나 인스타그램 채널의 분석에 활용할수 있다.

스토리 기획

AI는 콘텐츠 내 데이터 분석을 통해 시청자의 선호도를 판단하고 그들이 선호하는 동영상 요소를 파악하여 트렌드를 예측하는 데 도움을 줄 수있다. 소셜 미디어 트렌드와 기타 온라인 데이터를 분석하여 시청자들이 선호하는 콘텐츠 주제, 스토리라인 등에 대한 통찰력을 제공할 수도 있다. 나아가 방대한 양의 데이터를 분석하고 패턴을 식별함으로써 이야기의 구조를 만드는 데 사용될 수도 있다.

스크립트북(scriptbook.io)은 머신러닝으로 영상의 대본을 분석하고, 개선할 수 있는 부분에 대한 피드백을 제공한다. 피캔(pecan.ai)은 데이터를 분석하여 시청자의 인구통계 프로필, 감정 반응 및 동영상에 대한 다양한 반응을 정리할 뿐 아니라 동영상 내 성공 가능성을 높여줄 요소를 식별함으로써 콘텐츠 기획에 도움을 준다.

이미지 생성 AI로도 잘 알려져 있는 노블 AI(novelai.net)는 사용자와의 인터랙션을 통해 새로운 '이야기'를 완성시켜주기도 한다. 톰(tome.app)은 프레젠테이션 등을 위한 콘텐츠를 생성해준다. 발표하고 싶은 주제만 입력해도 해당 주제를 검색한 후 텍스트와 이미지가 결합된 프레젠테이션 문서를 만들어준다. 그림 14는 'AI에 의해 생성되는 유튜브 콘텐츠의 미래'라는 제목을 입력했을 때 내놓은 프레젠테이션의 일부이다.

이미지 자동 생성

챗GPT를 만든 오픈AI에서 2021년 1월 공개한 달리(DALL·E 2; openai.com/product/dall-e-2)는 사용자가 입력한 텍스트로부터 사진은 물론 유화, 만화에 이르는 다양한 유형의 이미지를 생성해준다. 특정 화가의 화풍으로 주문할 수도 있고 괴팍한 명령어를 내려도 뭔가를 만들어낸다. 미드저니(midjourney.com)는 사실적인 묘사와 추상적 표현의 결합에 강점을 갖고 있어 다른 툴에 비해 예술적인 결과물 생성에 유리하다(이에 비해

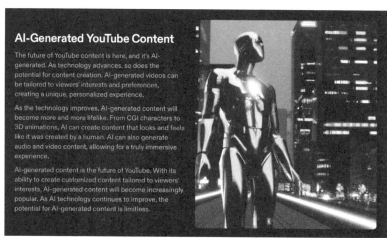

그림 14. 톰이 작성한 'AI에 의해 생성되는 유튜브 콘텐츠의 미래' 프레젠테이션 일부

노블 AI는 만화나 웹툰과 같은 선화, 일러스트에 강점을 갖고 있다). 미드저니를 이용해 생성한 결과물이 미국 내 미술대회에서 수상한 바도 있다.

동영상 자동 생성

텍스트를 이미지로 바꿔주는 AI 툴은 이미 잘 알려져 있다. 시장의 주목을 받는 툴은 텍스트를 영상으로 바꿔주는 솔루션들이다. 실제 촬영 없이 스토리를 영상으로 바꿔준다는 점은 매력적이나 아직은 어떤 툴도 크리에이터의 스토리라인(텍스트)을 완벽한 애니메이션으로 만들어주는 수준에는 이르지 못했다. 현재의 기술 수준은 기대에 미치지 못할 수 있지만, 가상 제작, 모션 캡처 및 AI를 결합한 아토매틱스(Artomatix; unity.com/products/unity-artengine)와 같은 툴을 활용하면 실제 촬영 없이도 머신러닝을 통해 현실적인 3D 영상을 만들어낼 수 있다. 달리(DALL·E)가 텍스트를 바탕으로 이미지를 생성한다면, 루멘5(lumen5.com)는 머신러닝으로 텍스트를 분석한 뒤 내용에 걸맞는 영상으로 만들어낸다. 애니메이션이나 영화같은 완벽한 영상이라기보다는 텍스트와 이미지를 배치한 상품 설명용 영상 등을 만드는 데 적합하다. 맥락상 중요하다고 판단되는 텍스트는 글자 크기를 키워 강조해주기도 한다. 디아이디(d-id.com)는 '디지털 피플(digital people)', '텍스트를 비디오로(text-to-video)'라는 설명과 같이 크리에이터의 영상에 등장하는 버추얼 캐릭터를 만들어주는 서비스이다. 지식과 정보를 소개하는 크리에이터가 본인의 얼굴을 공개하고 싶지 않을 때, 그럼에도 불구하고 특정 캐릭터와 구독자 간 유대감을 만들어주고 싶을 때 아직은 충분치 않지만 활용을 고려해볼 수 있다.

문자를 크리에이터의 음성으로 말해주기

문자로 쓰여진 글을 기계음성으로 읽어주는 TTS(Text to Speech) 기능

은 새로운 것이 아니지만, 디스크립트(descript.com)의 오버덥(overdub
이라는 기능은 사용자의 목소리를 AI가 미리 학습한 후 사용자가 가진 억
양, 말투, 사투리를 그대로 재현하며 읽어주는 수준에까지 도달했다. 수
백 페이지의 블로그를 갖고 있는 크리에이터라면 이제 '자동으로' 팟캐스
트 콘텐츠를 본인이 녹음한 것처럼 만들어낼 수 있는 셈이다.

배경음악 제작

AI는 영상의 분위기에 맞는 맞춤형 배경음악을 만드는 데 사용될 수
있다. 예를 들어, 에이바(aiva.ai)는 AI 버추얼 아티스트를 표방하며 영
상의 분위기와 스타일에 맞는 새로운 음악을 만들어준다. 사운드로우
(soundraw.io)는 작곡을 모르는 일반 사용자들도 쉽게 새로운 음악을 만
들어낼 수 있게 해주는 도구이다. 처음부터 끝까지 AI가 혼자 음악을 만
드는 것은 아니고 사용자 본인이 원하는 음악의 분위기, 장르, 길이, 빠르
기, 악기의 종류를 지정하면 그에 맞는 음원을 생성하는 툴이다. 과거의
음원 제공 서비스들이 각 회사가 가진 음원 라이브러리에서 분위기에 맞
는 음악을 찾아주던 방식과 달리 사운드로우는 새로운 음원을 만들어준
다는 차이가 있다(새로운 음원이므로 현재는 저작권에 대한 우려 없이 자유롭
게 콘텐츠에 가져다 쓸 수 있다).

2022년 12월, 미국에서는 단 이틀 만에 미드저니와 챗GPT만으
로 동화책을 집필한 후 출판까지 한 사례가 소개되었다. 《Alice and
Sparkle(앨리스와 스파클)》이라는 동화책을 쓴 저자는 챗GPT와 아이디어
를 주고받으며 플롯을 다듬고 이 결과물을 미드저니에 반복 입력하여 마

음에 드는 그림들을 모아 글과 엮은 후 아마존의 전자책 출판 플랫폼인 아마존 킨들 퍼블리싱을 사용해 출판했다. 좋든 싫든 인공지능은 크리에이터 제작 활동의 많은 부분을 빠르게 바꿀 것이다. 유튜브의 새로운 수장인 닐 모한(Neal Mohan)은 2023년 3월 "유튜브 역시 크리에이터를 위한 AI 도구를 준비 중"이며 "스토리텔링을 확장해주고, 영상의 배경과 출연진의 의상을 바꾸는 등 생성형 AI의 장점을 최대한 활용"할 것이다 밝힌 바 있다.

AI는 아직 뭔가를 완전히 새롭게 만들어내는 수준의 결과를 보여주지는 않는다. 학습 대상으로 존재하는 수많은 텍스트, 이미지, 오디오, 비디오 콘텐츠를 끝없이 학습하며 소비자의 선택과 선호에 기반한 최적의 결과물을 재창조해내는 수준에 그치고 있기 때문에 AI 콘텐츠는 진정한 창조는 아니라는 의견도 많다. 그러나 인간 크리에이터가 만들어내는 콘텐츠는 '완전히 새로운, 존재하지 않던 것'이라고 할 수 있는가? 영상이든 음악이든 글이든 모든 크리에이터들도 누군가의 작품을 접하며 자신만의 스타일을 만들어내는 식으로, 다른 크리에이터의 작업물을 학습하며 그들로부터 영향을 받는다. 따라서 남들의 작업물을 기반으로 내 것을 더 재미있게 (혹은 더 성공적으로) 재창조하는 인간의 작업은 언젠가는 AI에 의해 완전히 대체될 수도 있다. AI가 창작을 돕는 시대에 크리에이터에게 필요한 것은 자신만의 취향, 선호, 클래스를 확립하는 것이다.

챗GPT의 등장 후 미국에서는 프롬프트 엔지니어(Prompt Engineer)라는 새 직업이 주목 받고 있다. AI에 입력하는 명령어(프롬프트)를 어떻게 구성하느냐에 따라 AI가 내놓는 답의 품질이 달라지기 때문에 명령어를 생산적으로, 목적에 부합하도록 설계, 운영, 조작하는 직업이다. 크리에이터 역시 AI를 외면하고 무시하는 것보다 이를 생산적으로 활용하여 콘텐츠를 더욱 풍성하게 만드는 편이 바람직하다. 이를 위해서는 크리에이터 본인의 스타일에 부합하는 결과물 도출을 위해 본인의 콘텐츠 스타일을 매력적으로 확립하고, 그에 맞는 명령을 내릴 수 있도록 '스타일'과 '능력'을 동시에 갖추는 것이 핵심이다.

7장

채널 관리는 곧
브랜드 관리

플랫폼 선택하기

크리에이터에 유리한 곳인가?

크리에이터를 이제 막 시작한 단계라면 유튜브와 같은 플랫폼 사업자가 크리에이터에게 혜택을 주고 있다는 생각이 들기 마련이다. 그런데 채널이 인기를 끌면 끌수록 이 관계는 바뀐다. 가령, 한 플랫폼에서 확실한 콘텐츠와 구독자층을 가진 크리에이터가 새로운 플랫폼으로 채널을 옮기는 것은 시청자들을 함께 이동시키는 일이므로 이때의 플랫폼과 크리에이터의 관계는 종속 관계라기보다는 공생 관계에 가깝다. 크리에이터는 한 플랫폼에 매여 있을 필요가 없다. 트렌드를 분석하고 자신의 이익에 맞게, 예를 들어 채널에 맞는 구독자가 어디에 더 많은지, 플랫폼별로 제공하는 수익 및 수익 외 혜택으로는 무엇이 있는지를 비교해 본인 채널이 장기적으로 발전하는 데 더 도움이 되는 플랫폼으로 이동하는 결단력이 필요하다. 플랫폼은 항상 변화하기 때문이다.

어떤 플랫폼에서 활동하는지는 크리에이터에게 중요할 수밖에 없다.

아프리카TV를 떠나 유튜브에 디바제시카 채널을 개설하며 가장 고민한 것은 성장 가능성이었다. 당시 아프리카TV는 초창기의 UCC*, 크리에이터라는 영역을 개척한 선구자적 플랫폼이었지만 시청자층은 젊은 층에 제한되어 있는 편이었다. 남녀노소 누구나 스마트폰으로 영상 콘텐츠를 소비하게 된 시대에 젊은 층만을 대상으로 할 이유가 없다는 판단으로 더 많은 시청자가 콘텐츠를 만날 수 있도록 유튜브로의 이전을 결심했다. 젊은 층을 대상으로 계속 안정적으로 채널을 유지할 수도 있었지만 채널이 성장하지 않는다면 크리에이터도 성장할 수 없다고 생각했기 때문이다. 또한, 당시 디바제시카 콘텐츠의 분위기가 채널의 성격과 맞는지도 돌아보았다. 앞서 말했듯이 아프리카TV의 본질은 B급 콘텐츠라고 할 수 있다. 주류 방송국에서 다루지 않는 콘텐츠를 다루는 아프리카TV의 장점은 지금도 크게 다르지 않다. 매일 똑같은 음식을 먹거나 기상천외한 방법으로 샤워를 하는 등 일상적으로 벌어지지 않는 일을 자극적으로 보여주는 일부 콘텐츠에 대해 시청자들은 비난을 하면서도 꾸준히 소비한다. 그러나 이 같은 분위기는 스토리텔링과 교육을 핵심 포인트로 삼으려는 디바제시카 채널과 합이 맞지 않는다고 판단했다.

같은 콘텐츠와 이미지를 갖고 있어도 플랫폼에 따라 다른 영향력을 보이는 크리에이터도 있으므로 플랫폼을 결정할 때에는 해당 플랫폼에서 특히 두드러지게 활약하는 인기 크리에이터를 참고하는 것도 큰 도움이 된다. 100만 명의 구독자를 갖고 있는 틱토커 '쥬니'는 시작은 유튜브였지만 틱톡에서 큰 화제를 모으며 성장한 크리에이터이다. 1분도 안 되

---

* 국내에서는 UCC(User-Created Content)라는 표현이 주로 사용되지만 올바른 영어식 표현은 UGC(User-Generated Content)이다.

는 틱톡 영상에서 여성들이 좋아할 브랜드 스타일을 빠르게 보여준 쥬니의 콘텐츠는 틱톡이라는 플랫폼의 특성과 잘 어우러져 큰 인기를 끌었는데 만일 같은 콘텐츠를 비슷한 감각으로 유튜브에서 제공했다면 그만 한 성공을 거두지 못했을지도 모른다. 크리에이터는 스스로가 가진 에너지, 분위기(vibe)가 어떤 상황에서 더 큰 임팩트를 낼 수 있을지 알고 있어야 한다. 짧고 굵게 개성을 전달하는 것이 강점인 크리에이터가 있는가 하면 처음에는 어색하지만 자꾸 보면 익숙해지면서 더 알아보고 싶은 분위기를 가진 크리에이터도 있다. 마치 MBTI처럼, 한 크리에이터가 모든 특징을 다 가질 수는 없다. 또한, 플랫폼의 변화와 진화를 면밀하게 살피고, 플랫폼의 특성에 대한 이해를 바탕으로 그에 맞는 콘텐츠 전략을 세우고, 필요하다면 플랫폼을 옮기며 적응할 수도 있어야 한다. 만일 한 플랫폼에서 본인의 성과가 기대에 미치지 못한다면 자신의 특장점을 다시 점검하고 다른 플랫폼을 선택하거나 콘텐츠를 접근하는 방식을 새롭게 해보는 것이 답이 될 수도 있다.

채널을 운영할 플랫폼의 선택에는 여러 요소의 비교가 필요하다. 플랫폼의 경향을 예측하고 사람들에게 오래 인기를 끌 만한 플랫폼을 발견한다면 일단 계정을 만들어두는 것을 추천한다. 선점 효과에 의해 빨리 계정을 만들고 장기간 콘텐츠를 지속적으로 업로드한다면 성공한 인플루언서에 조금 더 가까워질 수 있기 때문이다. 반면 플랫폼 분석 결과 전망이 좋지 않다고 판단되는 경우에는 굳이 계정 생성에 시간을 쏟을 필요가 없다. 디바제시카 채널은 페이스북, 틱톡 그리고 클럽하우스 계정을 만들지 않았다. 다음에 소개할 플랫폼 분석 팁에 따라 분석한 결과 유튜브와 인스타그램에 집중하고 그다음 다가올 새로운 유행을 주시하는 것이 낫다고 판단했기 때문이다.

대중이 선호하는 플랫폼은 어떻게 바뀌어왔나?

국내 크리에이터가 가장 선호하는 플랫폼은 단연 유튜브이다. 2022년 1인 미디어 산업 실태조사 보고서에 따르면 국내 크리에이터가 주로 이용하는 플랫폼은 유튜브가 전체의 79.8%로 가장 높았으며, 인스타그램과 틱톡이 각각 9.9%, 2.4%로 그 뒤를 이었다. 아프리카TV와 트위치의 사용 비중은 작은 편이었으나 게임(트위치), IT/기술/과학(네이버TV), 푸드/쿠킹 및 라이프스타일(인스타그램) 등 특정 장르의 콘텐츠에서는 해당 플랫폼 이용율이 높게 나타나기도 했다. 콘텐츠를 통해 '수익을 창출하는 플랫폼이 어디인지'를 묻는 질문에 대해서도 크리에이터들은 유튜브를 가장 많이 응답했고(85.4%) 인스타그램(18.9%), 네이버TV(9.2%)가 그 뒤를 이었다. 이는 유튜브에 가장 가장 많은 사용자가 몰려 있어 수익을 창출할 수 있는 방법이 가장 많다는 점을 고려할 때 자연스러운 결과라고 볼 수 있다.

크리에이터가 선호하는 수익성 높은 플랫폼을 넘어 일반 사용자들이 선호하는 소셜 미디어 플랫폼, 특히 수익성이 아닌 플랫폼 내 콘텐츠 트렌드로 그 초점을 돌려보면, 트위터에서 페이스북, 페이스북에서 인스타그램, 이어서 틱톡과 (미국의 경우) 스냅챗으로 이동하는 뚜렷한 트렌드가 발견되는데 이를 관통하는 핵심 요소는 '모두의 미디어', '비주얼 요소의 생생함(visual vividness)', '또래 집단의 뭉침' 등의 세 가지로 설명할 수 있다. 텍스트에서 사진으로, 사진에서 영상으로 시각적 요소가 강조되는 추세는 유튜브의 성공을 자연스럽게 설명한다. 그러나 유튜브 콘텐츠가 폭증하고 플랫폼 내 경쟁이 격화됨에 따라 '누구나 아무 영상이나 찍어 올리던' 초창기 유튜브와 달리 '주목받기 위해서는 신경 써서 제작해야 하는 유튜브 콘텐츠'에 대해 사용자들이 부담을 느끼기 시작했고, 콘텐츠의 품질(을 높게 만들어야 한다는 생각)이 새로운 채널 개설을 망설이게 하는 또 다른 장벽이 되었다. 이에 따라 소비자들은 훨씬 간단하고 꾸밈없고 '아무렇게나 만들어도 되는(마치 초창기 유튜브 같은)' 플랫폼으로 눈을 돌리게 되었고 그것이 틱톡이다.* 페이스북이든 인스타그램이든, 유튜브든 틱톡이든 발전 방향을 설명하는 또 하나의 요인은 '또래 집단의 뭉침'인데 플랫폼이 인기를 얻는 초기에는 젊은 사용자층에 의해 성장이 견인되지만 사용자층이 중장년층을 포함하며 대중화가 됨에 따라 젊은 층이 다른 새로운 플랫폼으로 떠나는 현상을 의미한다. 인스타그램과 틱톡이 이런 방식으로 페이스북과 유튜브를 딛고 성장했다고 할 수 있으며, 인스타그램과 틱톡 역시 똑같은 위기를 맞이할 수 있다는 점에서 흥미로운 포인트이다.**

향후 각광받을 플랫폼과 서비스를 논할 때 메타버스를 빼놓을 수 없다. 사람들과 매체에 의해 거론되는 양에 비해 상시 사용자는 아직 미미

---

* 틱톡의 성공에 대응하여 구글과 인스타그램이 만든 플랫폼/서비스가 각각 쇼츠(Shorts)와 릴스(Reels)이다. 현재는 그야말로 '누구나 만들어 올려도 될 듯한' 콘텐츠들이 많지만 플랫폼과 소비자의 발전에 따라 어떤 방향으로 정교화·고도화 될지는 아직 모를 일이다.

** 페이스북은 '페이스북 메신저', 인스타그램은 'DM'이라는 일대일 메신저 기능으로 국내외 젊은 사용자층을 붙잡아두고는 있으나 이는(국내의 경우 카카오톡, 해외의 경우 왓츠앱, 라인, 위챗 등의) 기존 '메신저 서비스들에 비해 젊다'고 느껴지기 때문이다. 틱톡, 스냅챗의 메시지 기능이 지금보다 편리해지고 대중화될 경우 페이스북과 인스타그램의 메신저 사용자들마저 떠날 가능성은 충분하다.

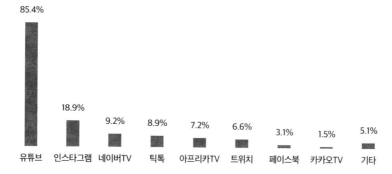

 의 각 막대 레이블:

85.4%

18.9%
9.2% 8.9%
7.2% 6.6%
3.1% 1.5% 5.1%

유튜브 인스타그램 네이버TV 틱톡 아프리카TV 트위치 페이스북 카카오TV 기타

출처: [1인 미디어 산업 실태조사 보고서] (2023. 1.)
과학기술정보통신부, 한국전파진흥협회

그림 15. 크리에이터가 생각하는 수익을 창출하는 플랫폼 순위

하지만 메타버스 플랫폼이라고 해서 위 세 가지 트렌드를 피할 수는 없을 것이다. 의식적으로 콘텐츠를 제작해야 하는 기존 소셜 미디어와 달리 메타버스는 (이론적으로는) 사용자가 플랫폼에서 하는 모든 행동이 자동으로 콘텐츠화 될 수 있다는 점에서 '모두의 미디어'를 가장 효과적으로 충족시킬 수 있을 것이다. 게다가 텍스트와 이미지, 영상은 물론 그 이상의 다양한 콘텐츠 형태를 포괄할 수 있다는 점, 나아가 실시간 커뮤니케이션을 가장 생생하게 살려낸다는 점에서 '비주얼 경험의 생생함(vivid visual experience)'을 가장 잘 살려줄 플랫폼으로도 기대된다.

메타버스처럼 미래로 나아가는 플랫폼이 있는가 하면, 이미 존재해온 특성을 재조명함으로써 주목받는 플랫폼도 있다. 아침에 눈을 뜬 직후부터 잠에 들기 직전까지 수많은 콘텐츠에 이미 노출되고 있는 소비자들은 콘텐츠의 공백을 버거워하기도 한다. 이런 소비자들을 위해 등장한 것이 빗소리, 도서관 소리, ASMR 등의 이른바 '백색 소음' 콘텐츠이다. 백색 소음은 집중력 향상이나 심리적 안정과 같은 목표에 맞춰 '설계된 소리'

3부. 끌리는 콘텐츠를 위한 전략 수립하기

이지만, 이 같은 청각 콘텐츠에 대한 대중의 관심에 부응하고자 나타난 플랫폼과 서비스도 많은데 클럽하우스, 스포티파이, 그리고 팟캐스트를 위시한 다양한 오디오 콘텐츠 플랫폼들이 좋은 예이다. 화려한 시각적 요소에 지친 사람들을 겨냥하여 덜 부담스럽고 덜 소모적인 청각 콘텐츠를 앞세운 이들 플랫폼은 심리적 안정뿐 아니라 특정 정보 전달이나 스토리텔링을 청각적으로만 전달하는 차별성을 띤다.

플랫폼 비교하기

채널의 성격에 맞는 플랫폼인가?

유튜브: 기존 미디어 시장의 판도를 뒤바꾼 거점 플랫폼

세계 최대의 동영상 공유 플랫폼으로, 대규모 시청자들에게 다양한 콘텐츠로 다가갈 수 있어 소셜 미디어 인플루언서들에게 가장 중요한 플랫폼이다. 유튜브의 아성에 도전하는 수많은 플랫폼이 등장했고 틱톡은 실제로 유튜브를 추월하기도 했지만[*] 유튜브의 위상은 단기간 내에 꺾일 것으로 보이지 않는다. 물건을 살 때 가장 먼저 떠올리고 가장 많이 방문하는 대형마트처럼 유튜브는 당분간 모든 크리에이터의 거점 플랫폼으로 아성을 지켜나갈 것으로 예상된다. 유튜브는 TV의 시청률이 떨어지는 데 기여하고 있다. 한 시간짜리 방송 콘텐츠를 이른바 '5분짤', '10분짤'로

---

[*] 틱톡은 2021년 기준 구글과 페이스북을 제치고 전 세계 인터넷 사용자가 가장 많이 방문한 사이트에 올랐으며, 2022년 4월에는 미국에서 유튜브를 제치고 1인당 평균 사용 시간이 가장 높은 소셜 미디어가 되었다. 그러나 유튜브의 쇼츠의 인기가 높아짐에 따라 이 순위는 계속 바뀔 수 있다.

다시 보는 일이 일반화되었고, TV가 알려주지 않는 다양한 역사, 주식, 맛집 이야기를 유튜브에서는 얼마든지 찾을 수 있다.

　해외에서 크게 성장한 오디오 플랫폼이 우리나라에서 큰 힘을 발휘하지 못하는 이유 중 하나도 유튜브 때문이라고 볼 수 있다. 미국의 경우 팟캐스트가 지금과 같은 위치를 차지하기 전에도 거대한 오디오 콘텐츠 시장이 존재했고, 그 사용자들의 상당수가 팟캐스트, 스포티파이, 클럽하우스 등 다양한 오디오 플랫폼 사용자가 되었다. 우리나라에도 오디오 시장이 없지는 않았으나 오디오 플랫폼이 제대로 자리 잡기 전 유튜브가 급속히 퍼지면서 오디오 콘텐츠마저 흡수해버린 면이 있다.

　유튜브는 보는 사람들도 많지만 만들어 올리는 사람들도 많아지고 경쟁이 치열해지다 보니 크리에이터가 소비자 눈에 띄기 어려워졌다는 단점도 있다. 안정적인 조회수와 구독자수를 확보하는 일이 점점 어려워짐에 따라 많은 크리에이터들이 협찬과 광고에 눈을 돌리지만 유튜브에 대해 소비자들이 갖는 불만의 많은 부분이 너무 잦은, 혹은 콘텐츠와 구분되지 않는 광고에 있음을 기억해야 한다. 뒷광고 논란이 불거지기 이전에도 유튜브 콘텐츠의 무분별한 광고 노출은 소비자들은 물론 크리에이터에게조차 우려를 자아냈다. 해외에서도 광고인지 아닌지 명확하지 않은 영상들 때문에 논란이 된 적이 있었는데 막상 유튜브에서는 별다른 제재가 없었기 때문이다. 우리나라에서는 뒷광고 논란이 공중파 뉴스에도 보도될 정도로 중대한 사안이 된 바 있다. 그러나 역설적으로 뒷광고 논란은 광고를 자발적, 체계적으로 구분할 수 있는 크리에이터의 인식과 환경을 만들어냄에 따라 유튜브가 더욱 단단하고 건전하게 성장할 수 있는 토대가 되기도 했다.

틱톡: 불분명한 수익구조에도 불구하고 급성장한 초단편 콘텐츠

틱톡(TikTok)은 중국의 바이트댄스(ByteDance)가 만든 동영상 공유 플랫폼으로, 이용자들은 최대 3분 길이의 짧은 동영상을 만들고 공유할 수 있다. 18~25세 연령층이 주를 이루며, 여성의 비율이 높은 편이다. 소셜 미디어 업계의 뜨거운 이슈인 틱톡은 한마디로 '너무 쉬운 플랫폼'이라고 할 수 있다. 유튜브 콘텐츠를 제작할 실력과 끈기가 부족한 크리에이터라도 조금의 감각만 있다면 시도해볼 수 있는 플랫폼이다. 타 플랫폼에 비해 진입 장벽이 낮고 최근에는 틱톡으로 성장하는 인플루언서들도 크게 늘었다.

여전히 빠르게 성장 중인 틱톡은 비록 크리에이터들에게 보장하는 수익 구조가 확립되지 않았다는 단점이 있지만, 역설적으로 '불분명한 수익 구조에도 불구하고 급성장한' 플랫폼이라는 점에서 잠재력이 거대하다.

틱톡의 장점 중 하나는 젊은 세대를 대상으로 인기가 높다는 점이다. 이들은 타 소셜 미디어 플랫폼보다 틱톡에서 더욱 높은 참여도를 보인다. 그러나 이는 역설적으로 틱톡의 단점이 되기도 한다. 틱톡의 젊은 사용자 층과 틱톡이 가진 특유의 콘텐츠 스타일은 유튜브에서와 다른 크리에이티브 스타일을 요구하므로 모든 브랜드, 모든 인플루언서에게 적합하지 않을 수도 있다. 틱톡과 쇼츠가 10대들의 문화라는 인식이 강하다 보니 20대 중반 이상의 이른바 1세대 크리에이터들은 초단편 콘텐츠를 만드는 데에 어려움을 호소하기도 한다. 10분 이상의 영상 제작 화법에 익숙한 크리에이터들이 갑자기 1분짜리 영상을 만들 때 어려움을 느끼는 것이다. 기존 크리에이터들은 초단편 영상을 본편 영상의 예고편이나 축약본으로 다루는 경우가 많은데 틱톡과 쇼츠에서 인기를 얻는 콘텐츠는 예고편도 축약본도 아니다. 오히려 1분 안에 전달하는 독자적인 메시지이자 콘텐츠에 가깝다.

필자들이 틱톡과 쇼츠의 흐름에서 느끼는 특징은 이들 콘텐츠의 시청자층이 일반 유튜브 시청자와 다른 집단이라는 사실이다. 디바제시카 채널에서도 메인 콘텐츠의 예고편 성격으로 유튜브 쇼츠를 만들어봤지만 이를 통해 본편 영상으로 유입되는 비율은 3~5% 정도에 불과했다. 비록 디바제시카 채널에서의 제한적인 실험 결과에 불과하지만 쇼츠만 보고 마는 시청자가 대다수라는 점은 여러 가지 생각할 거리를 제공한다.

틱톡과 쇼츠가 가져오는 파급력에 대해서는 여전히 연구되어야 할 부분이 많다. 그러나 틱톡과 그리고 유튜브 쇼츠가 대변하는 초단편 콘텐츠는 2023년 현재 명백한 대세이고, 크리에이터라면 시도하지 않는 것이 이상할 영역이다. 게다가 (틱톡의 폭발적 인기에 대응하기 위해) 유튜브가 쇼츠 영상을 의도적으로 더 많이 노출시켜 주니 크리에이터라면 반드시 만들어야 하는 형태의 콘텐츠가 되었다. 쇼츠가 유튜브 채널을 알리고 구독자수를 향상시키는 데에 기여하는 것은 분명하다. 지금 시기에는 쇼츠만큼 빠르고 쉽게 크리에이터와 채널을 노출시킬 수 있는 확실한 수단도 드물다. 비록 현시점에서 초단편 콘텐츠가 벌어들이는 수익은 크지 않지만 많은 팔로워를 손쉽게 확보하고, 늘어난 영향력을 바탕으로 외부 광고와 협찬을 수주함으로써 수익을 얻을 수도 있다. 혹은 크리에이터의 인지도를 높이고 유튜브 등 다른 플랫폼으로 넘어가려 할 때, 또는 유튜브에서의 콘텐츠를 홍보하여 유큐브로의 유입을 늘리고자 할 때에도 충분히 매력적인 플랫폼으로 활용할 수 있다.

트위치: 생중계에 특화된 10대 타깃의 게임 커뮤니티 플랫폼

트위치는 전 세계적으로 인기가 높은 대규모 게임 커뮤니티 플랫폼이다. 우리나라에서도 널리 사용되고, 게임 중계 분야에 강점을 갖고 있으며 남성 사용자의 비중이 70%에 육박한다. 10대 사용자가 많다는 특성과 생중계에 특화된 기술적 강점을 바탕으로 단순히 콘텐츠를 시청하는 것보다 스트리머(크리에이터)와 시청자가 다함께 어울려 이야기하는 콘텐츠에 차별성을 갖는다[IRL, 혹은 '저스트 채팅(Just Chatting)'이라는 그야말로 시청자와의 채팅이 주가 되는 콘텐츠를 별도 카테고리로 분류해두고 있을 정도이다]. 여전히 주력 카테고리는 게임이지만 최근에는 IRL, 음악, 먹방, 아트/예술 등으로 확장되었다.

(별풍선과 비슷한) '후원'으로 시청자가 스트리머에게 금전적 지원을 할 수 있는 등 여러 면에서 아프리카TV와 유사성이 많다. 게임에 특화된 특성상, 다루는 게임의 폭도 가장 넓은 편이다. PC 게임, 모바일 게임은 물론 콘솔 게임, '미연시(미소녀 연애 시뮬레이션)' 게임 등 다양한 장르의 게임이 인기를 끌고 있으며 '덕후 문화'를 다루는 콘텐츠도 많은 편이다.

게임에 치중된 트위치의 특성은 게임 사용자에게 접근하기 좋은 환경이나 그 외의 사용자층을 타깃으로 하는 인플루언서에게는 적합하지 않을 수 있다. 또한 아마존에 인수된 글로벌 서비스답게 글로벌 시장에서는 쾌적한 시청 환경을 제공하는 것으로 알려져 있으나, 2022년 국내 사용자를 대상으로 시청 가능한 화질을 720p로 제한하고 VOD(영상 다시보기) 서비스를 중단하는 등 시청 환경이 악화되어 크리에이터들이 떠나고 있다고 전해진다.

아프리카TV: 소수의 팬덤 관리가 수익 유지의 관건

　우리나라 1인 미디어 문화의 원조격으로 수많은 문화를 탄생시킨 플랫폼이다(트위치가 게임이라는 환경으로부터 확장되었다는 점과 크게 다르다). 우리나라에서 시작한, 한국인을 주요 시장으로 하는 플랫폼이기 때문에 플랫폼의 전체 성장성은 한계가 있으나 BJ(크리에이터)에 대한 방송 지원 체계가 잘 마련되어 있다는 장점이 있다. 아프리카TV가 선보인 '별풍선'이라는 시청자 직접 유료 후원 시스템은 유튜브의 슈퍼챗에 영향을 미쳤을 만큼 대중적인 인기를 끌었다. BJ가 올리는 전체 별풍선 수익 중 80% 가량을 20명 안팎의 시청자로부터 올린다는 통계가 있을 만큼 소수 열혈 팬으로부터의 수익이 중요하며, 이들을 중심으로 한 팬덤을 관리하는 것이 수익 유지의 관건이다. 트위치와 유사하게 남성에 편중된 주 사용자층을 갖고 있으며, 자극적인 콘텐츠가 많다는 비판을 받기도 하지만 반대로 '아프리카TV를 보다 보면 다른 플랫폼의 콘텐츠는 밋밋하게 느껴진다'는 평을 들을 정도로 콘텐츠의 색이 독보적이라고 할 수 있다. 아프리카TV의 대표적인 콘텐츠로 선정적인 여성 BJ의 콘텐츠를 떠올리는 사람이 많지만, 사실 월등히 많은 조회수를 올리는 카테고리는 게임이다. 단, 트위치가 다양한 장르와 포맷의 게임을 다루는 플랫폼이라면 아프리카TV의 게임은 리그오브레전드(LoL)와 (출시 20년이 넘은) 스타크래프트 등 몇 종류가 주를 이룬다. 사전에 잘 기획된 콘텐츠보다 시청자와의 실시간 소통을 통한 BJ의 순간적인 반응, 돌발적인 상황 연출이 인기를 얻고 별풍선 수익에도 도움을 준다(이 때문에 아프리카TV는 스토리텔링보다는 BJ의 입담, 개인기, 순발력과 예능감에 대한 의존도가 높은 편이다). 전체 사용자 규모에 있어 최근 트위치에 역전당했으나 전체적으로 트위치와 비슷한 수준이다.

페이스북: 메신저가 매력적인 범지구적 서비스

유튜브와 함께 전세계적으로 가장 많이 사용되는 소셜 미디어 플랫폼 중 하나로, 전 세계의 일반 대중에게 접근할 수 있다는 장점이 있다. 유튜브가 동영상이라는 콘텐츠(소비)를 중심으로 서비스가 구성되고 사람들을 연결한다면, 페이스북은 친구들을 미리 연결한 소셜 네트워크라는 차별점을 갖는다. 따라서 친구들 사이에서 콘텐츠를 유통·공유시키는 데 강점이 있다.

페이스북의 유행은 텍스트 위주의 소통 방식이 사진과 결합되며 촉발되었다. 사용자들이 자신의 일상을 글과 이미지로 실시간으로 공유하며 소통하게 만든 페이스북은 친구의 친구를 추천 받아 또다시 새로운 친구를 만들어가며 전 세계 사람들을 연결하는 거의 최초의 '소셜' 미디어가 되었다. 막대한 인기로 남녀노소 모두가 즐기는 소통의 장이 되었으나 중장년층이 대거 유입되고 콘텐츠 중 광고가 늘어나면서 젊은 층은 유튜브, 인스타그램, 틱톡으로 눈을 돌리기 시작했다. 그럼에도 불구하고 페이스북이 10대들에게 여전한 인기를 끌고 있는 이유 중 하나는 페이스북 메신저의 힘이다. 카카오톡만큼 많은 사람이 쓰지만 더 젊고, 글로벌하며, 상대방의 온라인 여부를 확인할 수 있다는 특징은 페이스북이라는 플랫폼을 이제 다른 시각으로 바라볼 것을 시사한다. 여러 단점에도 불구하고 여전히 '범지구적인 서비스'라는 점, (페이스북의 모회사인) 메타(Meta)가 인스타그램을 소유하고 있다는 점, 향후 메타버스 서비스를 통해 또다른 방향으로 급발전할 수도 있다는 점을 감안하면 가볍게 봐서는 안 되는 플랫폼이다.

인스타그램: 보여주고 싶은 일상을 공유하는 전천후 소셜 미디어

같은 소셜 미디어지만 사진 중심의 소통 방식을 더욱 강화한 플랫폼이 인스타그램이다. 사용자가 얼마나 멋지고 부러울 만한 삶을 사는지를 과시하는 듯한 게시물로 젊은 층의 대표 소셜 미디어 자리를 차지했지만, 시간이 지남에 따라 이 같은 피상적, 혹은 가식적 이미지로 점철된 분위기에 피로감을 호소하는 사람이 많아졌다(어쩌면 이제는 타인의 삶을 들여다보기에 지친 것인지도 모른다). 그러나 이 같은 '멋지고' '화려한' 인스타그램의 이미지는 인스타그램만의 수많은 인플루언서, 즉 '파워 인스타그래머'를 낳았다. 유튜브나 트위터의 유명 인플루언서와 달리 인스타그램의 인플루언서는 '내가 동경하는 일상을 영위하는 부러운 사람'이며 이들이 소개하는 제품은 광고가 아니라 실제로 이들이 일상적으로 사용하고 추천하는 제품으로 여겨진다. 즉 나도 그 제품을 사용하면 이들과 조금은 비슷해질 수 있다는 환상을 주는 거의 독보적인 지위를 유지하고 있다. 그러나 이마저도 최근에는 지나치게 많은 광고, 무분별한 인스타마켓, 인플루언서가 추천하는 공동구매('공구') 제품의 조악한 품질과 불투명한 유통 과정이 빈번히 문제가 됨에 따라 사용자가 플랫폼과 인플루언서에 가진 신뢰가 하락하는 추세이다. 현재는 '보여주고 싶은 이미지'를 넘어 평범한 일상을 공유하고 지인과 소통(DM)하거나, 틱톡·쇼츠와 유사한 릴스 등의 기능을 확장함으로써 전천후 소셜 미디어가 되었다.

트위터: 메시지를 즉각적으로 전파시키는
글로벌 소셜 미디어 유행의 시초

　글로벌 소셜 미디어 유행을 만들어낸 플랫폼의 시초로 봐도 무방한 것이 트위터이다. 140자라는 짧은 글에 사용자의 생각을 담아 전 세계 사람들을 자유롭게 연결한다는 점, 나와는 직접적인 접점이 없는 연예인, 기업가, 정치가 등 유명인과도 '팔로우'를 통해 연결될 수 있다는 점, 이를 통해 그들의 이야기를 실시간으로 생생하게 들을 수 있다는 점이 트위터의 성공 요인이었으며 이 같은 '팔로우/팔로우드(follow/followed)' 연결 방식은 곧 타 소셜 미디어에서도 도입, 사람들을 연결하는 새로운 방식으로 자리 잡았다. 트위터는 단순히 친구를 만드는 소셜 미디어에 그치지 않고 유명인들의 일상을 공유하고 비유명인들이 더 쉽게 다가갈 수 있게 하는 소통의 장이 되었으며, 나아가 정치인들이 자신의 주장을 알리며 지지자들을 모으는 곳, 전 세계 뉴스매체(신문, 방송, 잡지 등)들이 자사의 매체보다 더 빨리 소식을 전하는 뉴스 플랫폼이 되었다. 140자 텍스트만 허용했던 초기와는 달리 현재는 이미지, 동영상 등 다양한 포맷의 콘텐츠를 나눌 수 있으나 사용자의 '콘텐츠를 체계적, 심층적으로 소비시키는' 플랫폼이라기보다는 사용자의 '메시지를 즉각적으로 전파시키는' 플랫폼으로서의 성격이 강하다.

네이버, 네이버TV: 가장 많은 검색이 이루어지는
소비자 욕망의 바로미터

　비즈니스로서 플랫폼을 운영하기 위해서는 영향력과 수익성을 반드시 고려해야 하고 이를 위해 모든 플랫폼은 얼마나 많은 사용자들이 해당 플랫폼을 얼마나 오랫동안 방문하고 사용하는지─'트래픽'─에 신경 쓰지 않을 수 없다. 트래픽은 플랫폼을 통해 광고하려는 제품의 도달 범위와도 직결되기 때문에 광고 단가 측정의 핵심 요소이고 플랫폼은 트래픽에 따라 운명이 결정된다. 자타공인 국내 최대 포털 플랫폼인 네이버는 경쟁 포털이던 다음(Daum)의 쇠락 이후 독보적인 영향력을 구가했으나 유튜브 이용 및 검색률이 상승하면서 트래픽이 줄어들었다. 이에 따라 네이버 역시 네이버TV를 통해 동영상 콘텐츠를 강화하기 위한 다양한 전략을 선보였으나 초반 15초 광고를 끝까지 시청한 후에야 본 콘텐츠를 시청할 수 있었던 점, 국내 1인 크리에이터를 모으기 위한 장치가 부족했던 점 등으로 인해 유튜브에 크게 밀리게 되었다. 유튜브의 성공 배경 중 하나가 1인 크리에이터들이 자유롭게 콘텐츠를 올려 전 세계 시청자에게 보여줄 수 있다는 점, 즉 국내 소비자를 대상으로 하는 네이버에 비해 압도적으로 많은 조회수를 기대할 수 있다는 점임을 고려할 때 네이버가 유튜브와 동일한 비즈니스 모델로 경쟁하는 것은 불가능했을 것이다. 그러나 같은 '포털'이라는 배경을 가진 카카오가 카카오엔터테인먼트 등을 통해 오리지널 (드라마, 예능 등의) 영상 콘텐츠를 선보이고 있음을 고려하면 네이버가 '광고 중심 비즈니스'라는 포털의 틀을 좀 더 일찍 깨지 못한 점은 아쉽다.

또한, 네이버가 직면한 또 다른 문제는 네이버 최대의 장점인 '검색'이 네이버 내 영상 콘텐츠로 원활히 이어지지 않고 있다는 점이다. 네이버 최대의 자산인 수많은 검색 키워드들이 이에 부합하는 영상 콘텐츠 검색 결과로 이어지지 않는 점, 검색어 속 소비자의 니즈와 이에 대한 데이터가 네이버 내 영상 콘텐츠로 제작·전환·활용되거나 트래픽을 자연스럽게 이어주지 못하고 있다는 점을 주목해야 한다. 가장 많은 검색이 이루어진다는 사실은 소비자들의 욕망을 가장 잘 파악할 수 있는 곳이 네이버임을 뜻한다. 국내 유튜브 크리에이터가 콘텐츠를 기획할 때에도 네이버는 좋은 참고서의 역할을 한다. 최근 소비자들의 관심사가 무엇인지, 계절과 시기에 따라 어떤 종류의 토픽이 사람들의 관심을 받는지를 네이버는 잘 보여준다. 네이버가 이 같은 데이터를 잘 활용한다면 네이버 블로그의 일상 사진을 다른 사용자의 유튜브 맛집 영상으로 연결하거나, 어떤 사용자의 여행 블로그를 타 사용자의 여행 브이로그로 연결하는 방식으로 트래픽과 영향력을 증대시킬 수도 있을 것이다.

오디오 플랫폼: 크리에이터의 저변을 확장하는 스포티파이, 팟캐스트 등

해외에서 인기를 얻고 있는 플랫폼들을 보면 오디오 중심 콘텐츠로의 회귀 트렌드를 발견할 수 있다. 디지털 콘텐츠 비즈니스는 그동안 글에서 사진, 사진에서 영상, 그리고 고화질 영상으로, 시각을 더 활발히 자극하는 방향으로 발전해왔다. 그러나 시각적 소비에 익숙해진 소비자들은 어디에서든 무리 없이 소비할 수 있는 '차분한' 콘텐츠에 관심을 갖기 시작했는데 이것이 스포티파이, 팟캐스트, 클럽하우스 등의 오디오 플랫폼이다. 그러나 예전의 오디오 플랫폼과는 달리 이제는 음악 외에 사람들의 다양한 목소리를 전달하는 트렌드가 뚜렷이 나타나고 있다. 지난 2019년 스포티파이는 팟캐스트를 제작하는 툴로 인기있던 앵커FM(Anchor FM)

을 인수한 후 최근 서비스명을 '스포티파이 포 팟캐스터'로 바꾸어 선보였다. 이로써 스포티파이는 오디오 스토리 크리에이터를 위한 '스포티파이 포 팟캐스터'와 뮤지션을 위한 '스포티파이 포 아티스트' 두 개의 축으로 창작자들을 지원하게 되었는데, 스포티파이가 원래 음악에 치중한 서비스였음을 감안할 때 오디오 스토리 부문을 강화하려는 움직임은 이 트렌드를 더욱 뚜렷이 보여준다.

오디오로 회귀하는 콘텐츠 트렌드는 크리에이터의 저변을 지금보다 훨씬 크게 넓힐 수 있다는 점에서도 주목할 만하다. 콘텐츠 크리에이터는 그동안 텍스트 기반의 블로거로부터 이미지 기반의 인스타그래머, 영상 기반의 유튜버로 진화해왔는데, 텍스트에서 이미지로의 진화에 비해 영상 크리에이터로의 진화는 기술적 장벽이 높아 유튜버는 기존의 블로거들을 충분히 흡수하지 못했다. 그러나 오디오 기반 플랫폼은 기존의 블로거들이 부담 없이 이동할 수 있는 플랫폼이다. 심지어 텍스트를 자연스러운 음성으로 바꿔주는 다양한 솔루션이 발달함에 따라 블로거들은 자신의 콘텐츠를 직접 읽을 필요도 없이 자신의 블로그 콘텐츠를 오디오용 콘텐츠로 전환할 수도 있어, 오디오 플랫폼이 발전할수록 방대한 양의 콘텐츠가 블로그로부터 유입될 것으로 전망된다.

라이브 커머스: 영상 플랫폼 수익화를 위한 해답

라이브 커머스는 독자적인 미디어 플랫폼을 뜻하는 것이 아니라 플랫폼에서 이루어지는 콘텐츠 수익 활동을 의미하지만 거의 모든 동영상 플랫폼에서 이를 서비스화하고 있으므로 소개한다. 수 년 전만 해도 유튜브에 대한 사람들의 관심은 콘텐츠 그 자체에 대한 것이었다. 어떤 종류의 콘텐츠가 인기를 끌고 있는지, 그것이 의미하는 바는 무엇이며 이를 통해 사람들 사이에서는 어떤 문화가 새롭게 태어났는지 등이 화두였다. 그러나 유튜브가 일상이 되자 사람들의 관심은 유튜브의 영상 콘텐츠를 통해 무엇을 더 할 수 있는가, 콘텐츠를 시청하게 하는 것 외에 무엇을 도모할 수 있는가, 영상 플랫폼은 어느 방향으로 진화시켜야 하는가에 대한 답을 찾기 시작했고, 이로 인해 라이브 커머스가 등장했다. 네이버가 비록 영상 콘텐츠 시장에서 선두주자가 아님에도 불구하고 자리를 지키는 이유 중 하나도 라이브 커머스라고 할 수 있다. 네이버가 가진 수많은 검색 데이터는 물론 네이버 내 스마트 스토어, 네이버 페이 등의 쇼핑, 커머스 기능은 유튜브가 아직 따라잡지 못한 영역이다. 커머스 기능을 영상으로 보여주는 방식으로 영상 콘텐츠 다변화뿐 아니라 네이버 마켓, 네이버 페이 등을 활성화하는 효과를 거두고 있으며 사용자들은 네이버라는 친숙한 플랫폼 내에서 익숙하게 라이브 커머스를 사용할 수 있게 되었다.

지금까지 크리에이터가 만들어 낸 콘텐츠를 유통시킬 수 있는 주요 플랫폼 몇 가지를 소개했으나* 어떤 플랫폼도 영원할 수는 없다는 점, 소비자, 특히 젊은 세대는 자신의 필요에 따라 여러 가지 플랫폼을 넘나들며 시간을 보낸다는 점을 잊지 말아야 한다. 메시지는 페이스북에서 주고받다가, 틱톡으로 순간순간의 즐거움을 취하고, 인스타그램에서는 사진을, 유튜브에서는 영상을 본 다음, 게임은 디스코드에서 하고, 팬덤 문화는

---

* 웹툰·웹소설 역시 크리에이터가 생산·유통할 수 있는 콘텐츠이나 이 책은 유튜브를 위시한 동영상 유통에 초점을 맞추고 있어 여기에서는 별도로 소개하지 않는다.

트위치에서 즐긴 후 네이버 블로그에는 일기나 기록을 남기는 식의 소비는 젊은 세대에게는 익숙한 광경이다. 이는 옛 세대가 라디오에서 음악을 듣다가 TV로 드라마를 보고 신문에서 뉴스를 읽으며 심심할 때 잡지를 꺼내들던 것과 다를 바 없다. 따라서 크리에이터가 자신의 몸에 맞는 플랫폼에서 적절한 콘텐츠를 제공하기만 한다면, 소비자는 얼마든지 크리에이터를 찾아올 수 있다는 의미이기도 하다.

플랫폼을 선택할 때에는 플랫폼의 특성은 물론 그들이 가진 트래픽의 특성 역시 반드시 고려해야 한다. 크리에이터가 만들어내는 콘텐츠를 얼마나 많은 시청자들에게 보여줄 수 있느냐도 중요하지만, 이 플랫폼이 도달하는 시청자층이 크리에이터 본인의 콘텐츠에 얼마나 부합하는지, 아울러 콘텐츠를 후원할 브랜드들과 얼마나 부합하는지를 고려해보는 것은 매우 중요하다. 광고 단가는 플랫폼 사용자 수나 이용 시간만으로 정해지는 것이 아니다. 브랜드가 원하는 타깃이 사용자에 얼마나 포함되어 있는지, 실제 구매를 일으킬 역량이 있는지 등이 큰 영향을 미친다.

이 장의 서두에서 언급했듯 크리에이터는 한 플랫폼에 매여 있기보다 트렌드를 분석하고 자신의 이익에 맞게 플랫폼을 이동할 수 있어야 한다. 모든 미디어와 플랫폼은 변한다. 플랫폼 비즈니스의 특성 중 하나는 아무리 거대한 플랫폼이라 해도 대중의 요구에 부응하지 못하거나 유행에 뒤처지면 한순간에 몰락할 수 있다는 점이다. 크리에이터는 트렌드를 잘 파악하여 본인에게 가장 유리한(그리고 전망이 좋은) 플랫폼으로 옮길 수 있어야 한다.

채널 기획하기

타깃과 트렌드에 맞는 콘셉트인가?

경제, 우주, 서유럽 역사, 괴식 먹방, 오지 여행 등 어떤 주제를 들으면 바로 떠오르는 채널들이 있다. 채널 기획이 훌륭하게 이루어진 경우이다. 크리에이터라면 누구나 특정 주제를 찾는 시청자를 자신의 채널로 가장 먼저 유입하게 만들고 싶은 욕구를 갖고 있다. 채널은 기본적으로 콘텐츠가 쌓여서 완성되는 것이므로 채널과 콘텐츠를 별개로 생각할 수는 없다. 하나하나의 콘텐츠를 기획하고 만들면서 어떤 사람들의 어떤 니즈를 타깃으로 할 것인지 방향성을 정하면 채널 기획도 그에 맞춰 따라온다.

채널 기획은 채널 내 시리즈 기획과 맞닿아 있다고 할 수 있다. 어떤 시청자가 특정 콘텐츠에 이끌려 채널에 유입이 되었을 때 이미 관련된 시리즈가 잘 구축이 되어 있고, 해당 콘텐츠가 속해 있는 시리즈 전체가 흥미롭다는 신뢰를 줄 수 있다면 구독자를 확보하는 데 유리하다. 다음에 무엇을 시청할 것인지 시청자가 별다른 고민을 하지 않고 크리에이터가 나열해놓은 시리즈를 따라가는 것만으로도 원하는 콘텐츠를 보고 만족할 수 있다면 채널의 구독자가 되지 않을 이유가 없다.

경제를 다루는 잘 알려진 채널로 '삼프로TV'와 '슈카월드'가 있다. 이제는 누구나 아는 채널이 된 '삼프로TV'는 2022년 초 대선 기간 중 주요 대선후보를 초청하며 크게 인지도를 높였지만 '경제종합방송 채널'을 표방하며 수많은 시리즈를 쏟아내고 있다. 투자, 트레이딩 등에 집중하며 주로 토론과 대담을 위주로 콘텐츠를 내보내고 있다. 슈카월드는 삼프로TV에 못지않은 구독자 수를 자랑하는 채널이지만 토론, 대담이 아니라 다양한 이슈를 화이트보드(혹은 메모판)에 보여주며 진행자 1인이 설명하는 형식을 띤다. 경제 외 시사상식, 세계사 등 시기별로 사람들이 관심 있어 할 주제를 자유롭게 소개하는 편이다. 두 채널은 내부에 수많은 시리즈를 운용 중인데 각 시리즈가 다루는 소재의 카테고리, 이를 전달하는 방식에 한 번 익숙해지면 시리즈 내에서 이어지는 다음 콘텐츠를 시청하는 것이 더 쉽고 편해진다. 또한 각 시리즈별로 무엇이 다른지 시청자들이 미리 알 수 있어 불필요한 기대를 하지 않게 되고, 같은 주제라 해도 슈카월드와 삼프로TV가 가진 시리즈 및 개별 콘텐츠 스타일의 차이를 미리 알 수 있어 각 채널의 정체성을 확실히 인지하는 데도 도움이 된다.

타깃 정하기: 채널 기획의 출발

크리에이터가 스스로 하고 싶은 것을 풀어내는 것만으로 좋은 채널이 만들어지지는 않는다. 누구를 위한 채널인지를 명확히 정의하고 시작하지 않으면 그 채널은 결국 방향을 잃고 좌초할 수 밖에 없다. 유아, 어린이, 청소년, 청년, 장년, 취준생, 대학생, 회사원 등 수많은 집단 중 타깃을 정하고 이를 구체화해야 한다. 단, 한 번 정한 타깃을 영원히 유지할 필요는 없다. 채널을 운영하며 발견되는 시청자의 호응도, 크리에이터 본인과의 부합도 등을 지켜보며 타깃을 얼마든지 확장, 축소, 변경하는 것도 가능하다. 단, 타깃을 정하지 않은 채 채널을 시작해서는 안된다. 같은 20대 청년을 타깃으로 삼는다 해도 이들은 '하나의 동일한 집단'으로 묶을 수 없다. 그들 안에는 취업, 재테크, 연애, 건강 등 관심사나 문화적 취향 등에 따라 폭넓은 스펙트럼이 있음을 주지하고 크리에이터 본인이 추구하는 '타깃의 관심사와 니즈'가 무엇인지 설정해야 한다.

방향성 설정: 트렌드 모니터링하기

매년 바뀌는 올해의 색을 예측할 수 없듯 어떤 방식, 주제, 스타일의 채널이 성공할 것인지를 논리적으로 예측하는 것은 불가능하다. 그러나 과거 어떤 채널이 왜 유행했고 현재는 그 유행이 어떻게 변화했는지, 지금의 소비자는 과거의 소비자에 비해 무엇이 왜 어떻게 바뀌었는지를 복기해보는 것은 미래의 채널 기획에 도움이 된다. 해외 트렌드를 파악하는 것도 도움이 된다. 우리나라보다 다양한 소비자층을 대상으로 더 다양한 소재가 명멸하는 해외 시장의 트렌드는 때로는 우리나라에서 유행할 콘텐츠를 미리 예측할 수 있는 단서가 되기도 한다.

콘셉트 잡기: 중요한 것은 톤앤매너

채널의 콘셉트는 크리에이터의 캐릭터 콘셉트와 혼동하는 경우가 많지만 그보다 상위의 개념이다. 크리에이터의 콘셉트를 '입체적인 캐릭터', 특정 이미지를 불러일으키는 페르소나 등으로 설명할 수 있다면 채널의 콘셉트는 채널이 콘텐츠를 시청자에게 전달하는 방식, 일반적으로는 톤앤매너(tone & manner)로 규정된다. 앞서 예로 든 삼프로TV가 경제에 관해 해박한 지식을 가진 많은 전문가들의 대담을 통해 심층적 지식을 전달하며 합리적인 투자를 알려주는 콘셉트라면, 슈카월드는 같은 경제 전문가의 경제 관련 지식이라 해도 왜 이 주제가 의미있고 어떤 면에서 주시해야 하는지를 보다 대중적으로 알려주는 콘셉트라고 할 수 있다.[*] 채널 콘셉트는 주로 '어떤 방식으로 이야기하는가'에 의해 좌우되지만 돈앤매너가 콘셉트의 전부인 것은 아니다. 더 중요한 것은 '이 채널의 콘텐츠를 시청함으로써 시청자가 어떤 느낌과 인상을 받아가기를 원하는가'이다. 우주와 과학을 논하는 채널이라면 '비전문가 일반인들이 복잡한 우주에 대해 재미있게 받아들일 수 있게 할 것인지' 혹은 '우주에 관한 다양한 논란에 대해 크리에이터의 전문적인 견해를 제시하여 논의를 이끌어낼 것인지'에 따라 전혀 다른 방식으로 콘텐츠를 제작하게 될 것이다. 이는 경제, 우주, 역사처럼 심층적 소재를 다루는 채널은 물론 ASMR, 브이로그, 먹방 등 대중적인 채널에도 동일하게 적용되는 원칙이다. 채널 콘셉트 선정의 시작은 시청자에게 주고 싶은 느낌, 인상과 가치이다.

---

[*] 여기에서 예로 든 두 채널의 차이는 어디까지나 필자의 개인 의견임을 밝힌다.

타깃을 유입시키기: 세 가지 유입 전략

채널 유입 전략은 얼마나 많은 사람을 내 채널로 들어오게 할 것인가이다. 대부분 친구의 추천을 통하거나 검색을 통해 크리에이터의 채널로 '우연히' 유입된다. 좋은 콘텐츠, 공감 가는 콘텐츠가 친구들에 의한 추천을 유발한다면, 검색을 통해 콘텐츠로의 유입을 늘리는 방법은 보다 전략적 접근을 필요로 한다. 유튜브에서 특정 키워드로 검색을 하면 동영상 검색 결과에는 해당 키워드를 소개하는 영상들의 썸네일 이미지, 제목, 채널명, 동영상의 누적 조회수, 업로드 시점과 간략한 설명글이 나타나고, 채널 검색 결과에는 동영상에 대한 설명 없이 채널의 프로필 사진, 채널명, 구독자수와 채널 소개글이 표시된다(스마트폰과 PC에 따라 다르게 나타날 수는 있다). 해당 키워드를 검색한 소비자는 이들을 바탕으로 어떤 동영상이나 채널을 볼지 결정하므로 크리에이터는 타깃이 위 요소들을 보고 본인의 채널로 들어오도록 채널과 동영상 프로필에 위 요소를 적절히 삽입해야 한다.

어떤 키워드를 사용해야 채널이 더 많이, 더 위에 노출될 것인지는 전 세계 모든 크리에이터의 관심사이나 이는 구글의 알고리즘이며 정확히 밝혀진 바가 없다. 다만 검색을 더 잘 되게 하고 더 잘 선택받도록 돕는 팁을 세 가지 소개한다.

첫째, 많은 사람들이 흥미를 가질 관심사를 잘 포착해야 한다. 여기에는 블로그가 힌트를 줄 수 있다. 블로그를 옛 플랫폼으로 여기는 유튜버들이 많지만 사실 '누구나 만들어 올리고 있는' 블로그야말로 크리에이터들에게 풍부한 소재를 제공해줄 수 있는 정보원이다. 디바제시카 채널 역시 소재를 찾을 때 잡지사의 블로그를 참고한 적이 많은데 소비자들이 지금 무엇을 알고 싶은지, 무엇을 즐기고 싶은지 짐작하는 데 큰 도움을 받았다. 단, 이는 블로그의 '내용'을 참고하여 영상을 제작하라는 말이 아니다. 블로그 포스팅들의 주제와 제목을 보며 시장의 관심사가 어디에 있는지를 파악한 후 크리에이터 본인만의 이야기를 콘텐츠로 만들어야 한다.

둘째, 본인의 콘텐츠와 유사한 내용을 다루는 인기 채널 10개를 뽑고, 각 채널이 최신 6개월 내 공개한 인기 동영상을 10편씩 뽑아 총 100편의 영상 리스트를 만들어보자. 이들을 보며 본인이 구상 중인 영상과 비슷한 영상을 비교하며 해당 영상의 키워드를 참조한다. 유튜브 알고리즘의 원칙은 누구도 정확히 알고 있지 않지만 유사성에 기반하고 있다는 것만은 확실하므로 성공한 동영상의 키워드를 참고하는 것은 도움이 될 것이다. 주방 청소를 좋아하고 이에 관한 노하우를 많이 가진 크리에이터가 있다고 가정하자. 이 크리에이터가 시청자를 유입시키는 방법 중 하나는 가사 관련 콘텐츠로 최근 인기 있는 '하미마미(Hamimommy)' 채널을 참고하는 것이다. 하미마미의 콘텐츠를 좋아하는 사람이라면 이 크리에이터의 콘텐츠를 좋아할 확률이 상대적으로 높다. 그렇다면 그는 콘텐츠를 만들 때 하미마미 콘텐츠 내의 키워드들을 본인 콘텐츠 제목과 검색어에 활용할 수도 있다. '클린위드미', '주택일상', '요리초보', 'Koreanfood' 등의 키워드나 '만 원으로 단정한 집 만들기' 또는 '세제 쓰지 않고 청소하는 법' 등과 같은 1등 콘텐츠의 주제를 참고하다 보면, 내키는 대로 제목과 검색어를 설정하는 것보다 유입이 훨씬 많아질 수 있기 때문이다(이 방법 역시 타 채널의 영상을 참고하여 본인의 영상을 제작하라는 말이 아니라 그들의 주제와 키워드를 참조하라는 의미이다). 크리에이터 본인이 원하는 제목과 키워드를 쓰는 것은 채널이 궤도에 오른 후 시작해도 좋다. 초기에는 내 채널로의 유입을 만들어줄 수 있는 인기 콘텐츠의 등에 올라타는 것이 나쁘지 않을 수 있다.

마지막으로는 콘텐츠의 차별적 디테일을 제목에 녹여내는 것이다. 미스터리한 스토리를 다루는 콘텐츠와 채널이라면, 누구나 아는 사건에 대해 누구나 아는 이야기를 다뤄서는 내 콘텐츠가 두드러지기 어렵다. 사람들이 잘 쓰지 않거나 새로 나온 개념이면서 그 연예인과 연관성 있는 키워드가 무엇일지 등을 꼼꼼히 생각하고 조사한 후 활용해야 한다. 이를테면 비극적인 실미도 사건의 결말을 다루는 콘텐츠를 만든다면 핵심 키워드는 무엇일까? 사람들은 '비극'과 같은 모호한 단어로는 잘 검색을 하지 않는다. 당연히 '실미도'를 전방에 내세워야 하고, '잘 알려지지 않았다'거나 '결말'과 같이 시청자들이 쓸법한 단어로 키워드를 구성하는 것이 효과적이다. 지나치게 정적이고 정직한 제목을 달지 않는 것도 중요하다. 만약 영어유치원에 관한 정보를 제공한다면, "영어유치원에 100만 원을 쓰신다고요? 저는 2만 원 써요."와 같은 식으로 구독자들이 가장 원초적으로 궁금해하는 것—비용—을 제목에 내세운 방식이 효과를 거둘 수도 있다. 잘난척 하는 듯한 크리에이터의 도발적 제목이 불쾌하지만 호기심을 참지 못하고 시청하는 시청자들이 결국 유용한 정보를 얻고 '이 채널 재미있네'라는 느낌을 받게 하면 유입의 역할을 훌륭히 마친 것이다(제목에서 제시한 메시지가 콘텐츠 내용에서 반드시 다뤄져야 함은 두말할 필요도 없다). 좋은 콘텐츠를 만든 후 여기에 구체적이고 명확한 제목과 키워드를 붙이는 것은 화룡점정과 같다.

미끼 상품 만들기: 서브 콘텐츠 제작하는 법

콘텐츠가 아무리 뛰어나더라도 트렌드에서 벗어나면 성공하지 못할 수 있다. 그럴 때는 실패의 이유가 시대를 앞서나갔기 때문인지 뒤처졌기 때문인지를 파악해야 한다. 뒤처진 것이 이유라면 방향을 바꿔야 하지만, 만일 앞서나갔기 때문이라면 잘 버티며 추후 '때가 왔을 때' 시장을 선도한 리더로 자리매김할 수도 있다. 버블디아 채널의 주력 콘텐츠는 다른 가수의 노래를 버블디아가 자신만의 색깔로 부르는 커버 영상이다. 지금은 많은 구독자들이 즐기는 카테고리이지만 초반에는 유튜브 이용자들이 유튜브에서 음악을 소비하는 것에 익숙하지 않아 반응이 좋지 않았다. 버블디아 채널이 출범한 초기 유튜브에는 버블디아와 유사한 채널이 극히 드물었지만 기획자들은 해외 성공사례를 꾸준히 지켜보며 콘텐츠를 유지하면 성공할 수 있다는 확신을 갖고 있었다. 그렇다고 우직하게 콘텐츠를 만들면서 때가 오기만을 기다린 것은 아니다. 이 과정을 크리에이터가 버틸 수 있도록, 그리고 구독자들이 '커버 영상'이라는 낯선 콘텐츠를 조금이라도 익숙하게 받아들이도록 다양한 접근 방식을 마련하여 구독자를 유인했다.

커버영상 콘텐츠에 흥미로운 제목과 설명을 붙이는 것은 물론, 이들 콘텐츠로 유도하는 서브 콘텐츠를 제작했다. 예를 들어 버블디아 채널 초기에는 음악 외에도 연애 상담 관련 콘텐츠들을 제시하며 구독자를 모았다. 누구나 호기심을 가질 연애 이야기로 사람들을 채널에 유입시킨 후 버블디아가 펼쳐놓은 다양한 음악 콘텐츠에 자연스럽게 노출시켜 채널에 대한 흥미와 관심을 유도했는데, 이처럼 시청자를 끌어들이는 데에는 방법의 제한을 둘 필요가 없다. 일단 매장 안으로 사람들을 들어오게 해야 상품을 팔 수 있는 것과 같다(그러나 이 방법은 불건전하거나 논란이 되는 방식이어서는 안되고, 이때에도 채널의 주요한 정체성은 유지하는 것이 중요하다). 지금 버블디아 채널은 뮤직 크리에이터의 위치가 확고해지면서 굳이 연애와 관련한 콘텐츠를 제작할 필요가 없어졌고, 유사한 내용을 다루는 다른 채널이 많기에 해당 내용은 다루지 않는다. 알고리즘이 분산되지 않게 관리하는 것 또한 중요하기에 서브 토픽을 다루는 콘텐츠들은 적절한 시기에 정리하는 것도 채널을 운영하는 지혜이다.

채널 운영하기
크리에이터와 함께할 커뮤니티 성장시키기

채널 운영의 핵심은 만들어진 콘텐츠를 업로드하고 시청자의 반응을 분석하며 댓글에 답을 다는 등 소통을 '어떻게' 할 것인가에 관한 전략이다. 운영 전략은 콘텐츠 기획 전략만큼은 아니어도 매우 중요한 전략이고 많은 초보 크리에이터들이 간과하는 전략이기도 하다. 운영 전략은 채널 운영을 위한 크리에이터의 기준과 원칙이다.

첫 번째 원칙은 '이 채널을 어떤 목표를 위해 운영하는가'에 대한 것이다. 다소 모호하게 들릴 수 있는 이 원칙은 앞서 소개한 채널 콘셉트와도 연결된다. 재미를 위한 것인지, 공익이나 사익을 위한 것인지, 정보를 위한 것인지를 크리에이터 본인이 먼저 명확히 인지하고 있어야 채널 운영이 일관되게 이루어질 수 있다.

두 번째 원칙은 채널 운영 방식에 대한 것이다. 같은 콘텐츠라도 이들을 어떤 시점에 어떤 순서로 올릴 것인지, 어떤 플레이리스트와 카테고리, 채널을 운용하는지에 따라 콘텐츠의 전파와 영향력이 달라지고 방문자들의 체류 시간이 늘어날 수 있다. 자체 프로모션은 어떻게 할 것인지, 콘텐츠(organic)와 협찬 콘텐츠(paid)는 어떻게 구분할 것인지, 외부 협찬을 받을 경우 어떤 규칙으로 받을 것인지, 후원액은 어떻게 쓸 것인지 등은 채널과 크리에이터에 대한 소비자의 신뢰도와 직결되는 중요한 원칙들이다. 따라서 일관되게 관리·공지하는 것이 중요하다(혹은 이런 규칙을 재미있게 만듦으로써 차별화도 가능하다).

세 번째 규칙은 소통의 규칙이다. 콘텐츠에 등장하는 크리에이터의 모습들이 캐릭터를 만들고, 캐릭터는 올려지는 콘텐츠들과 결합하여 채널의 정체성을 만드는 데 구독자와 크리에이터 간 소통 역시 채널의 정체성을 만드는 한 요소가 된다. 콘텐츠에 등장하는 크리에이터의 모습이 크리에이터의 공적 자아라면 시청자들과 댓글로 소통하는 활동은 그 크리에이터의 사적 자아를 보여준다. 어떤 기준과 방식으로 방문자들과 소통할 것인지, 어떤 댓글에 반응하고 무시할 것인지, 댓글은 어떤 원칙으로 달 것인지, 사람들의 요청을 내 콘텐츠에 얼마나/어떻게 반영할 것인지, 다른 크리에이터와의 '합방'은 어떤 경우에 어떻게 진행할 것인지 등은 크리에이터의 캐릭터와 채널 충성도에 영향을 미친다.

크리에이터는 지금 언급한 이슈들에 대해 다양한 '원칙'을 세워두어야 한다. 모든 원칙을 채널 운영 기간 내내 지킬 수는 없고, 채널의 성장이나 변화에 따라 수정될 수 있다. 그러나 원칙 없이 시작해서는 안된다. 부족해도 원칙을 세우고 그에 맞게 운영해야 구독자들이 크리에이터의 채널에 대해 일관된 기대를 할 수 있으며, 방문자들이 크리에이터의 콘텐츠를 더 믿고 좋아하며 다시 방문하게 되는 선순환을 기대할 수 있다.

채널 운영의 키워드는 '사람'이다. 콘텐츠를 기획하고 제작할 때도 시청자라는 사람을 상상해야 하지만 운영은 눈에 보이지 않는 일반 시청자보다 더 잘 보이고 더 다가갈 수 있는 방문자, 댓글 시청자를 염두에 두어야 한다. 소통의 방식에 따라 방문자들은 채널과 크리에이터에 대해 서로 다른 인상을 가질 수 있다. 채널은 크리에이터의 시청자 한 명, 구독자 한 명으로부터 시작, 장기적으로 크리에이터의 메시지에 공감하는 '팬덤'을 만드는 기반이다. 따라서 크리에이터는 구독자의 수를 늘리는 것에만 치중하지 않고 초기 구독자를 '크리에이터와 함께할 커뮤니티'로 바라보며 이를 성장시킬 토대로 삼아야 한다. 구독자들이 가진 채널의 콘텐츠에 대한 기대감에 부응하는 콘텐츠를 계속 제공함으로써 반복 방문을 늘리고 채널의 일관된 정체성을 만들어가며, 크리에이터가 지향하는 타깃에 부합하는 구독자 중 콘텐츠에 대해 공감하는 작은 그룹을 만들고, 그들이 채널을 전파하게 해야 한다. 사람들은 사람에게 관심이 있다. 모든 시청자는 콘텐츠뿐 아니라 크리에이터에 대해서도 관심이 있다. 좋은 콘텐츠는 기본, 크리에이터와 함께 성장할 사람들을 모으는 것이 채널 운영의 목표이다.

다양한 콘텐츠 전략적으로 운용하기: 3H 전략

'3H 전략'은 콘텐츠 운용 전략 수립 방법의 하나지만 이 책에서는 채널 운영 전략의 일부로 설명한다. 크리에이터의 채널에 들어 있는 다양한 디지털 콘텐츠의 종류와 역할을 구분하여 ①소비자의 채널 유입, ②효과적인 콘텐츠 소비 독려, ③소비자 인식 변화를 이끌어내려는 접근이다.

크리에이터의 바람직한 채널은 위 세 가지 콘텐츠를 골고루 갖추고 있어야 한다(이는 브랜드의 플랫폼에도 똑같이 해당하는 논리이다). 히어로 (Hero) 콘텐츠와 하이진(Hygiene) 콘텐츠는 각각의 방식으로 소비자를 브랜드의 채널로 유입시켜야 하며, 유입된 소비자는 플랫폼 내 허브(Hub) 콘텐츠를 추가로 소비하며 브랜드에 대한 이해, 선호를 높이고 구매 등의 행동으로 옮겨야 한다.

① 히어로(Hero) 콘텐츠

- 크리에이터라는 브랜드와 표방하는 중심 가치를 대중적으로 알릴 수 있는 감성적 콘텐츠

- 소비자에게 강한 인상을 심어줄 수 있는 강렬한 콘텐츠로, 구독자의 입소문을 통해 전파시킬 수 있다.* 양보다 질이 중요하다.

- 기대 효과: 크리에이터 브랜드 인지도·상기도·호감도를 높이고, 크리에이터 브랜드와 콘텐츠를 검색한 후 채널 방문과 유입을 유도한다.

- 히어로 콘텐츠를 위해 대형 콘텐츠를 새롭게 기획·제작해야만 하는 것은 아니다. 기존 콘텐츠 중 인기를 끌었던 콘텐츠들을 편집하여 활용하는 것도 가능하다.

② 하이진(Hygiene) 콘텐츠

- 사람들이 크리에이터에 대해 궁금하게 생각할 만한 점을 설명해주는 콘텐츠로, 소비자가 유용하다고 느낄 수 있는 정보성 콘텐츠. 헬프 혹은

---

* 각종 광고를 통해 '히어로' 콘텐츠를 노출시키는 것이 일반적이나, 개인 크리에이터에게는 적용하기 어렵다.

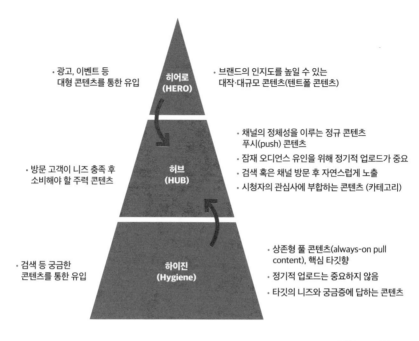

· 광고, 이벤트 등
 대형 콘텐츠를 통한 유입

히어로
(HERO)

· 브랜드의 인지도를 높일 수 있는
 대작·대규모 콘텐츠(텐트폴 콘텐츠)

· 방문 고객이 니즈 충족 후
 소비해야 할 주력 콘텐츠

허브
(HUB)

· 채널의 정체성을 이루는 정규 콘텐츠
 푸시(push) 콘텐츠
· 잠재 오디언스 유인을 위해 정기적 업로드가 중요
· 검색 혹은 채널 방문 후 자연스럽게 노출
· 시청자의 관심사에 부합하는 콘텐츠 (카테고리)

· 검색 등 궁금한
 콘텐츠를 통한 유입

하이진
(Hygiene)

· 상존형 풀 콘텐츠(always-on pull
 content), 핵심 타깃향
· 정기적 업로드는 중요하지 않음
· 타깃의 니즈와 궁금증에 답하는 콘텐츠

그림 16. 3H 전략

하우투 콘텐츠라고도 부른다.

 - 기대 효과: 크리에이터 브랜드의 인지도 및 이해도 제고, 관련 정보를
검색함으로써 채널 유입을 도모한다.

 - 검색어(query)에서 나타나는 소비자의 궁금증에 답할 수 있는 대응
콘텐츠를 다양하게, 경제적으로 준비해두는 것이 바람직하다.

 - 질보다 양이 중요하며, 일관된 형식을 갖춘 시리즈물로의 제작도 검
토할 수 있다.

③ 허브(Hub) 콘텐츠

 - 크리에이터의 채널을 우연히 방문한 소비자들이 크리에이터에 대해

더 깊이 이해할 수 있게 하는 콘텐츠. 검색을 통해 유입된 소비자에게는 원했던 정보를 접한 후 더 많은 정보를 알 수 있게 하는 콘텐츠를, 입소문을 통해 유입된 소비자에게는 크리에이터의 또 다른 면을 알 수 있게 하는 콘텐츠 제공하는 것이 좋다.

- 기대 효과: 채널 체류시간 증대, 이탈률 감소, 크리에이터 브랜드 인지도 제고
- '허브' 콘텐츠에 감성적·정보성 콘텐츠 구분은 없다. 콘텐츠의 품질도 크게 중요하지 않으며, 유입된 소비자의 흥미를 끌어 계속 콘텐츠를 보도록 만드는 것이 가장 중요하다.

위 3H 전략은 유튜브와 같은 영상 콘텐츠 플랫폼뿐만이 아니라 인스타그램, 블로그 등 '방문자가 크리에이터 콘텐츠를 접할 수 있는 모든 플랫폼'에 적용될 수 있다. 검색 유입의 효율을 높이기 위해 크리에이터는 아래의 활동을 자주 수행하는 것을 권한다.

- 크리에이터가 모니터링해야 하는 주요 분야 및 주제 선정
- 트렌드 모니터링을 통해 타깃이 관심을 갖는 사회적, 문화적 이슈를 파악
- 모니터링 대상 키워드 선정
- 각 키워드별 검색량 증감 추이와 연관 키워드 파악(주 1회)
- 이로부터 유추할 수 있는 트렌드의 변화를 분석하고 공유(월 1회)

댓글 관리: 소통에도 명확한 기준이 필요하다

채널 운영에서 댓글 관리는 매우 중요한 기본기이다. 실시간 댓글이든 댓글에 대한 답글이든 시청자와 소통하는 것, 시청자로 하여금 자신의 목소리를 크리에이터가 보고 있다는 느낌을 갖게 해주는 것은 무척 중요하다. 크리에이터가 비록 유명 연예인이 아니어도, 수십, 수백, 수만 명이 시청하고 있는 영상에서 출연자가 내 이름을 불러주고 띄워준다는 것은 TV에 출연하는 것과 비슷한 커다란 유혹이고 희열이다.

수많은 댓글 중 무엇에 귀를 기울이고 무엇을 흘려보낼지에 대한 판단은 크리에이터의 몫이며 이에 대한 기준을 명확히 갖고 있어야 한다. 댓글에 대한 성실한 답은 대부분 좋은 효과를 가져오지만, 댓글 몇 개에 채널의 정체성 자체가 흔들려서는 안 된다. 댓글에 '짓눌리지 않고' 이를 활용할 수 있어야 한다. 부정적 반응을 부정적으로만 받아들이면 아무런 변화도 만들어낼 수 없다. 긍정적인 댓글을 더 긍정적인 결과를 이끌어낼 힌트로 활용하듯, 부정적 댓글 역시 이를 피하거나 반전시킬 수 있도록 해주는 기회로 받아들이는 것이 좋다. 디바제시카 채널에도 매 영상마다 수백 건의 댓글이 달리고 여러 가지 요청들이 등장하고 있지만 모든 요청에 대응할 수는 없다. 콘텐츠 중 잘못된 표현이나 적절하지 않은 이미지 사용 등에 대한 합당한 지적은 얼마든지 받아들일 수 있고 항상 반영하지만 시청자 개인의 취향에 기반한 순간적이고 단기적인 요청—예를 들면 '배경음악이 없는 영상을 보고 싶다'는 등의 요청—에는 응할 수 없다. 배경음악은 디바제시카 채널의 미스터리한 분위기를 잡는 데 필수적인 요소인 데다가 기본 이미지를 형성하는 핵심 요소이기 때문이다.

업로드 주기: 성실한 운영은 중요하다

크리에이터의 성실함은 시청자 입장에서는 예측 가능성을 의미한다. '비가 오나 눈이 오나 매일 같은 시간에 콘텐츠를 올리는 성실성'은 그래서 중요하다. 많은 크리에이터가 스스로 만족할 만한 콘텐츠를 만들어낼 '때마다' 올리는 것을 선호하지만 일정치 않은 업로드 주기는 시청자로 하여금 언제 콘텐츠가 올라올지 모르게 한다는 점, 따라서 채널의 일관성을 훼손할 수 있다는 점(그리고 크리에이터가 스스로 판단하는 만족 혹은 불만족이 시청자의 평가와 항상 일치하지 않는다는 점)에서 현명한 전략은 아니다. 올릴 콘텐츠나 소재가 없어서 업로드 주기를 말없이 건너뛰는 것보다 '올릴 콘텐츠가 없어서 고민'이라고 토로하는 동영상이라도 만들어 올리고 업로드 주기를 지키는 것이 낫다. 크리에이터가 만족스럽지 않다고 생각하는 콘텐츠라 해도 시청자가 호응을 보낼 수도 있고, 혹은 플랫폼의 알고리즘이 주목하여 인기 콘텐츠가 될 수도 있으니 말이다. 배트를 휘둘러야 안타든 홈런이든 나오는 법이다.

콘텐츠의 업로드 간격은 일정한 것이 좋다. 일정은 타깃에 따라 다르게 설정하는 것이 좋다. 가령, 직장인을 타깃으로 한다면 주 2회 오후 6시 퇴근시간부터 잠들기 전 시간, 10대 중고교생이 대상이라면 학교나 학원이 끝나고 집으로 돌아가는 시간대에, 40대 주부를 목표로 한다면 아침 드라마나 9~10시 밤 시간대 드라마가 끝난 시간대에 업로드를 하는 것이 좋다. 콘텐츠 업로드 시간대와 조회수에는 의미있는 상관관계가 있을 수 있으며 이에 대한 분석은 크리에이터에게 유용한 팁을 줄 수 있다. 저녁 7시에 콘텐츠를 업로드했는데 9시까지는 별 반응이 없다가 10시부터 밤 12시 사이에 가장 많은 조회수가 일어난다면 시청자들은 그 채널의 콘텐츠를 하루 일과를 마치고 바로 보는 것이 아니라 귀가 후 휴식시간 혹은 잠들기 전에 소비한다는 것을 추론할 수 있다. 이 경우 오후 7시와 9시 사이 귀갓길에 콘텐츠를 즐길 소비자를 배려해 7시 업로드 일정을 고수할 것인지, 노출을 극대화하기 위해 9시경으로 옮길 것인지, 타깃과 콘텐츠의 특성에 따라 결정해야 한다.

또한, 매일 콘텐츠를 업로드하는데 콘텐츠의 종류나 퀄리티에 상관없이 유독 토요일에만 조회수가 떨어진다면 토요일에 맞는 형식과 내용으로 수정함으로써 약점을 보완할 수도 있다. 또는 아예 토요일을 포기하고 다음 날인 일요일에 두 편의 영상을 올리는 방식으로 변주할 수도 있다.

다작의 장점: 고퀄리티 소작보단 무난한 다작

영상이 많아야 구독률이 늘어난다(재미있는 영상 한 편만 올린 채널보다, 여러 영상이 올라간 채널이 구독자를 끌기 유리하다. '앞으로도 계속 콘텐츠가 올라오겠구나'라는 기대감을 주기 때문이다). 즉, 유튜브는 질이 조금 떨어지더라도 다수의 영상을 많이 만들어내는 게 더 효과적이다. 이때 영상 하나의 퀄리티를 위한 완벽주의적인 사고는 좋지 않다.

전업으로 유튜브 채널을 운영한다는 것은 말하자면 8분짜리 영상을 매일 세 편씩 올릴 수 있어야 한다는 말이다. 그만큼의 생산성이 필요하다. 처음 시작하는 크리에이터, 혹은 학생으로, 부업으로 채널을 운영하려는 경우라 해도 주 한 편씩 꾸준히 적어도 3개월간 올리겠다는 각오와 준비를 한 후 시작해야 한다. 3개월간 필요한 열두 편의 영상을 미리 만들어둔 후 채널을 시작하는 것도 좋은 방법이다. 초반의 영상들은 서로 다른 주제와 톤을 가진 열두 개의 개별 영상보다 한두 개의 시리즈처럼 이어지는 편이 유리하다. 한 편을 100시간을 들여 완벽히 만들어내는 것보다, 조금 부족해 보여도 편당 열 시간씩 시간을 들여 열 편을 내놓는 것이 낫다. 기획 퀄리티는 높이고 제작 퀄리티는 낮추는 것이 효율적인 채널 운영이며 이는 초보 크리에이터에게 더욱 중요하다. 주 여덟 편씩 콘텐츠를 올리겠다는 불가능해 보이는 원칙을 세우고, 만일 꺾이지 않고 계속해서 영상을 올리다 보면 모든 영상이 좋은 반응을 이끌어내지는 않겠지만 크리에이터는 확실히 더 많은 기회를 발견할 수 있게 된다.

'무난한 다작(多作)'과 '고퀄리티 소작(少作)'을 하는 크리에이터가 있을 수 있는데 유튜브에서 자신의 영향력과 수익을 도모하는 데에는 다작이 분명히 유리하다. 채널 내 콘텐츠가 풍성할 때 조회수와 구독을 늘리는 데 유리하다는 점, 그리고 현재의 유튜브 알고리즘은 100개의 영상을 올린 크리에이터보다 3,000개의 영상을 올린 크리에이터의 채널을 더 많이 노출되는 구조를 택하고 있다는 점 때문이다. 어떤 방문자도 채널 내 한두 편의 콘텐츠가 재미있어서 갑자기 '구독'을 시작하지는 않는다. 어떤 콘텐츠에 끌려 채널을 방문했는데 유사한 재미를 줄 영상이 들어 있고 채널을 구독할 경우 해당 크리에이터가 마치 잡지 연간 구독처럼 나(방문자)에게 신선한 콘텐츠를 꾸준히 제공할 것이라는 신뢰가 생길 때 구독을 선택한다. 다작이 유리한 마지막 이유는 많은 콘텐츠가 쌓여 있어야 채널을 정확히 분석하는 데 유리하기 때문이다. 콘텐츠에서의 다양한 시도, 이에 따른 성공과 실패의 결과가 모두 있어야 성공과 실패의 원인을 분석하는 데 유리하다. 10~20편의 콘텐츠로는 원인을 파악하는 것이 쉽지 않다.

디바제시카 채널 역시 다작을 통해 많은 혜택을 입었다. 미스터리를 다루는 채널은 국내에도 많다. 디바제시카 채널이 가장 많은 구독자수를 보유한 이유는 이 채널이 누구도 다루지 않는 독특한 소재를 다루고 있기 때문이 아니다. 가장 많이 만들고, 꾸준히 업로드하는 채널이라는 점이 지금의 위치를 얻는 데 큰 역할을 했을 것이다.

유튜버로 성공하고 싶다면 하나의 주제에서 20편가량의 콘텐츠를 기획하고 만들어낼 수 있어야 한다. 그래야 발판으로 삼을 수 있는 유의미한 통계를 손에 얻을 수 있다. 예를 들어 〈배틀그라운드〉라는 게임을 소개하는 채널을 운영한다면 게임 메뉴 및 기능 설명에서도 '게임 특징과 장단점', '유사 게임과의 차이'를 소개하는 카테고리를 만들어낼 수 있고, '계정을 개설하고 시작'하는 초보자를 위한 영상을 시리즈로 기획할 수도 있다. 게임 공략법도 시나리오별, 무기별, 혹은 게임사가 제시한 이벤트에 따른 공략법을 튜토리얼 형식으로 기획·제작할 수 있을 것이다. 일반적인 게임 플레이 영상을 만들 때에도 다양한 시나리오를 스스로 만들고, '권총만 써서 1등하기'와 같이 스스로 어려운 미션을 부여한 후 이를 공략하는 과정을 보여줌으로써 시청자의 몰입을 유도할 수 있다. 만일 '동아시아 역사를 소개하는 지식 채널'을 운영한다면 삼국시대부터 조선시대의 정사와 야사를 다루는 '한국사', '한국 근현대사', '동아시아 주요 전쟁사(역사에 등장하는 우리나라의 여러 전쟁은 물론 초한지, 삼국지 포함)', '일상 문화의 발전사'와 같이 다양한 분야를 미리 생각해둘 수 있어야 한다.

이런 기획은 각각 플레이리스트가 될 수도, 독자적인 시리즈로 운영될 수도 있다. 그러나 이때 유의해야 할 점은 콘텐츠의 다양성만을 좇아 너무 넓은 범위를 다루고자 하면 자칫 깊이 없는 채널, 차별화 되지 않은 채널로 인식될 위험도 있다는 점이다. 구독자를 늘리기 위해서는 크리에이터의 지식을 뽐내는 '나만의 채널'이 되어서는 안 되고 구독자가 흥미를 가질 만한 포인트를 중심으로 기획되어야만 한다. 우리나라의 역사를 다룬다면 고조선부터 현대의 모든 역사를 마치 교과서처럼 다루기보다 최근 '한류의 발전 역사'에 초점을 맞추거나, '대한민국 정권교체기와 조선 정권 교체기를 비교'하는 편이 타깃 구독자층의 관심을 끄는 데 유리할 것이다. 정확한 틈새시장을 골라 집중할 때 조회수가 오른다는 점을 잊지 말아야 한다.

유튜브라는 장(場)은 워낙 변화가 빠른 곳이므로 지금과 다른 흐름이 곧 올 수도 있지만, 적어도 현재의 유튜브는 저예산으로 많이 만드는 것이 대규모 예산을 투입한 대작을 소량 생산하는 것보다 효율적이다. 물론 많은 예산을 투입해 누구도 따라잡을 수 없는 콘텐츠를 만들어 그 자체로 화제를 끄는 유튜버들도 있다. 진용진 채널은 독특한 소재를 다룬 다큐멘터리 형식의 콘텐츠를 만드는 등 작은 방송국 수준으로 성장하면서 많은 사람들의 사랑을 받고 있다. 그러나 그 정도 자본을 유치하고 운영할 수 있는 사람은 극소수에 불과하다.

콘텐츠 분석: 구독자와 함께 진화하기 위한 공부

소비자들은 '좋아하는 콘텐츠를 선택하고 시청하므로 좋은 콘텐츠를 만들어내기만 하면 된다'고 단순하게 생각할 수 있지만 채널의 운영은 이렇게 간단하지 않다. 채널이 한창 성장할 때는 무엇을 해도 앞으로 나아가는 것 같고, 정체되거나 하락세가 되면 무엇을 해도 돌이키기 어려울 것 같은 느낌이 들 수 있다. 그러나 막연한 생각은 아무런 답도 제공해주지 않는다. 좋은 상황을 더 좋게 하고, 좋지 않은 상황을 돌파하기 위해서는 끊임없이 분석하는 자세가 필요하다.

쿠키를 좋아하는 크리에이터가 쿠키 만들기에 대한 콘텐츠를 만들어 인기를 얻었다고 해서 똑같은 방식으로 1년 내내 쿠키 관련 영상을 보여주면 인기가 유지될 것이라고 생각하는 사람은 없을 것이다. 왜일까? 운영자는 시청자들이 '왜 쿠키 콘텐츠를 찾는지' 그 명확한 이유를 찾고 이해해야 한다. 쿠키를 보는 게 좋은 것인지, 쿠키를 만드는 방법을 보는 게 좋은 것인지, 좋은 쿠키를 고를 수 있게 도와줘서 좋은 것인지, 쿠키가 아니라 실은 쿠키를 설명하는 크리에이터의 목소리나 얼굴이 좋은 것인지, 쿠키 관련 영상이 인기를 얻은 이유는 수없이 많을 수 있다. 만일 그 포인트를 놓치고 단순히 크리에이터가 좋아하는 방식의 콘텐츠 제작만을 고집한다면 순식간에 정체기를 맞이할 것이다.

위기는 모든 채널에 온다. 디바제시카 채널도 성장기, 정체기, 쇠퇴기를 겪었고 이는 지금도 반복되고 있다. 내 채널을 즐겨 찾던 사람들이 알 수 없는 이유로 더 이상 방문하지 않는다면, 사람들이 예전에 내 콘텐츠를 좋아했던 이유를 정확히 알고 있어야 위기를 빠르게 극복할 수 있다. 또한 소비자들의 취향에 변화가 발견된다면 그를 활용할 수 있어야 채널을 성장시킬 수 있다. 예를 들어 디바제시카 채널은 시작은 유령이나 귀신을 중심으로 하는 미스터리 스토리텔링으로 시작했지만 이후에는 강력 범죄나 충격적인 사건사고를 다루며 미스터리의 범주를 확장시켰다. 또한 같은 강력 범죄 범주 내에서도 한동안 국내 사건을 위주로 다뤘다면 시선을 돌려 해외 사건을 다루는 등 수시로 콘텐츠를 다양화하는 데 신경 썼다. 콘텐츠 시청자들은 사건이 어느 나라에서 벌어졌는지에 예민하게 반응하기도 했는데 과거에 일본 사건을 흥미로워했다면 최근에는 중국발 사건들에 뜨거운 반응을 보내는 편이다. 이런 추세가 읽힌다면 그에 맞게 콘텐츠를 제공하는 것이 크리에이터의 의무이다. 콘텐츠마다 다양한 배경을 사용해보고 제목의 표현 방식을 변주하는 것도 좋다. 그러나 이 모든 시도는 크리에이터의 기분이나 느낌이 아니라 채널을 방문한 사람들이 남긴 수많은 흔적들을 분석하여 나온 결과를 기반으로 해야 한다.

특히 더 이상 구독자수가 늘어나지 않는 시점에서 가장 먼저 확인해야 할 것은 채널의 핵심이 시청자에게 명확히 전달되고 있는지 여부이다. 금붕어, 도마뱀, 다육식물 등 대중이 알고는 있지만 대단한 흥미는 없을 법한 콘텐츠를 다루는 채널도 몇 십만 구독자를 확보하는 시대이다. 이런 채널이 가진 힘의 핵심은 무엇안가? 도마뱀이 자라고, 탈피하고, 먹이를 먹는 장면을 담담하게 보여주는 영상을 통해 시청자가 경험하는 핵심은 분명히 존재한다. 만일 구독자가 줄어들고 있다면 그 핵심이 예전만큼 뚜렷하지 않은 것이고, 구독자가 정체되고 있다면 핵심이 효과적으로 확장되지 못하고 과거의 내용을 답습하기 때문이다. 모든 채널의 핵심은 시청자의 경험이다. 크리에이터는 자신의 콘텐츠가 무엇을 다루는지는 물론 어떤 경험을 제공하는지를 항상 파악하고 기억해야 한다. 또한 그 경험을 더 명확하게 드러냄으로써 해당 카테고리에서 자신의 채널이 대표 채널이 될 수 있도록 만들어야 한다.

분석은 콘텐츠의 내용에만 머물지 않는다. 외적인 요소도 마찬가지이다. 편당 15분 내외의 분량을 가진 콘텐츠가 주를 이룬다 해도 소비자의 선호에 따라, 혹은 트렌드에 따라 1분 안팎의 영상부터 몇 시간짜리 영상까지 다양한 길이의 영상을 필요에 따라 만들 수 있어야 한다. 디바제시카 채널은 짧은 영상을 생산하는 채널이 아니었지만, 최근에는 짧은 영상을 선호하는 트렌드에 맞춰 유튜브 쇼츠를 제공하기 시작했다. 스토리텔링이 중심인 채널이라도 얼마든지 짧은 쇼츠를 만들 수 있다. 궁금증을 유발하는 방식의 짧은 영상은 시청자들이 채널을 방문하게 하는 예고편으로 기능할 수 있다. 실제로 쇼츠의 도입은 디바제시카 채널의 정체 중이던 조회수와 구독자수를 폭발적으로 증가시키는 데에 크게 기여했다.

채널 운영의 핵심은 처음 지금의 자신을 있게 해준 콘텐츠의 기조를 유지하되, 시청자들이 원하는 방향을 파악하여 조금씩 함께 발걸음을 옮기며 진화해가는 것이다. 콘텐츠의 생산뿐 아니라 시청자들과의 소통에서도 마찬가지다. 만약 시청자가 나라는 개인과의 직접적 소통과 교감을 원한다면 콘텐츠를 만들어 올리는 것에 머물지 않고 라이브방송 등을 통해 시청자와 적극적으로 커뮤니케이션을 하거나 유튜브의 커뮤니티 기능 혹은 외부 소셜 미디어를 활용하여 크리에이터의 개인적 일상을 공유할 수 있는 방법을 찾으면 좋다.

팬 분석: 치솟는 조회수는 구독자 반응에 달려 있다

팬을 분석하라. 채널을 운영하는 데 있어 내 채널 구독자들의 연령대와 성별, 댓글과 소통의 주제와 빈도를 파악하는 것은 필수적이다. 경쟁채널의 토픽과 나의 채널은 어떤 차이점을 가지는지, 일반적인 트렌딩 토픽과는 어떻게 다르고 유사한지, 유사한 콘텐츠에 대해 내 구독자들의 반응과 타 채널 내 구독자의 반응은 어떻게 다른지도 파악하고 이를 기반으로 조회수에 따라 대응하면 공들여 만든 콘텐츠의 가치를 더 올릴 수 있다. 콘텐츠 업로드 후 한 시간 안에 생각하는 만큼 조회수가 나오지 않는다면 제목이나 썸네일을 바꾸는 식으로 대응한다. 200만 명이 구독 중인 디바제시카 채널도 업로드 후 구독자 반응이 좋지 않으면 즉각 콘텐츠를 수정한다. '동굴에 갇힌 한 남자'에 대한 콘텐츠가 유독 조회수가 낮았던 적이 있는데, 썸네일 내 텍스트를 '평생 동굴에 갇힌 남자'에서 '잠깐 들어간 동굴에 평생 갇혀버린 남자'로 바꾸었더니 조회수가 치솟은 적이 있다. 방문자 눈에 가장 먼저 뜨이는 요소인 썸네일 이미지에 아이러니 요소를 넣은 것이 호기심을 자극했다고 짐작했지만 이유가 진짜 무엇 때문이었지는 알 수 없다. 중요한 것은 상시 분석과 모니터링을 통한 다양한 시도를 게을리 해서는 안된다는 점, 이는 처음 시작하는 채널이나 궤도에 오른 채널이나 마찬가지라는 점이다. TV 방송이 아닌 유튜브 콘텐츠의 장점은 누구나 분석할 수 있고 이에 따라 유연하고 빠른 대처가 가능하다는 점이다. 최대한 활용해야 한다.

제작 시간 배분: 효율적인 제작과 운영을 위해

모든 콘텐츠를 최선을 다해 만드는 것은 바람직한 일이지만 모든 콘텐츠를 일주일씩 시간을 들여 만들 수는 없다. 일주일에 몇 편의 콘텐츠를 제공할지를 정한 후에는 각 콘텐츠에 투여할 시간과 자원을 미리 적절하게 설계해야 한다. 디바제시카 채널에서 한 편의 콘텐츠를 만드는 데 필요한 시간이 16시간(2일)이라고 가정할 때 디바제시카 팀이 투여하는 시간의 비율은 아래와 같다(디바제시카 채널도 조회수가 잘 나오지 않는 콘텐츠가 있으므로 아래를 절대적 기준으로 봐서는 안된다. 아울러, 아래는 제작과 운영을 돕는 팀이 함께 할 때의 기준이기 때문에 혼자 운영하는 크리에이터가 아래의 시간 배분을 그대로 따를 수는 없다).

  - 콘텐츠 기획(세 시간): 기획을 위한 시간이 의외로 적게 보이지만 크리에이터라면 콘텐츠 기획은 일상에서 항상 하고 있어야 한다. 여기서의 세 시간은 무에서 유를 만드는 시간이 아니라 기존에 구상했던 콘텐츠를 구체화하는 시간이다. 완벽한 기획이란 없다. 기획 단계에 너무 많은 시간을 쏟는 것보다 일단 만들어보고 데이터를 축적해가는 것을 권한다.
  - 촬영 준비(세 시간): 기획에 따른 의상, 소품, 대본, 스튜디오를 준비하는 시간이다. 콘텐츠 제작을 돕는 팀과 이미 준비된 스튜디오와 소품을 사용하는 상태에서는 세 시간으로 가능하지만, 1인 크리에이터의 경우와 콘텐츠의 형식에 따라 더 많은 시간이 필요할 수 있다.
  - 촬영(두 시간): 시스템이 구축된 상태에서 촬영할 경우 15분짜리 영상을 만드는 데 두 시간이면 충분하다. 그러나 촬영 시간은 콘텐츠의 종류에 따라 크게 달라질 수밖에 없다. 유념할 것은 지나치게 긴 촬영 시간은 편집 시간을 늘리고 출연자의 피로를 가중시킨다는 점이다. 브이로그, 먹방 등 촬영 시간이 길 수밖에 없는 콘텐츠일수록 더욱 꼼꼼하게 사전 준비를 마쳐 촬영 효율을 높여야 한다.
  - 편집(여섯 시간): 편집은 유튜브 창작물에 있어 가장 중요한 과정이다. 사전 기획이 잘 되어 있을수록, 촬영이 효율적으로 이루어졌을수록 편집 시간은 짧아진다.
  - 썸네일과 제목 작성(한 시간): 콘텐츠의 방향성이 명확하고 적절한 레퍼런스를 확보하고 있다면 썸네일과 제목에 많은 시간이 걸리지 않는다.

업로드한 콘텐츠의 조회수나 반응이 예상보다 저조한 경우 썸네일과 제목을 바꿔 반등을 기대할 수도 있으므로 한 번 이상 제작하게 될 수도 있다.

- 댓글과 조회수 분석(한 시간): 댓글과 유튜브 스튜디오 분석으로 업로드한 콘텐츠의 장단점을 파악하고 후속 기획을 고민하는 시간이다. 콘텐츠를 업로드한 1일 후, 3일 후 등 몇 차례에 걸쳐 총 한 시간 정도를 들여 분석한다.

스몰 채널과 빅 채널:
투자와 노력이 '뚜렷이' 드러나야 하는 작은 채널

생활 속 유용한 정보를 다뤄 이목을 끌겠다는 발상은 누구나 할 수 있다. 예를 들면 제주도에 여행을 가서 브이로그를 찍고 색다른 관광지를 소개하는 내용은 많은 크리에이터들이 관심을 갖지만 그만큼 많은 사람들이 시도하는 내용이기도 하다. 내가 관심을 갖는 일상은 다른 사람도 쉽게 접근할 수 있는 일상이기에 차별점을 갖기가 어려운 것이다. 수십 수백만 명의 구독자를 확보한 빅 채널은 큰 고민 없이 이런 일상적인 시도를 해도 좋은 성과를 거둘 수 있다. 인기 있는 빅 채널의 구독자들은 이미 크리에이터와 채널에 호감을 갖고 있기 때문에 '일상의 정보를 얻는 것'을 해당 콘텐츠의 포인트로 바라보지 않고 '내가 좋아하는 채널에서 내가 공감할 만한 일상을 다룬다'는 점을 포인트로 삼아 호응하기 때문이다. 반면 규모가 크지 않은 스몰 채널은 오로지 경쟁력 있는 콘텐츠로만 승부해야 하므로 일상적인 콘텐츠로 좋은 성과를 거두기 훨씬 어렵다. 제주도를 배경으로 하는 브이로그를 스몰 채널이 소개한다면 제주도 전역을 아우르는 정보를 한 편의 영상에 모두 몰아넣는다거나 고등어회를 파는 제주도 내 모든 횟집을 전수 조사하여 소개하는 등, 스케일을 키우거나 디테일을 끝까지 파헤치는 투자와 노력이 뚜렷이 드러나야 경쟁력이 생긴다.

합방과 협업:
서로의 구독자를 빼앗지 않으면서 시너지를 일으키기

타 크리에이터와 함께 영상을 만드는 합방은 상대 크리에이터의 구독자를 내 구독자로 전환시키기 위한 활동이다. 바람직한 합방은 참여하는 채널 모두에게 이익이 되는 윈윈(win-win) 관계여야 한다. 1만 명의 구독자를 가진 A채널과 1만 5,000명의 구독자를 가진 B채널이 합방을 할 때 산술적으로는 양 채널 모두 구독자를 2만 5,000명으로 늘릴 수 있다는 계산이 가능하지만 현실은 그렇지 않다. 우선, 구독자층이 크게 겹치는 크리에이터끼리의 합방은 큰 실익이 없다. 앞서 예를 든 1만 명과 2만 명의 구독자들이 서로 100% 겹친다면 합방을 통한 실익은 구독자가 적던 B채널에게만 주어진다. 이는 2만 명의 A채널 구독자 중 B채널을 모르고 있던 5,000명만 B채널을 새로 알게 되어 구독자로 유입될 가능성이 열린 것이기 때문이다. 반대로 A채널과 B채널이 완벽히 다른 구독자층을 갖고 있다 해도 양 채널이 지향하는 콘셉트가 완벽히 다른 경우 역시 효용성은 크지 않다. 예를 들어 A채널의 주제가 뷰티이고 B채널의 주제가 EPL 해설인 경우 각 채널의 타깃과 취향이 다르기 때문에 합방을 통해 각 채널의 구독자가 상대편 채널을 새롭게 구독할 가능성은 극히 낮다.

모든 종류의 합방은 구독자를 상대방 채널에 **빼앗길** 수 있다는 위험을 품고 있다. 모든 시청자에게 주어진 시간은 하루에 24시간 뿐이고 모든 콘텐츠는 이 시간을 두고 경쟁하는 것이기 때문이다. 합방의 효용성이 커지는 경우는 상대방의 구독자층이 내 구독자층과 다르지만 상대방의 구독자층의 취향이 내 채널의 특징과 부합하는 경우이다. 똑같은 먹방 크리에이터끼리의 합방은 큰 의미가 없다. 오히려 상대방의 먹방이 내 먹방보다 재미있다고 느껴진다면 오히려 내 구독자들이 상대방 채널로 옮겨가게 하는 부작용이 생길 수도 있다. 그러나 같은 먹방이라도 서로의 콘셉트가 다르고, 각 채널의 구독자가 상대편 채널의 콘셉트를 흥미롭게 생각한다면 시너지가 발생할 수도 있다.

협업은 개인 크리에이터 사이에만 일어나는 일이 아니다. 기업 채널 간에도 협업은 일어난다. 완전히 다른 정체성을 가진 두 채널의 협력이 시너지 효과를 낸 사례를 CNN과 버즈피드(Buzzfeed)의 협업에서 찾아볼 수 있다. 모두가 잘 아는 전통 미디어의 강자인 CNN은 정작 유튜브에서 고전을 면치 못했다. 소비자가 즐겨보는 토픽을 소비자가 원하는 속도와 형태에 맞추지 못했다. 반면 연성 콘텐츠를 주로 만드는 버즈피드는 유튜브에서는 강자였지만, 역사가 길지 않아 뉴스 데이터베이스가 많지 않았고 언론으로서의 신뢰도 역시 높지 않았다.

두 매체가 힘을 합쳐 CNN은 자사의 데이터를 버즈피드에 공유하고, 버즈피드는 이를 가공하여 뉴스를 제작했다. 결과적으로 양사의 트래픽이 동반상승했고 양사의 이미지 개선 효과도 거둘 수 있었다. 협업이란 이처럼 내가 갖지 못한 부분을 보강하는 시너지를 얻기 위해 이루어져야 한다. 트래픽(구독자, 조회수)을 산술적으로 합치겠다는 협업이나 합방은 의미도 효과도 없다.

MCN 가입: 채널 운영에 능숙한지가 관건

'인플루언서의 기획사'라고 할 수 있는 MCN(Multi Channel Network) 가입은 당연히 크리에이터 개인의 선택이다. 그리고 모든 크리에이터가 MCN에 가입해야 할 필요는 없다. 채널을 운영하다 보면 MCN에 관한 여러 찬반 의견을 들을 수 있지만, 채널 운영에서 즐거움을 느끼는 크리에이터라면 MCN 가입이 필수적이지 않다. 실제로 기존 크리에이터를 대상으로 한 2022년 조사에서도 81.9%가 MCN에 소속되어 있지 않다고 응답했고, 앞으로도 가입할 의향이 없다고 답한 크리에이터 역시 61.2%에 달했다.[10]

크리에이터는 자신의 기획과 제작으로 홀로 설 수 있어야 한다. MCN에 가입을 한다 해도 MCN이 크리에이터에게 도움을 줄 수 있는 분야는 일부에 국한되며 그마저도 인기 크리에이터가 우선시된다. 본인의 채널을 어느 정도 키워냈고, 채널이 잠재력을 갖추었다고 판단되면 MCN 측에서 먼저 연락이 올 것이다. MCN 가입을 고민하는 것은 그 시점부터여도 충분하다. MCN과의 협력은 크리에이터 스스로 주력 콘텐츠를 확보했고 이를 인기 있는 시리즈로까지 만들어냈으나 다음 단계로 채널을 성장시킬 아이디어가 필요한 크리에이터에게 권한다.

앞서 언급한 조사에서 아직 MCN에 가입하지 않은 크리에이터들은 MCN으로부터 마케팅 지원(33.7%), 제작 지원(23.2%), 수익 배분(15.6%) 등의 역할을 기대했고, 이미 MCN에 소속된 크리에이터들은 MCN 소속의 장점으로 안정적 수익(23.8%), MCN 회사의 다양한 인프라 활용(18.8%), 광고·홍보·마케팅 지원(16.6%), 콘텐츠 기획 지원(15.5%)을 기대했다. 그러나 MCN 가입을 통한 수익 안정은 쉽게 기대해서는 안되는 부분이다. MCN 가입 후 크리에이터 수익의 30%에 가까운 비율을 MCN에 배분해야 하는 데 반해 MCN이 개인 크리에이터, 특히 영향력이 작은 크리에이터에게 제공할 구독자수 증대 방안이나 부가수익 창출 기회는 많지 않기 때문이다(구독자가 많은 크리에이터일수록 수익 안정화에 대해 MCN에 갖는 기대는 낮아지는 경향을 보인다). MCN은 체계적인 전략과 국내외 다양한 채널에 대한 분석을 바탕으로 콘텐츠 확장을 제안하거나 외부 네트워크와 연계하여 부가 비즈니스를 창출하는 등의 활동에 장점이 있다. 채널의 대폭 성장을 크리에이터 개인의 힘만으로 일궈내기는 쉽지 않다. 본인의 콘텐츠를 씨앗으로 삼아 광고, 드라마와 같은 빅 프로젝트를 진행해보겠다는 야망이 있다면 마음이 맞는 MCN이 좋은 파트너가 되어줄 수 있다. 그러나 이 모든 것은 크리에이터 본인의 콘텐츠와 전략이 잠재력이 있을 경우에만 해당된다.

정체기 돌파하기: 확장과 전환

어느 시점부터 구독자 증가 그래프가 수평선을 그리기 시작했다면 이는 대부분 최근 업로드된 콘텐츠의 재미가 확연히 떨어졌거나 이전 콘텐츠 대비 차별성이 떨어졌거나 콘텐츠의 양이 부족하기 때문이다. 채널의 성장이 정체되거나 어려움에 빠졌을 때 본인의 채널이 미래에 어디까지 발전할 수 있을 것인지, 어떻게 발전시킬 것인지 이미지를 그려보는 것은 위기를 탈출하는 좋은 가이드가 될 수 있다. 버블디아 채널의 성장은 하나의 사례가 될 수 있다. 초창기에 라이브로 노래를 들려주는 것에 집중했던 버블디아 채널이 한 단계 더 도약할 수 있었던 계기는 온라인 발성 클래스의 도입이었는데 이는 단순히 노래를 잘하는 사람을 넘어 국내에 노래를 잘하고 싶은 사람들을 돕는 에듀케이터가 되고 싶다는 버블디아의 바람에서 나온 전환이었다. 먹방 채널이라면, 크리에이터가 먹는 것을 좋아하고, 맛있게 먹는 모습을 사람들에게 보여주고 싶다는 순수한 의도가 있다 해도 그것이 목표의 전부라면 장기적인 성장을 기대하기는 어려울 것이다. "마라탕을 정말 좋아하고 많이 먹어본 사람이 만드는 마라탕은 맛과 다양성을 모두 잡을 것"이라거나 "전 세계 음식에 관심이 많은 먹방 크리에이터가 시도하는 다양한 비빔밥은 사람들이 알던 비빔밥에 신선한 충격을 줄 수 있을 것"과 같은 크리에이터의 장기 비전이 확고하고 이를 기반으로 새로운 시도가 더해진다면 먹방은 교육이나 상품화 등으로 콘텐츠와 비즈니스 영역을 확장시킬 수 있다.

'좋댓구알'?: 흔한 말 피하기

좋아요, 댓글, 구독, 알림 설정을 뜻하는 신조어인 '좋댓구알'은 거의 모든 크리에이터들이 콘텐츠 말미에 외치는 말이다. 모든 사람들이 하니 내가 하지 않으면 손해를 보는 것 같은 느낌에 따라하지만 이런 말이 효과가 있을까? 국내외 많은 조사들은 이 구호가 실제 구독, '좋아요', 구독 등을 이끌어내는 데 큰 영향력을 미치지 못한다는 사실을 보여준다. 디바제시카 채널에서도 한 가지 실험을 한 적이 있는데 오히려 "구독하지 마세요"라는 말이 구독자수를 늘렸다. '당신이 구독을 하든 말든 이곳에서는 영상을 계속 만들 것'이라는 오기가 오히려 신선함과 신뢰감을 주었을 수 있다. 남들이 하니까 나도 해야 한다는 것은 도움이 되지 못한다. 좋댓구알을 이끌어내고 싶다면 다른 방식으로, 나만의 방식으로 이를 전달하는 노력이 필요하다. 단순한 인사말 하나도 고민과 새로움이 필요하다. 영상 내에서 '좋아요', 알림, 구독을 부탁하는 것보다 자신의 채널만이 주는 차별화된 콘텐츠를 기다리게 만드는 편이 훨씬 유리하고 효과적이다.

4부.

'인기'는 어떻게
'수익'이 되는가

8장

인플루언서들이
돈 버는 방법

유튜브로 수익을 창출하는
네 가지 방법

　이미 유명인이 아닌 이상 어떤 크리에이터도 채널을 개설하자마자 곧바로 수익을 올릴 수는 없다. 2022년 '1인 미디어 산업 실태조사 보고서'에 따르면 크리에이터들이 콘텐츠 한 편을 만드는 데 들이는 시간은(계정 관리에 들어가는 시간을 제외하고도) 19.6시간에 달한다.* 오랜 시간을 들여 만든 콘텐츠로 채널을 시작하면, 6개월 이내에 수익을 올리는 비율은 33.9%, 6개월에서 1년 사이에 수익을 올리기 시작하는 비율은 24.3%, 2년 이상 걸린 크리에이터도 23.9%에 달한다. 게다가, 그렇게 해서 수익을 올린다 해도 이들이 올린 연 수익은 평균 2,082만 원으로 정도로 우리나라 근로자의 평균 연 급여인 4,024만 원에도 미치지 못한다(그러나

---

　*　기획 5.05시간, 제작 9.92시간, 라이브 1.5시간 등. 단, 이 결과는 실제 제작 시간을 측정한 것이 아니라 크리에이터를 대상으로 한 설문조사의 응답에 기반한 것으로 실제 소요된 시간과 다소 차이가 있을 수는 있다. 그럼에도 불구하고 콘텐츠 제작에 다른 크리에이터들이 얼마나 많은 시간을 들이고 있는지를 짐작할 수는 있다.

2020년의 641만 원, 2021년의 1,230만 원에 비해 가파르게 상승 중이다). 크리에이터들은 대부분 화려한 유튜버의 모습을 꿈꾸며 채널을 개설한다. 유튜버 수익계산기 등을 통해 유명한 인플루언서의 수익을 예상해보며 자신의 미래도 비슷해지기를 바라지만 위 2,082만 원이라는 수치마저 메가인플루언서들이 끌어올린 평균일 뿐 대다수 크리에이터들은 이 수준에도 미치지 못하는 수익을 올린다. 여기에 더해 크리에이터들이 콘텐츠 제작을 위해 비용을 투자해야 함*을 감안하면 수익성은 더 낮아진다. 그리고, 수치로 보면 수익을 전혀 올리지 못하는 유튜버들이 훨씬 많다.

크리에이터의 소득 양극화는 국세청 통계로도 확인되는데 귀속연도 2019년에 종합소득을 신고한 크리에이터 2,776명을 분석한 결과에 따르면 1인 평균 연 소득은 3,152만 원에 불과했다. 이 중 상위 1%인 27명의 평균 연 소득이 6억 7,120만 원, 상위 10%의 평균 연 소득은 2억 1,620만 원에 달했으나 하위 50%의 연 소득은 고작 108만 원에 불과했다.**

구독자의 수가 10만 명에 달하는 실버버튼 유튜버가 흔하다고 생각하지만 이는 이 시점부터 유튜브 알고리즘에 노출되는 비중이 상대적으로 늘어나기 때문이다. 대다수 크리에이터의 채널들은 우리 눈에 잘 띄지도

---

* 2021년 '1인 미디어 산업 실태조사 보고서', 첫 수익까지 투자 비용을 조사한 결과 '100만 원 미만'을 응답한 비율이 55.9%로 과반을 차지했고, '100만 원~150만 원 미만'(16.1%), '300만 원 이상'(13.7%) 등의 응답 순을 보였다.

** 따라서 처음 시작하는 크리에이터들은 전업이 아닌 부업으로 시작하고 이를 당분간 유지하는 것이 바람직하다(실제 2022년 기준 전체 크리에이터의 65%가 부업으로 활동 중이다). 처음부터 크리에이터를 전업으로 삼는 경우 직장 등에서 올리던 기존 수입을 포기해야 하므로 금전적 성과에 대한 부담이 커질 수밖에 없고, 이는 극심한 감정 기복과 스트레스를 가져다주어 크리에이터를 지치고 포기하게 만든다. 어느 정도 성과가 나고 채널 운영만으로 자립이 가능한 시점에 전업 크리에이터가 되는 것이 바람직하다. 콘텐츠는 크리에이터가 절박함을 느낀다고 해서 더 잘 만들어지는 것이 아니다.

않는다. 실버버튼을 받은 국내 유튜버는 2021년 말 기준 전체 수익 창출 채널의 5%가량에 불과했다. 10만 명이라는 구독자수를 전업 유튜버를 나누는 분기점으로 보기도 하는데 이때부터 구독에 따른 수익이 안정화되기 시작하고 구독자수의 증감에 따른 수익이 크게 차이가 나지 않게 되기 때문이다. 이 모든 사실에도 불구하고 많은 사람들의 인플루언서를 꿈꾸며 도전한다. 이들이 유튜브를 통해 수익을 창출하는 방법은 크게 아래의 네 가지 방법으로 나뉜다.

① 영상 광고 수익

영상에 자동 삽입되는 광고를 통한 수익을 의미하며, 크리에이터가 가장 크게 의존하는 수익원이다. 유튜브 영상으로 광고 수익을 내기 위해서는 몇 가지 전제 조건을 충족해야 한다. 우선 채널의 구독자수가 1,000명을 넘어야 하고 최근 1년간의 콘텐츠 시청 시간이 4,000시간을 넘어야 한다. 이 조건을 충족한 후 유튜브(구글) 측에 수익 창출을 신청하고, 심사를 거쳐 '유튜브 파트너스 프로그램(YPP)'에 선정되어야 그때부터 크리에이터가 만들어 올리는 콘텐츠의 앞이나 중간에 광고가 자동으로 삽입되면서 광고수익을 창출할 수 있게 된다(심사·승인 기간은 며칠에서 몇 개월이 걸리기도 한다).

유튜브의 경우 광고 수익의 45%는 구글이, 55%를 크리에이터가 가져가지만 특정 조회수에 따른 광고 수익은 채널마다 다르게 책정된다. 수익을 결정하는 요인은 시청자의 특성, 조회수, 영상 시청시간(채널에 머무르는 시간, 재생 지속시간), 국가 등이 있다. 구독자와 조회수가 많다고 해서 무조건 광고 수익이 높은 것은 아니다. 구독자들이 채널 내 영상을 끝까지 보는 비율이 낮거나 구독 후 콘텐츠 시청을 자주 하지 않는 경우, 유튜브 평가에서 낮은 점수를 받고 광고 수익에도 좋지 않은 영향을 미친다.

타깃과 시청자 구매력에 따라 책정되는 광고비

크리에이터의 콘텐츠의 시청자들이 주로 어떤 사람들인지, 광고주의 타깃에 부합하는지, 구매력이 높은 소비자인지 등에 기반하여 광고비가 책정된다. 유튜브는 콘텐츠별 시청자층을 고려해 광고를 배분하며 IT 영상을 많이 보는 사람들에게는 스마트폰 광고가, 중장년층 시청자라면 상조회사 광고가, 어린이 시청자에게는 장난감 광고가 삽입되는 알고리즘이다. 일반적으로 어린이용 콘텐츠의 광고 단가는 낮고 영화, IT 기기 리뷰 콘텐츠는 광고 단가가 높은 편이다. 이는 광고되는 제품의 시장 규모와 시청자의 구매력에 기인한다. 예를 들어 정치 분석을 주로 하는 채널은 구독자수가 적어도 구매력이 높은 50~60대를 타깃으로 하여 노출당 광고 단가가 높게 형성되므로 10대를 대상으로 하는 채널보다 더 많은 수익을 올릴 수도 있다. 같은 이유로 크리에이터의 채널이 어떤 분야의 콘텐츠를 주로 다루는지에 따라서도 광고 수익이 영향을 받을 수 있다. 동일한 20대 여성을 타깃으로 삼는다 해도 화장품 광고는 영화를 소개하는 채널에 비해 메이크업을 주로 다루는 뷰티 크리에이터의 채널에서 판매 전환율이 높아 더 효과적일 것이다.

광고 수익이 최대로 발생하는 콘텐츠의 조건

YPP의 조건을 충족하면 광고가 삽입되어 콘텐츠가 조회될 때마다 광고 수익이 발생하기 시작하지만 유튜브가 모든 콘텐츠를 동등하게 바라보지는 않는다. 유튜브는 자사의 플랫폼을 통해 소비자에게 제공되는 콘텐츠의 품질을 관리하므로 '얼마나 많은 콘텐츠가 새로 등록되느냐', '얼마나 많은 조회수를 기록하느냐' 못지 않게 사용자들이 '얼마나 많은 시간을 유튜브 내에서 보내느냐', 특정 콘텐츠를 사용자들이 '얼마나 오랫동안 (끝까지) 시청하느냐' 역시 중시한다. 즉, 제공되는 콘텐츠의 수, 각 콘텐츠의 조회수가 콘텐츠의 노출 빈도를 보여주는 콘텐츠 기준 지표라면 시청 시간은 콘텐츠의 노출 밀도와 몰입도를 나타내는 사용자 관점의 지표라고 할 수 있다. 광고 수익에 영향을 미치는 또 다른 핵심 요소인 콘텐츠별 시청 시간은 시청자가 얼마나 오랫동안 해당 영상과 해당 채널에 머무르며 다른 콘텐츠로 빠져나가지 않는지에 의해 결정된다. 이를 위해서는 콘텐츠의 길이를 적정 수준으로 관리하는 것이 중요하다. 디바제시카 채널과 디바걸스 채널의 콘텐츠는 모두 편당 15분 내외의 콘텐츠를 제공하지만 평균 시청 시간은 각각 9~10분과 5~6분으로 차이를 보인다. 이 경우 콘텐츠의 길이가 같고 조회수가 같아도 디바제시카 채널이 올리는 수익이 클 수밖에 없다. 평균 시청 시간의 차이는 콘텐츠의 품질에 따라 좌우되지만 장르에도 영향을 받는다. 디바제시카 채널이 제공하는 스토리텔링형 콘텐츠의 경우 시청 도중 앞으로 건너뛰는 비율이 (브이로그나 일상형 콘텐츠에 비해) 작을 수밖에 없어 상대적으로 시청 시간이 길어지는 것이 그 예이다.

유튜브에서 운영하는 광고는 콘텐츠 도입부에 삽입되는 광고(프리롤)

외에도 중간광고(미드롤)와 동영상이 끝난 후 등장하는 광고(포스트롤)가 있다. 중간광고는 길이가 8분 이상인 영상에만 적용되는 광고이므로, 만일 잘 만들어진 콘텐츠인데 길이가 7분 30초밖에 안 된다면 조금 '늘어지는' 위험을 감수하더라도 30초 분량을 추가하여 8분으로 맞추는 것이 전략적이다. 그러나 콘텐츠가 재미없음에도 불구하고 무조건 8분을 맞추기 위해 늘리는 일은 장기적인 관점에서 콘텐츠와 채널의 신뢰도를 떨어뜨리므로 오랫동안 팬들에게 사랑받기를 원한다면 경계해야 할 행위이다.[*]

이외에도 유튜브의 광고 수익을 보다 깊이 이해하기 위해서는 1,000회 노출당 비용(CPM), 인스트림/인피드 광고노출 수, 광고 조회당 비용(CPV, Cost per View), 클릭률(CTR, Click-through Rate), 전환율(CVR, Conversion Rate), 조회 후 전환(VTC, View-through Conversion), 조회 충족 전환(EVC, Engaged-view Conversion) 등 다양한 광고비 책정 기준을 알아두면 도움이 된다. 유튜브 내 광고의 종류 역시 범퍼 광고(시청자가 건너뛸 수 없는 최대 6초짜리 광고), 건너뛸 수 있는 광고(Skippable ad; 시청자가 5초 후에 건너뛸 수 있는 광고), 건너뛸 수 없는(Non-skippable ad; 끝까지 시청해야 하는 15초~20초짜리 광고), 오버레이 광고(크리에이터의 동영상 화면에 배너 형태로 표시되는 광고) 등 배치 형태에 따른 다양한 종류가 있다. 그러나 이 같은 광고 요율이나 광고 포맷의 종류는 광고 예산을 책정하는 광고주나 광고대행사가 알아야 하는 사항들이므로 이 책에서는 깊이 다루지 않는다.

---

[*] 시간을 맞추기 위해 콘텐츠 말미(아웃트로)에 1분 넘게 음악만 틀어두는 경우도 있지만 신뢰도를 떨어뜨린다는 점, 콘텐츠의 평균시청시간(재생진행률)을 떨어뜨릴 수 있다는 점에서 권할 수 없다.

수익화의 핵심은 내 콘텐츠를 오래 보게 하는 것

넷플릭스 이용자들이 넷플릭스에서 영화나 드라마를 보는 시간보다 무엇을 볼지 고르는 시간이 더 길다는 유머가 있다. 구독 서비스가 그런 이유로 존재하는 것이지만, 이제는 구독과 구독의 누적 속에 고르는 것 자체에 피로감을 느끼는 사람들이 늘어가고 있다. 더불어 유튜브 프리미엄 요금제가 대중화되면서 수익모델을 만들 때 시청자가 최대한 오랫동안 내 영상을 보게 하는 것이 중요해졌다. 이런 흐름과 맞물려 최근 많은 크리에이터들이 자연스럽게 자신의 콘텐츠를 장시간 시청할 수 있도록 기획을 하고 있다. 15분 길이의 브이로그 영상이라면 평균 시청시간은 7~8분 정도다. 이런 브이로그를 재편집해 몇 시간 단위의 영상으로 재탄생 시키면 일종의 '몰아보기' 콘텐츠가 되어 괜찮은 수익을 만들어준다.

물론 아무 영양가 없는 콘텐츠들을 묶어만 놓는 것은 무의미하다. 어느 정도 조회수가 나온 영상들을 골라 주제별로 재편집을 하는 것이 포인트다. 예를 들어 여행 채널이라면 각 지역을 여행한 영상 중 식사 장면만 모은다거나 이동 장면만 모아서 편집을 하는 식이다. 과거에는 무조건 짧고 간결한 임팩트 있는 영상을 만드는 게 유튜브의 법칙처럼 통용되기도 했다. 그러나 이제는 하나의 콘텐츠도 20분 이내 정도의 분량은 가져가는 게 일반적이고, 이런 영상들을 모아놓은 40~50분 분량의 영상들도 사람들에게 인기를 끈다. 이런 영상을 보는 사람들은 큰 고민 없이 한 번만 클릭한 후, 내가 원하는 장면들을 적당히 스킵해가며 즐길 수 있다. 트렌드가 변한 것이다.

② 협찬 수익

협찬 수익은 유튜브가 제공하는 광고와 별도로 외부 광고주 혹은 광고 대행사가 직접 크리에이터를 선정하여 제공하는 수익을 의미한다. 크리에이터에게 제품을 제공하고 콘텐츠에 노출시키거나(PPL), 브랜드를 주인공으로 삼는 새로운 콘텐츠를 제작하게 하거나(브랜디드 콘텐츠), 브랜드와 크리에이터가 공동으로 신제품을 출시하거나, 크리에이터를 모델로 한 광고 촬영 등 다양한 방식이 가능하다. 크리에이터가 MCN에 소속되어 있다면 MCN을 통해 접촉하고, 아닌 경우 직접 연락하여 진행한다. MCN에 소속되어 있는 경우에는 소속사와 협찬 수익을 배분하지만 그렇지 않은 경우 수익은 100% 유튜버의 몫이 된다(유명한 크리에이터들은 유튜브 광고 수익보다 협찬을 통한 수익이 큰 경우가 많다).

협찬으로 제작된 콘텐츠는 그 자체로 광고이므로 콘텐츠 앞뒤에 유튜브 광고를 삽입할 수 없다. 광고주의 제품을 크리에이터의 콘텐츠 안에서 소개하고, 이 콘텐츠가 소비자에게 노출된 정도 혹은 (연계 웹사이트 방문, 소개된 제품의 구매 등) 시청자가 행동으로 옮긴 정도에 따라 협찬 금액이 좌우된다. 협찬은 광고주의 제품이 어떤 방식으로 콘텐츠 중 언급, 노출되느냐에 따라 구분된다.

자연스러운 노출이 중요한 PPL

크리에이터의 콘텐츠 내에 광고주의 제품을 단순 노출시키는 방식이다. 크리에이터의 콘텐츠가 주가 되고 제품은 부가 되는 방식으로 제품이 사용되는 장면을 자연스럽게 보여주는 정도로 충분하며 제품에 대한 설명은 하지 않아도 된다(오히려 어색한 설명이 콘텐츠에 대한 몰입을 깨뜨려 노출된 제품에 대한 비난으로 이어질 수도 있어 주의해야 한다). PPL에서는 제품을 콘텐츠 내에 자연스럽게 녹여 등장시키는 것이 중요하므로 '제품을 어떻게 등장시킬 것인가'에 대한 광고주의 조건은 크게 까다롭지 않은 편이다. 협찬사 제품 외 타사의 다른 제품이 등장해도 큰 문제는 없지만, 타사 제품을 협찬사 제품보다 더 잘 보이게 하는 연출은 피하며, 경쟁사 제품을 등장시키는 것은 당연히 피한다.

광고비는 광고대행사가 책정한다. PPL은 제품을 어떻게 노출시키느냐에 따라 광고비와 광고 효과가 달라지고, 나아가 크리에이터의 인기에도 영향을 미칠 수 있다(유료 협찬임을 밝히지 않은 '뒷광고'로 신뢰를 잃은 크리에이터는 과거에도 많았고 앞으로도 얼마든지 생길 수 있다).

채널 특성을 고려해야 하는 브랜디드 콘텐츠

광고주의 의뢰를 받아 광고주의 제품을 크리에이터가 자신의 콘텐츠에서 직접 소개하는 방식이다. 협찬사의 제품이 주가 되고 크리에이터의 콘텐츠는 부가 되는 방식으로, 브랜디드 콘텐츠에서는 크리에이터의 원래 콘텐츠 포맷이 아닌 제품을 부각시키기 위한 새로운 포맷으로 제작하는 경우도 흔하다. 따라서 어떤 식의 콘텐츠를 만들어 어떤 방식으로 제품을 소개할 것인지에 대한 광고주의 요구 조건이 상세한 편이다. 협찬 수익은 PPL에 비해 높다. PPL과 달리 브랜디드 콘텐츠에서는 후원사의 제품만 콘텐츠에 노출되어야 하며 경쟁사 제품이나 유사 제품이 등장해서는 안 된다. 콘텐츠 내내 제품을 노출하고 소개하면서도 구독자가 지루해 하거나 광고라는 이유로 피하지 않도록 콘텐츠를 구성해야 하므로 기획에 어려움이 따른다. 브랜디드 콘텐츠의 광고비는 PPL과 마찬가지로 광고대행사가 책정하며, 구독자 특성과 도달률, 콘텐츠의 평균 조회수 등을 기준으로 책정된다. 단순 노출을 통한 브랜드의 인지도 향상보다 구매, 프로모션 참여 등 시청자의 행동 유발을 목표로 하는 경우가 많아 이를 얼마나 가능케 할 채널인가에 따라 광고비가 크게 달라진다.

　브랜디드 콘텐츠와 PPL에서는 구독자수, 조회수뿐 아니라 해당 제품과 채널의 특성이 얼마나 어울리는지가 가장 중요하다. 가령, 뷰티 제품을 마케팅하고 싶다면 200만 명의 구독자를 가진 디바제시카 채널보다 구독자는 50만 명밖에 안 되더라도 뷰티에 관심 있는 구독자로 구성된 뷰티 채널이 더 효과적일 것이다. 또한, 채널의 구독자층이 제품의 실사용자층, 실구매자층과 얼마나 일치하는지도 매우 중요하다. 이들은 유사한 집단일 것으로 흔히 이해되지만 현실에서는 구독자-사용자-구매자가 완전히 다를 수도 있다. 예를 들어 휴대용 미러리스 디지털 카메라를 판매하는 광고주가 구독자 특성-제품 카테고리의 합치성을 기준으로 채널을 고른다면 IT 제품을 주로 다루는 채널이 선정되기 쉽고, 20~40대 남성에게 제품이 주로 노출될 것이다. 그러나 이런 종류의 가벼운 카메라를 필요로 하고 사용하는 소비자층이 초등학생 자녀를 둔 30대 부부라는 점에 착안한다면, 게다가 여러 개의 대안 중 브랜드를 선택하는 주체가 여성이라면 IT 채널보다 (맘카페 같은) 초등학교 관련 채널이 훨씬 효과적일 수도 있다(그리고 IT 채널을 활용하는 것보다 저렴할 것이다). '디지털 카메라-맘카페'라는 연관성은 단순한 트래픽 분석만으로 도출되지 않는다. 제품 사용자 및 사용 상황에 대한 면밀한 관찰과 분석이 효율적인 마케팅을 가능케 하며, 크리에이터는 자신의 구독자층이 누구인지 충분히 드러나도록 콘텐츠를 제작하는 편이 바람직하다. 광고가 주요한 수익원인 것은 분명하지만 중요한 것은 영향력을 기반으로 한 수익을 창출하는 것이다. '이 크리에이터의 콘텐츠를 통하면 구독자들에게 광고를 보여줄 수 있다'는 것보다 '이 크리에이터를 통하면 이 채널의 구독자들을 움직일 수 있다, 제품을 팔 수 있다'는 느낌을 주는 것이 훨씬 크고 안정적인 수익을 가져다준다.

영향력 있는 브랜드의 기준 2차 라이선스

2차 라이선스는 광고주의 홈페이지, 소셜 미디어, 블로그 등에 크리에이터가 제작했던 기존 콘텐츠의 일부(영상 클립, 캡처 장면 등)를 사용하도록 허락함으로써 발생하는 수익이다. 크리에이터의 콘텐츠가 해당 기업의 플랫폼 안에서 노출되므로 기대하지 않았던 조회수와 구독자가 추가로 생길 수도 있다. 2차 라이선스는 크리에이터 스스로 영향력 있는 브랜드가 되면 창출되는 부가 수익이라고 할 수 있다.

③ 사용자로부터의 직접 후원 수익

실시간 생방송 후원(슈퍼챗, 별풍선 등)

실시간 후원 기능이 존재하는 생방송 스트리밍에서 시청자의 후원으로 매출을 일으키는 방법이다. 유튜브 슈퍼챗의 경우 크리에이터 7, 구글 3의 비율로 수익을 배분한다. 디바제시카 채널은 유튜브가 슈퍼챗을 국내에 도입한 초기 단계에 테스트 러너로 선정되어 라이브 방송을 진행한 적이 있는데 그 결과를 지켜본 구글 본사가 한국의 후원 문화에 크게 놀란 적이 있다. 우리나라는 슈퍼챗이 등장하기 몇 년 전부터 이미 아프리카TV의 별풍선 문화가 정착되어 있었고, 나이에 관계없이 3,000원, 5,000원씩 후원하며 좋아하는 BJ를 응원하는 분위기가 형성되어 있었다(더 거슬러 올라가면 어려운 이웃을 소개하는 TV 프로그램에서 '080' 전화를 통해 1,000원씩 기부를 받는 방식이 오래전부터 일반화되어 있었고, 생방송 오디션 프로그램에서 유료 문자 메시지를 통해 좋아하는 후보에게 투표를 하는 등 '콘텐츠를 보며 지갑을 여는 행위'가 전혀 낯설지 않았다).

실시간 생방송 후원 방식은 생방송에 약한 크리에이터들, 예를 들어 말실수가 잦거나, 녹화본에서 연출·관리된 이미지를 생방송에서는 잘 유지하지 못하는 크리에이터들에게는 불리하다. 그러나 일부 크리에이터들에게 슈퍼챗은 유용한 수익원이 되기도 하는데, 정치 관련 채널에 시청자들이 모여 경쟁적으로 후원을 하는 것이 좋은 예이다. 또는 커버송과 같은 음악 콘텐츠는 저작권 문제로 인해 광고 수익을 올리기 어렵지만 슈퍼챗을 통해 생방송으로 구독자와 소통하며 수익을 거둘 수도 있다.

유료 정기구독(유튜브 멤버십 등)

구독자가 채널 구독 버튼 옆 '가입' 버튼을 누르면 마치 신문이나 앱을 정기 구독하듯 채널을 정기적으로 유료 후원할 수 있다. 멤버십 비용은 월 1,900원, 3,900원, 5,500원 등으로 채널 안 옵션에 따라 나뉘거나, 4,900원으로 통일하는 등 채널마다 다양한 양상이 있다. 멤버십 수익 역시 크리에이터 7, 구글 3의 비율로 배분한다. 팬들은 자신이 낸 구독료에 따라 다른 색의 아이콘을 부여받고, 크리에이터는 VIP 구독자만을 위한 생방송을 하기도 한다(비싼 구독료를 낸 멤버만을 위한 라운지를 열면 해당 콘텐츠는 저가 멤버나 무료 구독자가 볼 수 없다는 점에서 가장 자본주의적인 시스템이라고도 할 수 있다).

　구독자들의 이탈을 막으려면 유료 멤버를 위한 새로운 영상 콘텐츠를 준비하면서도 동시에 기존 구독자들을 위한 콘텐츠의 양과 질에도 신경을 써야 한다. 따라서 개인 크리에이터의 경우 시간적, 신체적, 생산 자원의 밸런스를 잘 유지하는 것이 중요하다. 주 4~6편의 콘텐츠를 생산하는 크리에이터라면 해당 콘텐츠의 품질을 유지하는 데만도 상당한 에너지가 소모되게 마련이다. 이런 상황에서 멤버십 구독제를 추가하는 것은 웬만한 생산 자원을 갖고 있지 않다면 쉽지 않을 것이다. 새로운 수익원을 확보하는 것도 중요하지만 기존 팬들의 콘텐츠 경험을 해치지 않는 것을 우선시해야 한다. 따라서 멤버십 시스템이 겨냥하는 크리에이터는 개인보다 기업형 크리에이터이다. 풍부한 콘텐츠와 충분한 제작 역량을 갖춘 콘텐츠 기업, 연예기획사 등이 좋은 예이며, 멤버십 시스템은 이들이 기존 팬덤을 대상으로 유튜브에서 유료 팬클럽을 운영할 수 있는 효과적인 방편이 된다.

④ 기타 수익

커머스 비즈니스

　크리에이터가 스스로 브랜드가 되는 시대이므로 크리에이터가 직접 상품을 기획·제작하여 판매하는 굿즈 산업을 비롯, 공동 구매, 브랜드 컬래버레이션, 교육 콘텐츠 제작 판매 등 다양한 수익 창출 방법이 등장하고 있다. 가령, 유튜버 '선바'의 경우 스마트폰 케이스부터 마우스패드, 의류 등 다양한 생활용품에 선바의 얼굴이나 로고를 인쇄해 판매했고, 출시되자마자 팬들의 큰 성원에 힘입어 완판됐다. '김미경TV'의 경우 '김미경의 온라인 대학교, MK 스쿨'을 통해 1인당 약 40만 원의 수강료를 받고 3개월짜리 강의 콘텐츠를 판매했다. "전체 수익 중 30%만 유튜브이며, 유튜브 조회수에 일희일비하지 않고 수익구조를 다양화해야 한다"는 그의 말은 모든 크리에이터가 기억해야 할 점이다. 영상 조회수에 기반한 광고 수익에만 매달리지 않고 질 좋은 콘텐츠를 통해 영향력을 키우는 것, 이를 바탕으로 협찬, 커머스 등 고수익률 비즈니스로 수익원을 다변화하는 것이 바람직하다.

그외

지금까지 언급한 수익원 외에도 전문/전업 크리에이터가 되면 각종 강연으로부터 수익을 얻거나 소속사로부터의 임금/성과급을 받는 등의 수익을 거둘 수도 있으나 그 비중은 크지 않다.

좋은 크리에이터,
장수하는 크리에이터

2021년 노벨평화상은 필리핀의 온라인 독립언론사 래플러(Rappler)를 만든 마리아 레사(Maria Ressa)가 받았다. 당시 필리핀 대통령이 진행하던 '마약과의 전쟁'이 가진 폭력성과 인권 침해를 집중 조명하며 '표현의 자유를 지키는, 두려움을 모르는' 언론인으로서의 사명감이 크게 부각되었지만, 레사가 더 힘겹게 싸우고 있는 대상은 정부나 정부 주도의 언론만이 아니라 페이스북을 필두로 한 소셜 미디어와 이를 통한 여론 조작이다. CNN 기자 출신이기도 한 레사는 소셜 미디어와 그 안의 가짜 뉴스, 서비스의 알고리즘에 의한 편향적 정보 노출, 대중에 미치는 잘못된 영향력에 대해 꾸준히 비판해왔다. 페이스북은 물론 트위터, 유튜브와 같은 상업적 플랫폼이 뉴스 유통의 상당 부분을 차지하고 있는 현재 자본과 권력을 가진 집단은 광고비를 통해 뉴스 유통을 어느 정도 조절할 수 있다. 특정 이슈에 대해 여론이 형성되려면 그 이슈와 팩트가 다양한 언론에 의해 다뤄지고 대중에 노출되어야 하는데 소셜 미디어의 알고리즘이 정보 노출을 결정하는 현재에는 '가진 소수'가 자신들의 메시지를 압도적으로 유통시킴으로써 '가지지 못한 다수'는 다양한 의견을 접할 기회가 줄어든 것이다.

굳이 거창하게 노벨상 수상을 예로 들지 않아도 우리는 소셜 미디어가 퍼뜨리는 가짜뉴스를 이미 충분히 보고 듣고 느끼고 있다. 우리 주변에도 유튜브에서 주목을 받기 위해, 오로지 주목만을 위해 거짓 정보, 자극적인 뉴스, 편향적 주장을 일삼는 사람들이 많다. 그들의 그릇된 활동을 비난하며, 다수의 건전한 소비자에 의해 정보의 시장이 정화될 것이라고 믿을 수만은 없는 것은 그들의 주장에 혹해 클릭한 많은 시청자에 의해 그들의 메시지, 그리고 그와 비슷한 메시지는 플랫폼 내에서 더 널리 노출되는 결과가 만들어지고 있기 때문이다. '언론'이라는 개념이 바뀌고 있다. 소셜 미디어가 뉴스를 획득하고 소비하는 주요 통로가 되고 있다. 내가 최근에 사서 읽은 책에 대해 인스타그램에 올린 리뷰가 신문에 게재된 서평보다 더 큰 영향력을 발휘할 수 있는 시대이다.

이것이 비록 이 책이 '성공하는 소셜 미디어 인플루언서가 되는 법'에 대해 쓰여졌지만, 마무리는 '어떤 크리에이터, 인플루언서가 되어야 하는가'에 대해 이야기하고 싶은 이유이다. 돈을 버는 법보다 중요한 것은 더 오래 벌 수 있는 토대를 만드는 것이고 이를 위해서는 결국 '어떤 크리에이터가 되는가'가 중요하다.

모든 크리에이터들은 뭔가를 만들어낸다. 인기를 얻은 채널은 미디어가 되고 언론이 된다. 크리에이터가 인플루언서가 되어갈수록, 스페셜리스트로, 셀러브리티와 스타로 성장할수록 크리에이터의 메시지는 언론과 다를 바 없는 영향력을 갖게 된다. 이 같은 영향력은 크리에이터의 콘텐츠 품질로만 만들어지는 것이 아니다. 크리에이터 채널의 구독자와 시청자의 참여로 영향력이 만들어진다. 엔터테인먼트형 콘텐츠만 만든다 해서, 사회적인 메시지를 다루지 않는다 해서, 혹은 콘텐츠를 제작해 올릴 뿐 시청자의 의견은 보지 않는다 해서 크리에이터가 영향력을 갖지 않게 되는 것은 아니다. 모든 채널과 콘텐츠는 좋든 싫든, 크든 작든 영향력을 갖는다. 따라서 좋은 크리에이터는 자신이 갖게 될 영향력의 무게를 알아야 한다. 인플루언서로서 장수하려면 좋은 콘텐츠만큼 크리에이터의 밑바탕도 중요하다.

좋은 크리에이터는 비록 시작은 미미할지라도 장기적인 비전을 품고 항상 기억해야 한다. 이것이 어그로성 콘텐츠, 자극적인 콘텐츠에 의존하지 않고 롱런할 수 있는 토대가 된다.

좋은 크리에이터는 구독자들과 유대관계를 설정하고 지속적으로 관리해야 한다. 어떤 크리에이터도 모든 콘텐츠를 성공시킬 수는 없기에, 덜 만족스러운 콘텐츠라도 구독자가 이해하고 지지하는 환경을 만들어야 하며 이를 위해서는 크리에이터 자신의 브랜드와 더불어 구독자들의 팬덤을 일구어 나가야 한다.

좋은 크리에이터는 간절함을 놓지 않아야 한다. 구독자와 조회수가 생각처럼 늘지 않아도 포기하지 않고 매진할 수 있는 간절함과 끈기가 있어야 한다. 간절함이 콘텐츠의 질을 높이거나 구독자를 불러오지는 않지만 간절하지 않은 크리에이터가 장수하는 법은 없다.

유명해지는 데에는 쉬운 방법이 있을 수도 있다. 그러나 올바르게 유명해지는 것이 훨씬 중요하다. 우리는 이 책의 독자들이 유명세만 바라보는 크리에이터가 아닌 사회적 책임을 인지하는 진정한 인플루언서가 되기를 바란다. 소셜 미디어라는 플랫폼과 크리에이터라는 직업, 역할 등의 현상이 등장한 것은 불과 십 년 남짓에 지나지 않는다. 사용자 권한 강화를 중심으로 한 플랫폼과 서비스의 진화는 소셜 미디어의 초창기 몇 년보다 최근 더 빠르고 크게 일어나고 있으며 이것이 인플루언서라는 현상을 어디로 끌고 갈 것인지는 누구도 정확히 알 수 없다. 그러므로 소셜 미디어에서 유명인이 되기 위한 '정해진 공식'은 누구도 말할 수 없다. 그럼에도 불구하고 우리는 이 책을 읽은 모든 독자들이 소셜 미디어를 통해 온라인 스타와 셀러브리티와 아이콘이 되는 길에 대한 통찰을 조금이나마 얻을 수 있었기를 바라며 긴 글을 줄인다.

주

1 Jenkins, H. (1992), Textual poachers: television fans & participatory culture, London & New York: Routledge., Bacon-Smith, C. (1992), Enterprising women: Television fandom and the creation of popular myth, Pennsylvania: University of Pennsylvania Press.

2 인터브랜드, https://interbrand.com/best-global-brands/

3 https://brandkeys.com/wp-content/uploads/2020/11/PRESS-RELEASE-2022-Loyalty-Leaders-List.pdf

4 Jenkins, 1992, p.23

5 강보라, 서지희, 김선희(2019), "20대 여성 팬덤의 감정구조와 문화실천: 프로듀스101 시즌2 팬덤을 중심으로," 미디어, 젠더 & 문화 33(1), 5~50

6 MBC 실화탐사대, '미래에서 온 아내'(2019. 1.)
   https://www.youtube.com/watch?v=iWzoDq9JoN4

7 크리스 로젝 저, 문미리 • 이상록 공역(2019),《셀러브리티: 미디어, 셀럽 문화, 셀러브리티화에 대해》, 한울아카데미

8 https://www.blogkens.com/youtube-video-statistics-infographic/

9 https://mediakix.com/blog/most-popular-types-of-youtubers/

10 〈1인 미디어 산업 실태조사 보고서〉(2023. 1.) 과학기술정보통신부, 한국전파진흥협회